Braises de stars

Jean Desportes

Braises de stars

Roman

éditions du
ROCHER

Éditions du Rocher
28, rue Comte Félix Gastaldi - BP 521 - 98015 Monaco
www.editionsdurocher.fr

ISBN : 978-2-268-10357-0
EAN Epub : 9782268103747

Pour Victor.

L'existence est mauvaise fille :
elle nous donne toujours ce qu'il faut de moyens
pour comprendre que nous n'en avons pas assez.

Stephen Berger

Personnages

Stephen Berger, directeur de création de Mystreamy

Éloi de Trouqueville, commercial projets publicitaires chez Mystreamy

Farid Karchaoui, directeur commercial de Mystreamy

Ludovic, dit Ludo, chargé de production publicitaire chez Mystreamy

Giorgio De Campara, secrétaire général de Mystreamy

Hector, responsable marketing chez Mystreamy

Nathalie Lamour, responsable communication digitale chez Disli

Bastien Marole, responsable de Nathalie Lamour chez Disli (ce qui est déjà beaucoup)

Antoine Rodrigues, directeur de la communication de Disli

Marek Konečný, directeur de la communication et du marketing de Disli

René Bitero, directeur des achats (redouté) de Disli.
Ghislaine, comptable chez Disli
Leslie, comptable chez Disli

Randy Braoul, producteur (flamboyant), chez Despérados
Paul-Robert Bricard, PDG de Despérados
Malika El Eiman, assistante de production chez Despérados
Sonia, assistante de production chez Despérados
Corinne, directrice financière de Despérados
Mélody, directrice de production pour Despérados
Ben & Youri, réalisateurs (en duo) pour Despérados
Marc Tabouret, chef-opérateur pour Despérados
Léo, preneur de son pour Despérados
Bérénice, cheffe déco pour Despérados
Laetitia, styliste pour Despérados
Ornella, chef monteuse pour Despérados

Odalie Summer, chanteuse à succès des années 1990, reconvertie dans la téléréalité
Vince Leclerc, chanteur à succès des années 1990, reconverti dans la téléréalité
Tama Tonnerre, starlette de télé-crochet
Armelle Joubert-Bréjac, comédienne et youtubeuse

Will Ahmed, youtubeur

Chef Alex, PDG du site Re7.com, chef cuisinier et star du web

Brigitte Montana, hardeuse en reconversion

Éric Fontana, chauffeur et homme de confiance

Thomas, chauffeur par défaut

Fabrice, marin, propriétaire de villa

Walter, coiffeur maquilleur

Lisa, fille de Vince Leclerc

— Pardon monsieur, excusez-moi, permettez, merci madame.

Siège 47, c'est bon. Troisième rang, deuxième balcon. La vue sur la scène est bonne sans être extra. On distingue tout, mais d'un peu trop loin. Quelques mètres qui nous rappellent qu'on n'a pas pu se payer une catégorie 2. La 1 étant hors de portée. Ça coûte cher l'Opéra. Cependant ne boudons pas notre plaisir. Ce que Stephen Berger apprécie par-dessus tout, c'est de se glisser, comme il le fait à ce moment précis, dans le fauteuil rembourré et recouvert de velours – rouge le plus souvent, noir en l'occurrence – d'un théâtre après une journée de travail harassante. Dans ce mouvement d'abandon, il laisse glisser avec lui la nervosité accumulée tout le jour comme une électricité statique gluante, à cause des soucis de management, d'organisation, de gestion, de création et il en passe. Il les retrouvera demain dans l'état où il les a laissés en partant. Pour le moment, il s'ouvre à la pure fantasmagorie du spectacle sur le point de débuter.

Ce soir, il s'offre *Didon et Énée* de Purcell. La sonnerie vient de cesser, il est arrivé juste à temps comme à chaque fois. Les retardataires se pressent pour gagner leur siège. À l'orchestre, très en dessous de lui, une longue femme blonde en tailleur-pantalon rouge demande de l'aide à un noir athlétique en smoking rutilant muni d'un talkie-walkie. L'élégance folle des collages. C'est ça Paris. Il aime cette transition brusque d'un état à un autre, de la réalité brutale et stressante de son travail au rêve le plus libre. Les lumières baissent, indiquant au murmure qui emplit la grande salle de basalte noir de l'Opéra Bastille qu'il doit cesser. Le rideau est déjà levé. Avant qu'un effet de lumière révèle la scène, Stephen clôt un instant les yeux à demi et se figure les délices à venir : l'infinie douceur de la musique de Purcell avec les affaiblissements caractéristiques qui signent ses partitions comme un sanglot après l'étreinte, la baguette amoureuse et précise de ce bon vieux William Christie, les voix claires des solistes et l'harmonie des chœurs des Arts Florissants, l'inventivité de la mise en scène de Patrick Westwood, l'enchantement des décors de Déborah Wilfner. Stephen est particulièrement sensible aux décors de théâtre. Il les préfère quand ils se détachent d'une représentation fidèle des choses, forcément un peu lourde, pour atteindre le symbolisme, l'épure, la suggestion. Ils sont l'amorce d'un vagabondage émotionnel intérieur. D'ordinaire, Stephen attache également une grande importance au texte et au jeu des comédiens, mais comme ici il s'agit d'un opéra, il s'abandonnera volontiers aux images et aux sons, laissant son analyse habituelle au vestiaire. Cela tombe bien, il est fatigué. Quand il y pense, il aurait tellement aimé être metteur en scène de théâtre. Se mesurer à de grands textes, l'esprit constamment habité par les mots d'auteurs de génie. Essayer de trouver la façon nouvelle de les faire résonner dans une époque différente. Se violenter la cervelle pour trouver les idées qui pourraient gagner l'enthousiasme des connaisseurs. Modeler la noble matière que sont les comédiens pour les couler dans une interprétation ou la recréation d'un texte important. Mener une vie de troupe, trouver une famille d'adoption flamboyante pour écrire un morceau d'existence d'une richesse incomparable. Ce genre de trucs. Mais c'est impossible. Il se revoit, grand dadais rêveur et sans idées, avec son père qui lui disait : « La banque, mon vieux ! La banque ! C'est pas révolutionnaire, mais ça a fait ses preuves ! » Alors penaud, il s'était inscrit dans une école de commerce. Il s'était retrouvé embringué dans des stages en banque au service cautions et dans d'autres officines du même acabit. Il avait alors clairement senti que son destin lui échappait. Il avait freiné des quatre fers et cherché à réconcilier ses velléités créatives avec son début de parcours dans les affaires. Il était devenu publicitaire.

D'ailleurs, demain il s'envole pour Marseille, tourner une websérie en cinq épisodes avec pour thème « l'art du barbecue ». Cela ressemblera à une parodie d'émission de téléréalité culinaire. Les émissions de cuisine sont encore très à la mode. Sur ce coup, il a été malin. Le client, une chaîne de supermarchés discount allemande, a mordu. Pour l'interpréter, il a demandé le concours de personnalités du petit écran habituées de ce genre d'émissions, et d'humoristes qui ont démarré leur carrière sur Internet. Il a appelé ça *Braises de stars*. Le client a adoré. Il n'est pas sûr d'en être très fier. Ça sent un peu la Merguez Enchantée tout ça. Lumière.

I

Ce projet, comme tous les autres, sortait de la bouche d'un commercial tout excité, revenu d'un rendez-vous client après un coup de pression de Farid. Farid Karchaoui, le patron des commerciaux, le répétait à chaque réunion commerciale du lundi : il fallait se sortir les doigts. Ils le voyaient le chiffre du deuxième trimestre ? Là sur l'écran derrière lui ? Ils le voyaient comme lui ou bien ils avaient besoin de lunettes ? D'ailleurs on en était où du brief Afflelou ? On l'avait *closé* ? Chacun regardait ses pieds. Bref, on n'allait pas attendre que les clients appellent en se limant les ongles. On allait décrocher son téléphone, on allait prendre du rendez-vous annonceur, on allait montrer sa bobine chez les clients, on allait les rincer dans des gastros. Fallait pas qu'ils aient peur de faire des notes de frais si c'était ça qui les retenait ! Il voulait ses primes, Farid. Ils les voulaient tous, non ? Ben pour ça, fallait atteindre l'objectif. Et on en était loin.

Stephen était invité par courtoisie à cette messe hebdomadaire pour prendre connaissance des dossiers éventuels qui pourraient arriver sur son bureau. Il assistait à l'étrillage systématique des commerciaux qui annonçaient à tour de rôle les briefs clients qu'ils avaient reçus et le chiffre associé. La plupart étaient des briefs de diffusion simple. On récupérait le spot de pub du client et on le collait avant, pendant ou après les vidéos que demandaient les internautes. C'était le nerf de la guerre, le gros du business, ce qui faisait vivre la plateforme. Mais certains briefs intégraient de la création vidéo. Ils émanaient de clients en quête d'innovation qui reconnaissaient à Mystreamy un savoir-faire en la matière. Ces briefs-là, aussi juteux que complexes, étaient pour Stephen et ses équipes. Le publicitaire reconnaissait à Farid une indéniable énergie et un management efficace, même s'il n'était pas toujours en phase avec ses méthodes. Elles pouvaient le mettre mal à l'aise quand il humiliait une commerciale devant ses collègues pour lui donner un « choc d'amour-propre ». Farid clamait à l'envi sa devise dans les couloirs : il voulait des *milfs* et des *bifs*. Traduire : des femmes mûres et bandantes et des dollars plein le slibard. Ça rimait. Il avait le goût des belles lettres.

En tout cas, les primes, ça parlait à Trouqueville, Éloi de son prénom, sans doute le meilleur commercial de la boîte. Ça lui avait mis le feu au cul même. Les patates, les patates. Ce cancre de bonne famille, moulant chacun de ses mots avec une bouche en cul-de-poule – une des traces indélébiles de son éducation même s'il flirtait en permanence avec la grossièreté – s'était bien acquitté de sa tâche. Il avait ramené un brief. « Un putain de brief », avait hurlé Farid en lui caressant sa tignasse rousse.

Disli, une chaîne de supermarchés hard discount allemande cherchait à se « glamouriser » pour sortir de l'ornière d'un positionnement plancher qui ne lui permettait plus de dégager suffisamment de marge. On avait beau enlever le porc de ses pâtés, les œufs de ses pâtes et les ampoules de ses magasins, le toujours moins fleurait l'impasse. D'autant que de nouvelles enseignes, plus chères mais plus tendance, se mettaient à capter sa propre clientèle. Une clientèle qui souffrait de plus en plus de son image sordide. Le travail était immense, tout avait été revu de fond en comble, depuis le design des magasins jusqu'à l'approvisionnement en produits locaux. Il fallait que ça se sache. Il s'agissait donc de vanter la qualité de produits *made in France*, encore largement suspectés d'arriver par trains spéciaux d'ex-provinces nucléarisées de l'URSS. Montrer le renouveau des magasins qui avaient définitivement tourné le dos à l'ambiance entrepôts de banque alimentaire. Changer l'image d'une clientèle, réduite, de façon malhonnête, à des familles de réfugiés se battant à même les cartons posés au sol pour des packs d'huile d'arachide en promotion. Certaines vidéos avaient fait des ravages sur les réseaux sociaux. Celui qui prenait l'épée périssait par l'épée. Les polémiques nées de ces vidéos périraient donc par d'autres vidéos. La contre-offensive sur le web allait être impitoyable. De toute manière, c'était là que tout se jouait désormais, estimait l'enseigne pour qui la perspective d'avoir un train d'avance paraissait moins risquée que de continuer à creuser son retard. Restait à trouver un sujet. À la direction du marketing et de la communication, ils avaient eu une idée. Une grande opération pour l'été qui devait rallumer la flamme entre Disli et la France tout entière. Ces retrouvailles prendraient la forme d'un moment convivial et de qualité, à l'instar de ceux que partageaient tant de couples. Tel était le sens de la grande opération Barbecue de l'été. Une lune de miel dans des effluves de viande grillée. Il n'y avait pas de flamme sans fumée.

La naïveté bêtasse qu'Éloi de Trouqueville adoptait en toute circonstance avait dû plaire à ces clients allemands qui, de façon atavique, prenaient les Français pour des cons. Avec un tel aigle pour interlocuteur, ils ne risquaient pas d'être escroqués. Et puis la boîte que représentait Éloi avait sa réputation. Qualifiée à de nombreuses reprises par le gouvernement comme la pépite de l'Internet français, jalousement protégée par Bercy de toute tentative d'absorption par un groupe étranger, la plateforme vidéo Mystreamy semblait avoir été nationalisée sans le savoir. Son destin faisait un avec celui du pays, elle participait avec quelques autres entreprises au concept de « souveraineté digitale ». Née à la même époque que son redoutable concurrent américain, YouTube, Mystreamy avait capté une bonne moitié de l'audience vidéo en ligne française et s'était taillé de confortables parts de marché en Europe, en Asie et en Afrique. D'ailleurs, son lecteur vidéo, robuste et fiable, la Lada du secteur, avait été adopté par la plupart des sites médias français. Ses fonctions basiques, lecture, pause, avance et rembobinage rapide plus une fonction commentaires, leur convenaient très bien. Une véritable aubaine, qui, en plus de lui conférer une certaine respectabilité, permettait à Mystreamy de toucher une bonne partie des internautes français avec les pubs que son lecteur diffusait avant les vidéos. Cela n'avait pas échappé aux Allemands. Européens convaincus (mais dans le hard discount, les idéaux avaient-ils leur place ?), ou plutôt grands stratèges, ils étaient soucieux de faire jouer la concurrence pour éviter de se retrouver un jour pieds et poings liés aux géants américains et à la merci de leurs tarifs.

Éloi de Trouqueville, étranger à toutes ces considérations, pensait évidemment que sa faconde et sa bonne tête avaient suffi à intéresser cet empire pesant 79 milliards d'euros de chiffre d'affaires. Il n'empêche que ça tombait à pic, ce petit rendez-vous qu'il avait réussi à dégoter par un après-midi d'automne, dans un bâtiment au moderne convenable de la zone d'affaires de Roissy. Parce que rester français, ça avait du panache, mais ça n'aidait pas à développer une plateforme vidéo au bord de l'asphyxie. Les besoins en bande passante de Mystreamy ne cessaient d'augmenter (les gens regardaient toujours plus de vidéos), tandis que les capacités de ses serveurs en surchauffe stagnaient faute de *cashflow*. Ce qui plongeait Giorgio De Campara, le secrétaire général de l'entreprise, grand argentier et éminent lobbyiste, dans des abîmes de réflexion depuis son grand bureau, au dernier étage du trop bel immeuble que, pour des raisons de respectabilité, Mystreamy louait dans le 7e arrondissement. Ça allait péter tôt ou tard. Les temps de chargement de vidéos s'allongeaient tous les mois, les partenaires médias qui utilisaient le lecteur vidéo commençaient à vouloir dénoncer leurs contrats, tout ça parce que la planète s'était prise de passion pour les vidéos de petits chats mignons. À cinquante-cinq ans, avec son look de rocker sur le retour, ses bottines en cuir posées sur son bureau, Giorgio De Campara détestait les petits chats et toutes ces conneries d'ados LOL auxquels il ne comprenait rien. Il s'était mis dans le web, car à la fin des années 1990, ça restait un truc de pirates. Mais aujourd'hui, justifier de ses moindres faits et gestes auprès de son ministère de tutelle ou gérer des questions de droits épineuses pour des histoires de tutos maquillages ou de sketches de gamins boutonneux qui étaient vus des dizaines de millions de fois, ça devenait compliqué.

Après tout, la vente semblait une nouvelle fois la seule solution. Et tant pis si on l'obligeait à céder l'entreprise à des Français qui n'y comprenaient rien. Il était décidé à vendre chèrement sa peau. Il avait tout fait pour jeter Mystreamy dans les bras de groupes internationaux ayant réussi dans les nouvelles technologies. Les synergies étaient évidentes, Mystreamy aurait eu une chance de rivaliser avec son compétiteur américain. Comme par hasard, racheté quelques années plus tôt par Google, il avait bénéficié d'investissements décisifs qui lui avaient permis de prendre la première place. Giorgio était plus amer que le bitter italien auquel son nom faisait immanquablement penser. Parce qu'en plus de n'y rien comprendre, ces *Francesi* à la noix étaient persuadés que parce qu'ils avaient fait l'ENA ou l'X, ils allaient sortir de leur slip une « expérience utilisateurs » et un algorithme de recommandations supérieurs à tout ce qu'avait bricolé un Google, le tout pour trois boutons de culotte. Ha! ha! ha! Giorgio riait tout seul, ce qui ne manquait pas de déconcerter son assistante, la douce et lourde Shirley, interrompue dans son visionnage d'une vidéo de chats mignons depuis le bureau d'à côté. Ils ne comprenaient pas que c'était une question d'argent. D'énormément d'argent. De quoi embaucher un peu plus que les sept ingénieurs maladifs payés au lance-pierres, enfermés dans le labo de recherche et développement d'Antibes. Quelle misère! Tandis que les Chinois ou les Américains avaient très bien compris ça. Ils étaient prêts à racheter Mystreamy une fortune, les yeux fermés, et à y injecter des centaines de millions de dollars. Giorgio avait été à deux doigts de toucher le pactole avant de raccrocher, les poches bourrées de billets et le cœur gonflé par le sentiment du devoir accompli. On n'a pas d'argent mais on a des idées. Tu parles. *Francesi, tutti stronzi.*

Après ses années Rolling Stones, il aspirait à des années *steady stone*. Stone tout court d'ailleurs, à fumer des joints dans sa propriété d'Ombrie. Et voilà que Bercy avait tout fichu par terre avec les Chinois. Quelle bande de cons! Non seulement ils lui collaient un ex-conglomérat d'État privatisé dans les pattes qui n'avait pas l'ambition nécessaire pour faire décoller Mystreamy et en plus, ces trous du cul souhaitaient racheter au plus juste en établissant une projection sur le chiffre d'affaires réalisé. Ils n'avaient pas compris les imbéciles que pour réussir sur Internet, il fallait d'abord cramer du blé par wagons ? Faire fondre des piscines de lingots ? Alors ce brief de Disli, Giorgio en attendait beaucoup. Quelques centaines de milliers d'euros voire plus qu'il pourrait jeter à la face des acheteurs obligatoires, histoire de leur faire comprendre que Mystreamy était une poule aux œufs d'or qu'on ne cuissait pas comme ça. L'entreprise faisait mouiller toute la grande distribution et potentiellement beaucoup d'autres secteurs. Alors les *Francesi*, ils devraient revoir leur offre à la hausse. À cet instant, le grand écran de visioconférence s'alluma. Il avait oublié son *call* avec les deux autres patrons de l'entreprise basés à Los Angeles, du temps où ils pensaient cartonner aux *US* et qui, depuis les deux ventes avortées, cuvaient leur déprime dans leurs villas avec vue sur la mer. Ils allaient encore lui dire de laisser tomber. De vendre au prix et d'arrêter de se casser la tête. *Andate tutti affanculo.*

Éloi de Trouqueville était évidemment très loin de se douter des espoirs insensés que son brief avait fait naître en haut lieu quand il était rentré, la mèche au vent, dans le bureau vitré du directeur de création de la plateforme vidéo pour le *brainstorming* Disli. Stephen, de son côté, n'était pas très enthousiaste à l'idée de plancher pour la grande distribution, secteur qui se démarquait plus par ses prix au kilo que par ses campagnes de communication. À tout prendre, il préférait encore travailler pour un opérateur téléphonique. Sa dernière campagne interactive pour Yellow Mobile avait remporté un beau succès. Usure ou évolution, après avoir roulé sa bosse dans pas mal d'agences, les projets à vocation publicitaire l'excitaient moins, maintenant qu'il pouvait laisser libre cours à sa créativité en imaginant des formats vidéo originaux pour les chaînes de la plateforme en collaboration avec des créateurs cool qui le rajeunissaient. Il n'assumait pas encore vraiment d'avoir dépassé la quarantaine. Il s'était mis à porter la casquette à l'unisson de tous ces réalisateurs en herbe super lookés qu'il croisait dans le studio de tournage flambant neuf que Mystreamy avait construit pour les appâter, eux et leurs millions de fans. C'était l'époque du contenu roi. Celle des vidéos à tous crins avec, en ligne de mire, le jackpot de vues et de likes sur les réseaux sociaux, l'emballement des compteurs, la sensation grisante de devenir populaire, beau, aimé. Tout le monde ne jurait plus que par ça, les marques en particulier. Fini la pub, maintenant, c'était le *brand content*. On ne payait plus la durée de diffusion, mais la vue. Bye bye les misérables spots de 30 secondes achetés à prix d'or auprès des chaînes de télévision ou de radio où il fallait tout dire à toute vitesse. Sur Internet, on pouvait s'étaler, se raconter en long, en large et en travers puisque l'espace était infini. Alors les marques se rêvaient productrices à la manière des plus grands studios, espérant captiver les foules avec leurs histoires. Les plus populaires s'en sortaient bien. Et elles ne comptaient pas leurs moyens. Le narcissisme avait du bon. Stephen se disait que son job chez Mystreamy était une aubaine. Il avait pris le virage à temps. N'empêche que ce brief Disli, c'était moins sexy que d'imaginer le prochain sketch de Bill la Truite.

Flairant un possible manque d'entrain de la part de cet Alsacien dont la psychologie demeurait partiellement opaque, Farid était passé le voir façon ambassade persane. Bien sûr qu'il préférait développer des vidéos de fiction avec des jeunes humoristes du web ou travailler au lancement d'une émission musicale en partenariat avec Sony Music. Farid le comprenait tellement, lui, l'homme de la création, des idées généreuses et des concepts fulgurants. Le miel. Mais ces projets coûtaient cher et les vues n'étaient pas toujours au rendez-vous, *confer* les tutos de hula-hoop. Savait-il qu'on allait bientôt lui demander de prouver la rentabilité du superbe studio de tournage où il développait la plupart de ses formats ? Le venin. Quoi qu'on en dise, la pub restait un bon moyen de redorer les chiffres. Le brief Disli sentait le gros coup, ça pouvait faire du bien à la boîte en général, à la rentabilité du studio et à ses primes en particulier. On n'allait pas s'en priver. Clin d'œil, sourire, t'es le meilleur, tu m'oublies pas, allez bye.

Et puis l'excitation de Trouqueville était touchante. Il frétillait, la truffe au vent, assis à la table de réunion dans le bureau de Stephen, impatient de faire part à l'assistance, convoquée pour l'occasion, du brief qu'il avait scrupuleusement noté avec son stylo Mystreamy dans son carnet Mystreamy. Éloi adorait ces gadgets fournis en abondance par le marketing.

Les clients, se plaisait-il à répéter, aiment bien les cadeaux, et encore plus les cadeaux utiles. Les stylos et les carnets, c'était parfait, le fin du fin. « Parce que tu vois, quand un client a besoin de noter un truc, eh ben, paf, il pense à Mystreamy ! Faudrait aussi faire des capotes Mystreamy », ajoutait-il en gloussant, mi-blagueur, mi-sérieux. Il en toucherait quand même un mot à Hector du marketing. Mais pour en revenir à Disli, maintenant que Stephen lui avait fait signe de démarrer, il fallait trouver le moyen de réconcilier deux objectifs.

— *A priori* c'était pas facile, mais on devait pouvoir y arriver, annonça-t-il, préoccupé mais confiant. D'abord, ce qu'il faut savoir, c'est qu'ils ont une grosse actualité barbecue de mai à septembre (bouche en cul-de-poule sur le U). Tu trouveras de tout. Des allume-feu, des biftecks, des poivrons, des glacières, des broches, des chaises de jardin… bref, tout le bordel, et les barbecues évidemment. Donc ils veulent que ça se sache. En gros, le barbecue cet été, c'est chez Disli que ça se passe. Deuxio, continua-t-il avec son ton gouailleur de faubourgs où il n'avait jamais traîné, ils veulent que ça soit glamour. Ils veulent se servir de cette opération pour changer d'image. Vous pigez ?

Cette dernière assertion fit tiquer Stephen qui ne voyait pas encore comment réconcilier un plat de chipolatas avec une ambiance Festival de Cannes. Mais Trouqueville, qui savait que l'argent faisait disparaître tous les paradoxes, était lancé.

— …Et aussi changer l'image de leurs produits. Ils veulent dire que leurs viandes et leurs fruits et légumes viennent de producteurs locaux. Mais là où c'est pas facile, c'est qu'ils veulent parler à deux cibles prioritaires : les moins de trente-cinq ans pour rajeunir leur clientèle mais aussi les plus de trente-cinq ans.

— À tout le monde en quelque sorte, conclut Stephen sobrement.

L'idée de devoir glamouriser une aubergine le laissait perplexe. Avait-on d'autres éléments susceptibles d'étayer un peu la demande et d'aiguiller la réflexion ? Un budget par exemple ?

— Justement pas, répondit Éloi, que cette incertitude ne semblait pas désarçonner, bien au contraire. Faut bien comprendre que tous les Disli de France, il y en a 1 800 et des brouettes, seront fourrés jusqu'à la gueule de barbecues pendant quatre mois. Et il faudra tout liquider jusqu'à la dernière côtelette. Donc ils ne vont pas lésiner sur la promo et comme ils ne veulent qu'une seule opération publicitaire, celui qui la topera touchera le gros lot, conclut-il en se frottant les mains.

S'il n'en tenait qu'à lui, il conseillerait à Stephen et ses équipes de voir grand. Plusieurs centaines de milliers d'euros. Histoire de ne pas se déplacer pour rien quand ils iraient présenter les idées.

Un silence s'était installé dans la pièce après le brillant exposé de Trouqueville. Stephen rassemblait ses idées. Ludovic, que tout le monde appelait Ludo, geek sympathique et timide, à l'arrière-plan culturel assez flou, agrégat du cool depuis la science-fiction californienne jusqu'au reggae jamaïcain, assistait à la réunion en qualité de chargé de production publicitaire. Ce géant roux qui se distinguait par un impressionnant rouleau de dreadlocks ramené à l'arrière du crâne, n'osait pas se lancer avant Stephen, son chef. Les deux jeunes créatifs priés de collaborer à cette séance de créativité collective affichaient un air absent. Sans doute pour exprimer leur dédain envers ce sujet et leur déception qu'on ait pu penser à eux quand ils espéraient travailler pour une campagne Playstation. Trouqueville, qui tenait à battre le fer tant qu'il était chaud afin d'éviter un enlisement conceptuel, avait dégainé sans complexe la première idée. Il imaginait un clip avec des stars de la chanson déguisées en saucisses qui danseraient dans les allées d'un Disli. Et les clients s'y mettraient aussi. Ça aurait un petit côté flash-mob, ce qui était un plus parce que c'était tendance les flash-mobs, il y a cinq ans. Ça avait été l'électrochoc. Court-circuitant définitivement les deux créatifs atterrés, mais aiguillonnant Stephen décidé à prendre les choses en mains pour éviter le déshonneur ou l'infamie. Après une bonne demi-heure de réflexion, malgré des créatifs boutonneux hors-service qui rêvaient de retourner dans la *cool-room* terminer leur partie de Fifa, il avait accouché de deux idées qui tenaient la route.

Il avait imaginé quelque chose d'un peu technologique, de plutôt innovant, un barbecue interactif. Après tout, si Disli interrogeait un pilier de la French Tech, fallait pas qu'ils s'étonnent d'avoir un truc qui mêlait vidéo et digital. Le principe était simple : l'internaute, en caméra subjective (l'action était filmée de son point de vue), devait réaliser un barbecue en faisant les bons choix et en évitant les embûches qui parsèmeraient le jeu. Celui qui ferait le meilleur score gagnerait un lot barbecue. Éloi avait adoré. Il voyait déjà le truc. Il faudrait qu'au démarrage, il y ait une bande de potes qui vienne titiller l'internaute, du genre « Qu'est-ce tu fous, on a la dalle ! » Et il y aurait la pluie qui menacerait de tout éteindre. Et si l'internaute choisissait d'aller chercher du petit bois en forêt au lieu d'utiliser le charbon Disli, il se ferait bouffer par un ours. Stephen était vraiment trop fort.

Sa seconde idée proposait un dispositif plus rassurant, ancré dans une tendance de fond : les émissions de téléréalité de cuisine qui cartonnaient à la télévision. Il allait donc proposer à Disli le premier programme culinaire dédié au barbecue. Avec un traitement parodique pour améliorer l'agrément.

— On pourrait appeler ça *Merguez Academy*, suggéra Trouqueville au comble de l'enthousiasme.

— Pourquoi pas, répondit Stephen moyennement convaincu.

Il voyait quelque chose d'un peu plus sobre qui, sans être élégant, resterait tout du moins décent. *Braises de stars* par exemple. Ça racontait bien le programme tout en restant mystérieux. On pouvait lire l'admiration dans les yeux humides d'Éloi. Il comprenait pourquoi Stephen devait gagner au moins le double de son salaire à lui, salaire qu'il estimait déjà très convenable. C'était grâce à ce genre d'idées qu'on ferrait un client.

II

Chez les Allemands, on se lève tôt. Stephen et Trouqueville s'étaient retrouvés au petit matin devant le porche de Mystreamy. L'avenue était déserte et glacée. Éloi redoutait les embouteillages sur l'autoroute. Il avait donc prévu large. Une heure ne serait pas de trop pour gagner la zone d'activité de Gonesse où était implanté le siège de Disli. En s'engouffrant dans le taxi à la suite de Stephen empêtré dans sa grosse parka verte, sans doute inspiré par cette heure historique, il s'était exclamé : « Il faut savoir être à l'heure au rendez-vous que vous fixe le destin ! » En cela, il n'avait pas tort, les Allemands prenaient la ponctualité comme une première marque de fiabilité chez des gens qu'ils ne connaissaient pas. Dernière précaution avant de partir, comme lorsqu'on se demande si on a bien coupé l'eau et le gaz, Éloi s'était assuré que Stephen avait emporté les scénarios et les maquettes de présentation, ce qui lui avait valu un regard noir du type « tu me prends pour qui ». Visiblement c'était le cas, il put donc dire au chauffeur de démarrer.

Calé dans un fauteuil criard en vinyle, Stephen espérait que l'attente ne serait pas trop longue. Les distractions n'étaient pas légion dans ce hall en verre et marbre crème. La table basse avait découragé tous ses espoirs de lecture. Il n'était pas un passionné des catalogues. Il avait renoncé à sortir son smartphone, il se sentirait obligé de répondre aux mails qui s'accumulaient sans discontinuer. Il avait observé cinq minutes le jeune homme de l'accueil. Son diamant à l'oreille et sa décoloration capillaire partielle façon zébrure contrastait avec le costume gris strict qui semblait être de rigueur dans sa fonction. La rencontre des pratiques de classes avec la culture *corporate*. Rose et tout sourire, il renseignait les visiteurs et s'occupait des formalités pour les badges avec un entrain déconcertant. Éloi, de son côté, semblait captivé par tout ce qu'il découvrait dans le catalogue *Un hiver de promos*.

— T'as vu ? Y'a un sèche-cheveux à 9,99 euros, c'est dingue ! Ça pourrait plaire à ta femme, ça !

Stephen avait tout sauf envie de penser à sa femme. La veille encore, elle avait menacé de l'assommer avec le bouddha en bronze qu'il avait acheté à Drouot sur un coup de tête justement. C'était une belle pièce, qui pesait au moins vingt kilos. Ses crises empiraient. Elle était maladivement jalouse. Elle était persuadée que dans la pub, tout le monde couchait avec tout le monde. Elle ne supportait plus qu'il parte en tournage. Il allait demander le divorce. Trop, c'était trop.

— Le risque, c'est que ça pète au bout de deux jours, chuchota malicieusement Trouqueville à Stephen en se cachant des indiscrets derrière l'exemplaire aux mille merveilles.

— On rencontre qui? demanda Stephen pour changer de sujet.

— Mes contacts habituels chez Disli. Nathalie Lamour et Bastien Marole. Tu vas voir, ils sont très sympas. Bastien, c'est le boss de Nathalie, mais c'est elle qui pilote la communication digitale de la boîte, donc la campagne barbecue, c'est son projet.

Sur ces entrefaites, les deux Disli firent leur apparition. Bise chaleureuse pour Nathalie, poignée de main raide pour Bastien. Trouqueville s'était chargé des présentations et avait immédiatement lancé une conversation de routine sur un ton jovial, le temps qu'ils rejoignent leur salle de réunion.

Disli avait bien fait les choses. Un assortiment de boîtes de biscuits Disli, de bouteilles de jus de fruits concentrés Disli et d'infusions Disli trônait au centre de la table. Nathalie Lamour encouragea ses deux invités à se servir. Ils n'avaient sans doute pas pris leur petit-déjeuner ; ce en quoi elle ne se trompait pas. Éloi, qui n'en espérait pas tant, saisit l'occasion pour dire – entre deux bouchées de galets marbrés ou de barquettes abricot ponctuées de gémissements très publicitaires – tout le bien qu'il pensait des produits Disli, s'étonnant benoîtement qu'ils arrivent à faire des choses aussi bonnes à des prix aussi bas. Bastien Marole prit le compliment pour lui et sourit franchement, ce qui était plutôt rare de sa part. Mais Trouqueville connaissait son métier. Le festin terminé (pour sa part, Stephen avait timidement croqué dans une tuile aux amandes), Nathalie Lamour entreprit de dérouler une présentation de la stratégie Disli pour la campagne barbecue, afin de s'assurer que Mystreamy était bien en phase avec le brief. Elle savait ce qu'elle voulait la petite, se dit Stephen, amusé par le ton martial tinté d'accent de Montpellier avec lequel elle déclamait ses *slides*, et quelque peu fasciné par le frétillement du petit chignon qui coiffait le haut de son crâne. Puis ce fut au tour de Mystreamy d'exposer ses propositions. Trouqueville se leva pour un petit préambule. Dans quelques instants, il s'effacerait pour laisser la parole au grand créatif qu'était Stephen Berger et qui lui faisait l'honneur d'être présent à ses côtés aujourd'hui. Il souhaitait rappeler en deux mots la place incontournable qu'occupait Mystreamy dans le digital. Il souhaitait ajouter combien le projet barbecue de Disli avait enflammé, c'était le cas de le dire (rictus chez Bastien, frétillement de chignon chez Nathalie), les équipes créatives de Mystreamy (comme ça c'était dit, parce qu'avec Stephen, rien n'était moins sûr). Ils avaient bien compris leurs besoins : un contenu digital qui créerait le buzz, boosterait le trafic dans les magasins et soutiendrait le repositionnement « premium » de l'enseigne. C'était bien cela ?

Opinement de chignon. Stephen pouvait y aller.

Il y mettait du sien, le bougre, pensait Trouqueville en observant son compagnon raconter le barbecue interactif. Il décrivait par le menu les différentes épreuves qu'aurait à traverser l'internaute avant d'être sacré « roi du Barbecue » : l'allumage, la cuisson, le vent… Il allait même jusqu'à mimer le maniement de la spatule pour retourner les côtelettes ou le pinceau pour badigeonner de sauce les morceaux de viande.

Éloi ne put résister à expliquer le concept des « potes affamés » qui mettaient la pression à l'internaute.

— Moi quand je fais un barbeuc', y'a toujours des potes qui me disent qu'ils ont faim et qui me donnent des conseils pour aller plus vite ou mieux cuire la viande. C'est super agaçant, ça me donne envie de les embrocher. Mais justement, ça va déconcentrer l'internaute ! Et puis ce qu'il y a de cool, c'est que plus on va loin dans le barbeuc', plus on gagne des points. Et à la fin, on peut défier ses potes. Moi, si je reçois un défi barbeuc' d'un ami, je réponds direct. Surtout s'il y a un an de steak à gagner ou un truc comme ça. Ça peut devenir super viral.

Nathalie et Bastien trouvaient le dispositif innovant, mais ils avaient quelques réserves que l'enthousiasme d'Éloi n'avait pas tout à fait dissipées. Comment pourrait-on parler des nouveaux circuits d'approvisionnement de Disli ? des légumes et fruits frais ? du pain cuit en magasin ? des prix ?

Éloi émit un euhhhhhhhh interminable, Stephen vint à sa rescousse en suggérant de raconter la deuxième idée qui répondrait certainement à plusieurs de leurs questions. Trouqueville se rassit, un peu sonné par cette réaction aussi pragmatique et, disons-le, terre à terre de ses clients. Nathalie et Bastien étaient des Allemands en fait. Ils avaient muté.

La création était un combat de fond, il fallait pouvoir rester sur le ring malgré les coups. Et Stephen semblait avoir le cuir tanné. Il se lança dans une explication claire du concept de *Braises de stars*. Un genre plébiscité par les Français qui se passionnaient pour la cuisine. Plusieurs épisodes pour tenir sur la durée. Avec des stars pour maximiser l'identification et générer des retombées presse. Un traitement humoristique pour créer de l'empathie. Un épisode par thématique Disli pour faire passer tous les messages. Et pour compléter les épisodes, une série de tutoriels 100 % recettes, qui mettraient en valeur les produits Disli. Nathalie et Bastien semblaient très intéressés. Stephen se lança aussitôt dans la narration des deux premiers épisodes maquette écrits par ses équipes. Il jouait chacun des personnages. Kenza, la warrior des quartiers devenue star du rap, à qui on avait donné, pensant bien faire, le barbecue poisson (100 % pêché en France) parce que ça n'était pas *haram* alors qu'elle détestait ça et qui du coup voulait « fracasser » la production. James, l'animateur de télévision sophistiqué, qui ne s'en sortait pas de son barbecue parce qu'il ne savait pas comment découper un poulet (élevé en France) et qui craquait devant la caméra.

Les Alsaciens étaient surprenants. Ils pouvaient envoyer valdinguer leur naturel réservé pour se transformer en véritables bateleurs de foire, cabots à souhait. C'était certainement l'ambiance choucroute qui s'exprimait. Bref, on s'y croyait.

Tandis que Stephen continuait sa narration, Éloi lançait des coups d'œil furtifs à ses clients pour guetter leurs réactions et évaluer leur adhésion à ce qu'ils entendaient. Nathalie semblait au spectacle, elle ne quittait pas Stephen des yeux et souriait franchement aux péripéties qu'il développait avec énergie. Bastien, lui, droit comme un i, arborait un demi-rictus prometteur. Quand Stephen se rassit, Trouqueville reprit immédiatement la parole pour émettre les réserves d'usage, histoire de ne pas compromettre la suite : ce n'étaient que des épisodes maquette, tout se retravaillait, le casting n'était pas encore arrêté, etc. Nathalie l'interrompit pour remercier Stephen et proposa à Bastien « de faire part de son ressenti ». Il n'en fit rien et la pria de commencer. Pour sa part, elle trouvait l'idée générale en phase avec leur stratégie « été barbecue ». La websérie « cochait à peu près toutes les cases ». D'ailleurs, et c'était peut-être un peu tôt pour en parler, mais elle imaginait très bien Ronnie Barbaso, l'un des chanteurs de l'émission *The Voice*, participer au programme. Éloi, prêt à tout pour lui faire plaisir, se tourna avec des yeux suppliants vers Stephen tandis qu'il commençait à répondre à sa cliente, lui assurant que ça ne poserait pas de problème. L'excitation qui passa dans les yeux de Mlle Lamour n'échappa pas à Trouqueville. Bref, si ça ne tenait qu'à elle, elle soumettrait volontiers l'idée à sa hiérarchie. Elle se tourna opportunément vers Bastien pour qu'il s'exprime à son tour. Le N + 1 de Nathalie n'était pas à proprement parler un sentimental capable de s'enthousiasmer pour une belle idée. Il était plutôt du genre calculateur froid. Avant de se prononcer, il avait donc post-rationalisé l'exposé fougueux de Stephen, listant tous les points du brief auxquels répondait le projet de websérie culinaire. Et puisqu'elle prenait en compte la plupart, cela devait donc être une bonne idée. À condition qu'elle ne soit pas irréaliste d'un point de vue financier.

— Non, bien sûr, rétorqua Éloi saisissant la balle au bond.

Il avait d'ailleurs préparé une estimation budgétaire, c'était la diapositive suivante de sa présentation. D'un clic, il la fit apparaître sur l'écran.

— Alors évidemment, 400 000 euros ça pouvait paraître gros, dit-il la bouche en cul-de-poule.

Il marchait sur des œufs. Mais, depuis peu, Disli savait que la qualité avait un coût, n'est-ce pas ? Hé hé. Et puis, il avait provisionné une enveloppe conséquente pour le casting qui pouvait d'ailleurs varier du simple au triple. Tout dépendait du prestige visé.

En voyant le chiffre qui s'affichait en énorme sur le mur de la salle de réunion, il se demanda s'il n'avait pas eu la main un peu lourde ou du moins s'il n'aurait pas dû lui appliquer une taille de caractère très réduite pour compenser. Mais, à sa grande surprise, ni Bastien ni Nathalie ne tiquèrent. Disli semblait décidé à mettre le paquet sur le barbecue. La réunion touchait à sa fin. Nathalie remercia au nom de Disli les équipes Mystreamy pour leur travail et demanda à Éloi de lui renvoyer la présentation expurgée de l'idée 1. Avec Bastien, ils allaient en parler à leurs responsables et reviendraient vers Mystreamy. Si on voulait être prêt en mai, il faudrait bien que ces messieurs de la direction se décident rapidement.

— Ah oui, une dernière chose, dit Éloi au moment où ils allaient quitter la salle de réunion. On vous a apporté des carnets, des clés USB et des mugs Mystreamy.

Nathalie était ravie. Bastien, moins. Ils n'étaient pas censés accepter de cadeaux de la part de fournisseurs. L'entreprise était très vigilante sur ce point. Elle voulait se prémunir des décisions « non efficientes », c'est-à-dire des choix sous influence. Éloi n'avait pas mesuré tout le pouvoir de ses clés et de ses carnets.

— Mais nous ne sommes pas encore vos fournisseurs ! rétorqua-t-il habilement en confiant ses babioles à Nathalie qui reprit immédiatement des couleurs.

Elle pourrait bel et bien briller devant les collègues avec sa tasse aux couleurs d'une start-up en vue. Bastien n'insista pas et salua ses visiteurs, laissant à sa N-1 frétillante le soin de les raccompagner à l'accueil.

Dans le taxi qui les ramenait à Paris, Trouqueville se frottait les mains sur fond de Chérie FM.

— Ça sentait bon. Hein, Stephen, que ça sentait bon ? D'ailleurs, toi aussi tu as été très bon.

Stephen, emmitouflé dans sa grande parka, réagit au compliment par un vague grognement, absorbé qu'il était par la lecture de ses mails sur son téléphone. Et encore un brief de merde. Sandra les attirait. Infoutue d'obtenir auprès du client le minimum d'informations comme les caractéristiques du produit, la cible consommateurs ou un budget pour la campagne. On allait encore travailler dans le vent.

Éloi prêtait une oreille distraite aux récriminations de son collègue aussi génial qu'ombrageux. Son esprit était accaparé par de savants calculs. Si Disli investissait 400 000 euros dans la campagne barbecue, il réalisait 100 % de son objectif du deuxième trimestre en un coup. Il toucherait donc 100 % de son variable. Ce qui allait chercher dans les 10 000 euros. En imaginant que Disli injecte 500 000 euros, il atteignait 110 % de son objectif, ce qui enclenchait des accélérateurs de primes. Il toucherait donc environ 200 % de son variable ! Et si Disli mettait plus… eh bien… on pouvait viser les 300 % de variable. 300 % ! Ça faisait un paquet de fric ! Il se demandait si Stephen y pensait. Mais non. Visiblement, l'animal préférait se noircir les idées avec les briefs foireux de Sandra. Certainement l'inconscient douloureux de l'histoire alsacienne. Pour sa part, sa bonne humeur serait incorruptible.

III

Éloi de Trouqueville faisait peine à voir. La mèche terne, le visage mangé par une barbe de trois jours. On le reconnaissait difficilement quand il partait en rendez-vous client, rasant les murs dans un vieux manteau de laine grise, traînant ses richelieus mal cirés dans les couloirs. Où étaient donc passés ses départs tonitruants lorsque, tel un chevalier, il sonnait le rappel de son apprenti à travers l'open space et partait à l'assaut des citadelles EDF, Amazon ou Danone en quête d'un gras butin ? On aurait dit que la chasse ne l'excitait plus. Il devait juger le tout-venant comme du gibier trop maigre, du menu fretin sans saveur, se disait Farid, inquiet de voir son meilleur élément sombrer dans la neurasthénie. Mais qu'est-ce qu'ils foutaient chez Disli ? On était début mars et on n'avait aucune nouvelle. De toute façon, il avait bien dit que c'était trop beau. Qu'il ne fallait pas s'enflammer. Qu'il valait mieux rentrer plusieurs briefs modestes plutôt que de miser sur un seul gros truc. Avant d'avoir une bague, valait mieux avoir des slips propres, hein, comme on disait au bled.

Farid avait senti le coup venir. Il les avait pris à part, Stephen et lui, dix jours après ce fameux rendez-vous dont ils restaient sans nouvelles. Fallait passer à autre chose, les gars. Il n'avait pas ouvert sa gueule quand Trouqueville était rentré avec le brief. Pour ne pas les décourager. Fallait bien qu'ils développent leurs projets, qu'ils s'éclatent sur des trucs qui les faisaient *kiffer*. Stephen n'avait pas moufeté. Mais de son côté, il n'avait pas eu trop de mal à passer à autre chose. Il y avait des projets autrement plus *kiffants* que les sujets pub chez Mystreamy. Maintenant, ça suffisait, avait décrété le directeur commercial. Fallait qu'ils l'acceptent : c'était trop gros comme brief. Ça irait chez un TF1 ou un YouTube. Ils n'étaient pas de taille, ils n'avaient pas la puissance. Donc on allait oublier cette histoire de barbecue et s'intéresser aux autres clients. Les Playstation, les NRJ Mobile. Parce que ça faisait longtemps qu'on n'en avait pas vu la couleur. Et si Éloi n'en voulait plus, il serait ravi de les confier à Sandra qui galérait bien avec son portefeuille moribond.

Mais ça n'avait servi à rien. Ce con d'Éloi ne voulait pas lâcher son os. Et en attendant, son chiffre se cassait la gueule. C'était un cercle vicieux. La seule façon de redresser la barre, se disait Trouqueville en son for intérieur, c'était de récupérer le projet Disli. Il maudissait Nathalie. Il rêvait de la faire griller au bout d'une fourchette, là, bien plantée dans sa cuisse dodue. Il n'arrivait pas à lui parler. Dix fois, il avait essayé de la joindre, mais il ne passait pas le filtre du standard. C'était dément. Et Bastien, pareil. La douche froide. Le genre de drache qui vous flinguait une bonne grillade entre amis. Avec un filet de fumée blanchâtre qui surnageait au-dessus des brochettes à moitié cuites. Un vrai fiasco. Et dire qu'il avait imaginé pouvoir acheter la chambre de service qui jouxtait son appart' pour le transformer en un coquet trois-pièces. Et changer de scooter. Ou payer son prochain mariage avec Anne-Caroline. Tout tombait à l'eau. Pourtant, sous la cendre détrempée, un peu de braise couvait. Éloi, comme les croyants en général, avait l'espoir tenace.

Et puis, contre toute attente, une poignée de jours plus tard – on était vers la mi-mars – Nathalie appela. Ça se précisait côté barbecue. Le projet Mystreamy avait tapé dans l'œil du nouveau directeur de la communication et son adjoint. Il fallait faire vite. Ces messieurs voulaient juger le dispositif dans son ensemble, tant les aspects créatifs que budgétaires. Idéalement, elle souhaitait caler une réunion la semaine suivante. Est-ce que c'était faisable côté Mystreamy ? Éloi, le combiné vissé à l'oreille, l'esprit brumeux et le corps fébrile, comme lorsqu'une alarme vous tire d'un sommeil profond, essaya de rassembler ses idées. Il fallait croire que ses prières n'avaient pas été vaines. Il s'était voué à Dieu, il s'était voué au diable. Était-ce Satan, qui depuis sa rôtissoire infernale, avait pris en pitié un projet qu'il comprenait particulièrement ?

— Mais bien sûr, Nathalie. C'est toujours un plaisir de t'avoir au bout du fil.

Elle s'excusait de n'avoir pas donné de nouvelles plus tôt, mais avec Bastien, ils avaient été débordés. Et puis ses supérieurs, comme tous les supérieurs, fixaient des plannings et demandaient des choses, mais n'avaient jamais le temps de se poser dessus. C'était le règne du dernier moment. Heureusement qu'elle les avait secoués !

Il ne fallait pas qu'elle s'excuse, on ne s'était pas inquiété outre mesure. En tout cas, on ferait tout pour être prêt dans une semaine. Trouqueville raccrocha et resta prostré quelques secondes, submergé par l'émotion que créait la réapparition soudaine de vieux rêves ensevelis.

Stephen et Farid, depuis leurs bureaux respectifs, se doutèrent qu'il se passait quelque chose au service commercial. Bien que les cloisons vitrées les empêchent d'entendre clairement ce que hurlaient Éloi et son fidèle apprenti à travers tout l'open space, ça faisait longtemps qu'ils ne les avaient pas vus dépenser une énergie comparable. Les créatifs sont des esprits curieux. Les commerciaux des esprits intéressés. Stephen et Farid sortirent concomitamment de leurs aquariums pour savoir de quoi il retournait. Éloi et Alexandre, debout sur la grande table, haranguaient leurs collègues qui s'étaient massés autour d'eux :

— Qui veut des saucisses ?

— Moiii ! répondaient-ils à l'unisson en levant les mains.

— Qui veut des côtelettes ?

— Moiii !

— Qui veut des brochettes ?

— Moiii !

Le projet barbecue repartait. Le coup de fil de Nathalie avait été comme un jet d'essence sur un foyer qui étouffait[1]. Descendu de scène, Trouqueville se précipita sur Farid et Stephen pour leur préciser la nouvelle. Ils n'avaient pas de temps à perdre. Ils avaient cinq jours et pas un de plus pour tout mettre sur pied. Il suggérait un conseil de guerre avec toutes les parties concernées dans le bureau de l'un ou l'autre. Farid proposa le sien, il tenait à rester au centre du jeu de cette affaire. Hautement improbable et agaçant, ce dossier n'en demeurait pas moins désirable, comme un Hummer de couleur *gold* rempli d'Américaines en string sur une plage de Rabat. C'était tout à fait inconfortable. Farid le leur redit, il ne misait pas un euro, pas même un dinar sur la concrétisation de cette campagne. Mais bon, par solidarité, il n'allait pas lâcher son équipe. Et puis, se disait-il, Disli investissait pas mal d'oseille en publicité traditionnelle sur le site : des bannières, des pubs diffusées avant les vidéos, etc. Donc on pouvait considérer que cette proposition créative, ça faisait partie du *package*. Par ailleurs et comble de scoumoune, toute cette histoire intéressait beaucoup Giorgio. Depuis la réunion du *board* à laquelle il avait mentionné le brief, le secrétaire général lui avait envoyé deux mails sur le sujet, pour prendre des nouvelles. Avec l'œil d'un des grands patrons sur le dossier, il n'avait plus le choix.

Assis à la table de réunion qui occupait l'un des angles de la pièce, Éloi manifestait une extrême fébrilité. Farid se dit

1. Technique de rallumage d'un foyer fermement déconseillée par la revue de référence *Le Barbecuiste français*.

qu'il devait ramener un peu de sérénité et de clairvoyance ; autrement on partirait dans tous les sens. Ou nulle part, si l'on s'en remettait à Stephen que cette nouvelle avait rendu plus que perplexe.

— Y'aura qui à ce rendez-vous ? lança Farid à Trouqueville.

— Ben, y'aura Nathalie Lamour, mon contact Disli, chapeautée par son N + 1, Bastien Marole. Et puis y'aura aussi leur boss, le directeur adjoint du marketing et de la communication, Antoine Rodrigues et son patron, le nouveau directeur du marketing et de la communication pour la France, un Tchèque, Mareche Konechezpasquoi. Y vient d'arriver et y paraît qu'il ne parle pas français…

Stephen fronça les sourcils. Il n'y avait pas plus idiomatique que les comédies. Écrire les épisodes en cinq jours, c'était jouable, mais les traduire, en tchèque qui plus est…

Farid ne lui laissa pas le temps d'aller au bout de ses réflexions.

— OK, et ils ont besoin de quoi ?

— Ben, ils veulent les trames des cinq épisodes, ils veulent des intentions de casting et aussi une approche budgétaire.

— C'est beaucoup de travail ? s'enquit-il auprès de Stephen.

Celui-ci haussa les épaules et fit une moue avant de répondre sur le ton de l'évidence :

— Bah évidemment. Il va falloir écrire les cinq épisodes, que je fasse fabriquer des story-boards pour chacun, que je réfléchisse à des idées de personnalités. Sans compter qu'on devra budgéter tout ça pour ne pas y aller au doigt mouillé.

— Oh, tu sais… se permit Éloi.

— Oui, je sais, et la dernière fois qu'on a fait ça, sur la campagne Microsoft, on en a été de notre poche.

Trouqueville se pinça les lèvres, c'était un souvenir douloureux.

— Bon ok. C'est toi qui vas tout écrire ? Tu vas avoir le temps ? Vaudrait mieux que tu te concentres sur des dossiers plus prometteurs, non ?

Éloi lança un regard inquiet à Farid. Il avait plus que jamais besoin du talent de Stephen.

— Ce qui est certain, c'est que je ne vais pas écrire les épisodes. Je vais confier ça à un auteur de comédies spécialiste des webséries.

Farid se récria :

— Attention, hein, on n'a rien signé, donc je ne veux pas que cette présentation nous coûte un bras.

— Écoute, il va nous falloir des scripts et des images, et ce n'est pas nous qui allons les faire. Donc, si on veut pouvoir présenter quelque chose, il va falloir payer des types. Et par ailleurs, je ne vois pas comment obtenir des devis de boîtes de prod sérieuses sans leur donner les scripts.

Pour appuyer son propos, Stephen sollicita du regard le gros Ludovic, qui était resté éminemment discret jusqu'à présent, à la limite de l'introversion. Celui-ci secoua sa grosse tête encombrée de son épais chignon de dreadlocks de façon saccadée pour témoigner de son approbation. Un jour, il se tordrait le cou, songea Stephen avant de reprendre :

— Parce qu'ils vont chiffrer comment sans les scripts ? On ne sait pas ce qu'on va y mettre ! T'imagines qu'en fait on écrit une scène dans un hélicoptère ou dans une villa de rêve ? Ça peut faire passer un budget du simple au triple. Et puis en cinq jours, c'est trop court. Ils n'auront pas le temps.

Trouqueville passait une très mauvaise réunion. Il était livide. Il ne supposait pas autant de complications, ni de mauvaise volonté.

— Bon écoute, reprit Farid, je connais un jeune producteur qu'on a beaucoup fait travailler avant que tu arrives. Comme on n'avait pas de studio de créa, on lui donnait les briefs qu'on recevait, il bossait et nous renvoyait des idées.

Farid se tourna vers Ludovic en lui lançant le nom de Randy Braoul. Ludovic secoua sa grosse tête de façon saccadée. Il se souvenait très bien.

— Le deal était simple, continua Farid, on vendait une campagne, il la produisait. Mais ça n'a jamais *transformé*, sauf une fois, sur Orange, un petit truc. Bref, si ça marche avec Disli, ça sera l'occasion de lui renvoyer l'ascenseur. Et si ça foire, ben ça sera comme d'habitude. Il bosse super rapidement, il est très sympa et très débrouillard, hein Ludo ?

— Euh… oui.

Une rougeur enflamma son visage joufflu que Stephen trouva touchante. Gros bébé timide. Au prix d'un grand effort, il développa son avis.

— Il sait très bien tenir un budget et même faire des économies. Tu te souviens, Farid, sur le tournage Orange ?

Il avait ré-étiqueté les habits achetés pour les comédiens avant d'aller les rendre dans les magasins !

Cette astuce forçait l'admiration de Ludovic, qui, en tant que chargé de production chevronné, avait l'obsession de faire baisser les devis de ses fournisseurs pour préserver la marge.

— Tu vois, c'est un aigle, lança Farid à Stephen qui restait dubitatif.

Il en fallait un peu plus pour le convaincre.

— Je crois qu'il vient de changer de boîte, continua Farid. Quand on a bossé avec lui, il était chez InsideTV, une grosse prod de téléréalité. C'est un pro du casting, hein Ludo ?

— (*Rougeur*) Oui, il nous avait eu LolaV et Jerémizz sur Orange.

Ces noms ne disaient strictement rien à Stephen qui, prudemment, opina avec un air de connaisseur. Certainement des starlettes du web.

— Bref, il a le profil idéal pour ton sujet, enchaîna Farid. Il vendrait sa mère pour nous répondre dans les temps. Je t'envoie son mail *now*.

La réunion était sur le point de s'achever, mais un dernier scrupule traversa l'esprit de Stephen.

— Si c'est le Tchèque qui décide, on fait comment ? On fait tout traduire pour lui ou on vient avec un interprète…

— Et puis quoi encore ? répondit Farid, piqué au vif. Tu nous mimeras tout ça avec Éloi. Et tu parsèmeras ça d'un peu d'anglais. Il parle l'anglais, ton Tchèque, non ? demanda-t-il à Trouqueville.

— Euh… pas trop. Par contre, il parle très bien allemand.
— Bon ben l'alsacien, c'est pareil. Hein Stephen ? Allez, zou.

Stephen ne releva pas. De retour dans son bureau, il se connecta au site de la production qu'avait rejointe Randy, histoire de cerner le contexte. Despérados, c'était un peu la vieille école. Son patron, Paul-Robert Bricard, était l'un des fondateurs historiques de Panama, une production à la mode dans les années 1980, disparue depuis. La coke avait décimé la plupart des associés. Despérados, il n'y avait pas de quoi fouetter un chat malgré son nom canaille. C'était du genre pépère en fait. Films télé de fromages, de rillettes ou de lessives ultraclassiques. Une ménagère sexy, « humm c'est bon », ou « oh, qu'est-ce que c'est blanc », une démo du produit et basta. Pas révolutionnaire, mais solide. Et la bouffe, ils savaient faire. De toute façon, il n'avait pas trop d'options. Il allait briefer Randy.

Randy tint absolument à passer. Despérados était à quelques centaines de mètres à peine de Mystreamy. Il venait en voisin. D'ailleurs, comme les délais étaient très serrés, il valait mieux cerner le brief du premier coup. Les mails étaient si ambigus ! Stephen l'attendait sur le palier devant les ascenseurs. Randy lui tomba dans les bras, manifestant avec une effusion pleine de gestes et de glapissements tout le plaisir et l'honneur qu'il avait de rencontrer un si grand créatif. Stephen ne s'attendait pas à une telle apparition. Tandis qu'ils se dirigeaient vers son bureau, Randy lui expliqua qu'il était chez lui chez Mystreamy, qu'il connaissait tout le monde. D'ailleurs, si Stephen n'y voyait pas d'inconvénient, il souhaitait, avant de commencer la réunion, faire un coucou à Ludovic et à Farid. Stephen, que la présence de Randy oppressait légèrement, accéda à sa requête.

— Merci, vous êtes un chou, lui lança le jeune producteur dans un grand sourire dévoilant des dents parfaitement blanchies, avant de s'égailler dans l'open space.

Stephen en se rasseyant derrière son bureau ne savait trop quoi penser de ce garçon frisé et bronzé à la voix haut perchée. Le grand manteau en laine blanche et les lunettes de soleil Gucci étaient peut-être de trop.

Son petit tour terminé, Randy rentra dans le bureau de Stephen, suivi de Ludovic et Éloi.

— Vous savez, Stephen, avoua Randy sans ambages, Ludo, c'est un de mes chéris d'amour. Hein, mon Ludo ?

Ludovic, à en croire la rougeur qui enflamma son visage, sembla visiblement pris de court par cette présentation inhabituelle devant un chef qui ne pratiquait pas un management par l'affect et la familiarité, c'était le moins qu'on pouvait dire. Stephen Berger, par son arrivée récente dans l'entreprise et sa sobriété naturelle (que certains qualifiaient de froideur), restait pour lui, qui plus est timide, un personnage mystérieux. Et la timidité de Ludovic n'aidait pas à briser la glace, mais on avait déjà vu deux cubes de glace fusionner, il ne fallait pas désespérer. Quoi qu'il en soit, Randy ne s'encombrait pas de ce genre de subtilités relationnelles.

— On a fait une super équipe lui et moi sur le tournage Orange !

Et Randy de raconter plusieurs détails croustillants, de la maquilleuse acnéique, ce qui était un comble, à la cliente coincée qu'il avait décoincée en lui racontant ses vacances à Ibiza. Décidément, ce garçon était très à l'aise, pensa Stephen, que la culture latine déconcertait. Mais après tout, se disait-il, pour se rassurer ou pour se forcer à bousculer son référentiel, les Italiens ou les Espagnols avaient construit des pays qui fonctionnaient à peu près.

— Alors, qu'est-ce que c'est que ce brief ? demanda Randy jugeant que le temps des papotages était terminé.

Éloi, fier de ses prérogatives de commercial, ne se fit pas prier.

— Disli ? Les magasins avec les cartons par terre ? s'étouffa Randy à en faire tomber ses Gucci. Et moi qui pensais que vous m'appeliez pour un film Dior ! Vous avez vu mon dernier film pour Prada ? Le comédien Anthony Parkins est à tomber ! J'ai mis tout le poids du corps – bien que je sois très mince, hi hi – dans le casting, s'esclaffa-t-il.

Éloi, qui savait qu'il s'adressait à un producteur, parla d'argent. Le budget s'annonçait important. Randy retrouva son calme. Stephen embraya avec l'idée créative qui plaisait au client. Randy jubila en apprenant qu'il s'agissait de produire une parodie de téléréalité. C'était plus que son dada. Il en avait produit des centaines d'heures chez InsideTV. Les *The Candidate* et compagnie, c'était lui. Et puis effroi. Bronzage pâle. Quelle star accepterait de figurer dans un programme pour Disli ? Aucune. L'enseigne avait beau vouloir changer d'image, pour l'instant c'était loin d'être fait, expliqua Randy d'une voix blanche. Pour une star, Disli, c'était un aller simple direction le cimetière.

Stephen et Éloi se regardèrent incrédules. Sans stars, toute l'idée tombait à l'eau.

Randy coupa court au marasme. Après tout, n'était-il pas le roi du casting ? Il faisait son affaire de trouver une belle distribution pour cette enseigne de grande distribution, c'était la moindre des choses, lança-t-il inspiré. En deux temps trois mouvements, à la faveur du passage en revue des besoins du projet, il s'était mis à tutoyer Stephen qui ne s'en formalisa pas. Enjôleur, Randy levait les problèmes et apportait les solutions. Pour les scripts par exemple. Il avait dans son pool d'auteurs celui de *Voisins adorés*, la série d'*access* à succès sur M6. Il ferait parfaitement l'affaire pour *Braises de stars*.

— Que Mystreamy ne s'inquiète pas, assura-t-il plein de fougue avec son regard exorbité et sa voix nasillarde, vous aurez un budget, des scripts et un casting provisoire *de rêve* dans cinq jours.

Sous ses dehors extravagants dont il fallait sans doute faire abstraction, ce jeune homme avait l'air à son affaire, se dit Stephen. Puisqu'il s'occupait du casting mais aussi des scénarios, c'était autant de sujets en moins dont il aurait à se soucier. Et ce soir, il avait théâtre.

IV

Cette scène matinale devant le parking de Mystreamy avait un petit air de déjà-vu, se dit Stephen en apercevant Éloi qui se frottait les mains dans ses gants de cuir. Non qu'il fût immédiatement question de pognon, mais parce qu'il faisait très froid. Les météorologistes le disaient, l'hiver traînait en longueur.

Éloi salua joyeusement son collègue créatif.

— Bon ben on y retourne ! fit-il dans une grande volute de vapeur blanche.

Signe que l'affaire prenait de l'ampleur, il était flanqué du gros Ludo qui, emmitouflé dans une sorte de combinaison de ski fluo des années 1990, avait l'air d'une sculpture gonflable de Jeff Koons posée en plein boulevard. Stephen considéra Ludo puis la paire de vaches, ces grandes housses noires qui servaient à trimballer le matériel de présentation, planches de scripts et maquettes diverses, dont Éloi portait deux exemplaires en bandoulière. Ça faisait du monde, pensa-t-il, espérant que le commercial avait eu la présence d'esprit de commander un fourgon, craignant pour son confort avant une présentation qui s'annonçait importante. Quand un van noir vint s'immobiliser à leur hauteur, Stephen comprit que Trouqueville n'était plus un débutant. En grimpant dans le vaste véhicule, il fut cependant pris d'un léger scrupule. Sa tête venait de s'enfoncer dans le postérieur rembourré de Ludo qui s'était stoppé dans son élan pour faire basculer le siège qui lui permettrait de poser ses fesses sur la banquette arrière, peinard. On aurait eu largement la place pour emmener Randy, se dit-il. Celui-ci avait clairement exprimé son envie de venir à la réunion, prétextant qu'il avait la cote avec les Allemands. Il était sorti pendant quatre ans avec un Bavarois. « Ça comptait », avait-il pris la peine de préciser au cours de leur dernière réunion, dévoilant de façon impromptue sa vie amoureuse à Stephen qui fut surpris de l'apprendre et encore plus surpris de sa propre surprise. Aurait-il tiqué si le jeune producteur lui avait dévoilé une relation avec une Bavaroise ? « Et puis, avait ajouté Randy, Disli serait certainement impressionné d'avoir un producteur à la table sans que rien ne fût encore signé. Ça montrerait l'importance que Mystreamy accordait à ce brief. Les Allemands étaient sensibles aux marques spontanées de motivation. » Stephen, qui connaissait aussi le goût germanique pour la sobriété et subodorant qu'une enseigne de hard discount n'avait pas dans sa culture le goût du somptuaire, avait préféré remettre à plus tard leur rencontre avec Randy Braoul. Ça n'enlevait d'ailleurs rien au mérite de ce garçon qui s'était montré très efficace, confirmant les dires de Farid. Les scripts, sans être du Lubitsch, tenaient honorablement la route, et ils étaient accompagnés d'un casting et d'un budget.

— T'as vu ?

Trouqueville avait relevé précipitamment son nez de la nouvelle livraison du catalogue Disli *Un printemps de bons plans* qui recouvrait la table basse du salon d'accueil du hall de l'entreprise.

— Il y a un épilateur électrique à 9,90 euros ! Ça pourrait plaire à ta femme, ça !

Stephen fit mine de ne pas entendre, plongé qu'il était dans la relecture des scripts qu'il devrait raconter tout à l'heure. Ça ne s'arrangeait pas avec Erika. Son avocat, Me Sayer, l'avait prévenu, la procédure accélérée lui coûterait cher, et il allait devoir renoncer à la garde des enfants. C'était lui qui partait. Il devait se préparer à payer des pensions alimentaires. « Vous auriez mieux fait de vous prendre le bouddha, lui avait-il suggéré. Vous vous en seriez tiré avec un gros hématome, au pire une fracture. Ensuite vous portiez plainte, on plaidait l'aliénation mentale, vous gardiez les enfants et l'appartement, l'assistance publique prenait en charge votre femme avec mesure d'éloignement. C'était réglé. » N'empêche que le coup du bouddha, il ne le sentait pas. Du coup, ça sentait le studio et la liquidation de divers livrets. L'arrivée de la sémillante Nathalie Lamour dans une combinaison en satin parme, coiffée de son éternel chignon empêcha Stephen de pousser plus loin l'exploration déprimante des conséquences potentielles de son divorce. Tout le gratin allait les rejoindre d'ici quelques minutes, le temps qu'ils installent leur présentation. Si ces messieurs voulaient bien la suivre.

En rentrant dans la vaste salle de réunion qui leur était réservée, Trouqueville ne cacha pas sa satisfaction de retrouver un assortiment de jus et de biscuits Disli qu'il avait tant appréciés lors du premier rendez-vous. Secrètement, il pensait en consommer ostensiblement devant les grands chefs pour leur montrer son affinité avec leurs gourmandises biscuitières d'Europe de l'Est. Accepter l'offrande d'un partenaire était une marque de confiance présente dans toutes les cultures. Même les plus indéchiffrables.

Le temps de sortir les planches des vaches, de brancher l'ordinateur, de pianoter quelques minutes avec calme sur le boîtier de contrôle du système multimédia très sophistiqué de la salle pour réussir à faire apparaître le contenu de la présentation sur le gigantesque écran plat, les premiers participants faisaient leur entrée. C'était moins une. Trouqueville eut le plaisir de retrouver Bastien, qui répondit à son généreux sourire par une poignée de main un peu raide et un bonjour assez sec. Il fallait l'excuser. Suivi de ses chefs, il ne voulait certainement pas prêter le flanc à des accusations de complaisance à l'égard d'un fournisseur. Car dans la distribution, c'était connu, les fournisseurs, on les tordait.

Chacun se dit bonjour à qui mieux mieux avec beaucoup de cordialité. Honneur aux invités. Stephen, Éloi et Ludovic déclinèrent sobrement leur identité et leur fonction. Après quoi, Nathalie passa la parole à ses chefs, jugeant inutile que Bastien et elle se présentent puisque les deux parties les connaissaient. Il fallait en convenir, cette fille avait de la jugeote.

Qui des deux boss se lancerait? Chacun expliqua à l'autre par des gestes graciles et de charmants sourires qu'il n'en ferait rien, trop aimable, je vous en prie...

— Che présente fous alors! dit en riant le petit homme sec aux cheveux ras, coupant court à ce moment de courtoisie en entreprise.

— Bon, comme vous voulez, concéda dans un dernier sourire le grand brun athlétique aux cheveux ramenés vers l'arrière.

Il s'appelait Antoine Rodrigues, il occupait le poste de directeur adjoint du marketing et de la communication.

C'était donc lui, se dit Trouqueville, qui par réflexe professionnel, mémorisa immédiatement son visage pour l'ajouter à la fiche qu'il tenait prête dans son répertoire client mental.

— Je être Marek Konečný, noufeau direcdor de margueding et de communicazion Dizli France! enchaîna le petit homme d'une quarantaine d'années dont les yeux bleus avaient pétillé à l'annonce de son titre prestigieux.

— Che viendre dé Poland, médodes de moi drès bien marché là-bas! Dizli defenu number one. Faire pareil ici. Le pon produit, le pon prix, c'est toute! Nous faire grosse opérazion parpecue pour mondrer za! s'enthousiasma le Tchèque dans son « affreux charabia », pour reprendre les mots de Balzac dans *Le Cousin Pons*, charabia qu'il était donc « inutile de continuer à figurer pour la clarté du récit ». Une dernière phrase pour la route :

— A fou dé nous mondrez fos choses! s'exclama M. Konečný, pas peu fier de la transition qu'il avait réussi à formuler dans un idiome qu'il ne maîtrisait pas encore.

Mais pour les langues comme pour la pénétration de Disli sur le marché polonais, il existait d'excellentes « médodes ». Il y arriverait certainement.

Éloi se tourna vers Nathalie et Bastien pour leur demander s'il fallait qu'il déroule à nouveau le brief initial et la réflexion stratégique qui avait conduit à la piste de la websérie. Bastien lui répondit de façon rapide et saccadée que ça n'était pas la peine, tout le monde était bien au courant du sujet et l'idée de la websérie avait été largement partagée. Rassuré, Trouqueville glissa à Stephen qu'il pouvait y aller, il n'avait pas à se soucier du défilement des slides, il s'en chargerait pour lui.

Comme à son habitude, Stephen se leva. Pour emporter une audience, il fallait la dominer. C'était aussi une question d'énergie. Pour prononcer un texte, il fallait trouver la bonne posture, le bon équilibre : genoux déverrouillés, jambes écartées, bien ancrées dans le sol, hanches et pieds parallèles. Il le savait très bien pour s'être intéressé de près au travail des comédiens de théâtre. Jusqu'à suivre quelques ateliers sur le sujet. Par curiosité. Pour se rapprocher de sa passion. Parce qu'il s'était dit, à raison, que ça pourrait l'aider dans son métier. Présentement, il convoquait la séance numéro sept, « Devenir une voix, incarner un texte ».

Il se lança dans le premier épisode avec fougue. La scène d'ouverture était superbe et tactique. Intérieur jour. Dans un magasin Disli. Une lumière matinale irisait délicatement l'acier brossé des congélateurs. Un candidat accompagné du chef cuisinier faisait les courses du barbecue poisson qu'il devrait réaliser pour nourrir ses compagnons affamés. Les répliques s'enchaînaient, ciselées. L'auteur avait fait du bon travail. La mécanique était fluide. On glissait des informations produits Disli au cœur de la comédie. On les répétait d'épisode en épisode. Comme l'origine française de la viande par exemple, thème qui occupait une place de choix dans le troisième volet de la websérie consacré au barbecue japonais. Le Teppanyaki, célèbre technique de grillade nippone où il fallait lancer les morceaux de viande depuis la plaque chauffante directement dans l'assiette des convives, avait été choisi pour sa forte charge comique dans une veine Gérard Oury voire Tati. Effectivement, Marek Konečný riait aux éclats en voyant Stephen distribuer à la cantonade des morceaux de viande virtuelle provoquant éclaboussures et « clashes » en série parmi les invités. « Je me suis faite belle pour ton barbecue, et toi, pour me remercier, tu me flingues ma robe Zara ?! » Si l'essentiel du contexte échappait au patron du marketing, il prenait beaucoup de plaisir à voir ce grand chauve, devenu tout rouge à force de jeter des brochettes à travers l'espace, gesticuler en produisant des gestes qui lui semblaient absurdes tout en hurlant des répliques avec un fort accent asiatique. « HØ, HØ, HØ, ARF, ARF, ARF », faisait-il, goûtant ce numéro qui dépassait de loin tout ce à quoi il avait déjà assisté dans une salle de réunion au siège de l'entreprise. Ses subordonnés, autorisés à rire puisque leur chef se le permettait, ne boudaient pas leur plaisir non plus. Pour une fois qu'on pouvait se marrer ! L'humeur générale resta joyeuse jusqu'à la fin de la présentation, ou plutôt de la représentation, grâce à l'engagement total de Stephen. Éloi, qui avait scruté depuis le début les moindres réactions de l'assistance, fut comblé d'aise de la voir basculer d'une attention polie à une empathie rigolarde. Il les avait embarqués, nom de Dieu ! Même Ludovic avait bien du mal à rester impassible, transformant en rougeurs diverses tous ses efforts pour ne pas sourire. Il ne voulait pas donner à son patron l'impression qu'il se moquait de lui. Et puis devant les clients, il fallait rester sérieux.

L'apothéose fut atteinte avec le dernier épisode, le barbecue oriental. Stephen – jouant le rôle d'une candidate, ex-gagnante d'une émission de téléréalité de danse, qui, pour augmenter ses chances de victoire avait décidé d'agrémenter son plat d'un spectacle –, s'était lancé dans un improbable numéro de danse du ventre. Stephen Berger, rougeaud et suant, qui se dandinait et tournait sur lui-même en se caressant le ventre qu'il tentait de faire onduler, c'était impayable.

— Mais qu'est-ce que c'est que ce vacarme ? Ça glousse dans tous les coins, ma parole !

Dans la salle de réunion d'à côté, où le tout-puissant patron des achats de Disli, René Bitero, essayait tant bien que mal de faire lâcher cinq points de marge à une coopérative laitière, on se demandait ce qu'il se passait en A102. Ça lui foutait toute son ambiance glaciale par terre. Il pouvait remballer ses arguments à base de « temps difficiles » vu ce qu'on se bidonnait à l'étage… Merde !

Stephen s'était rassis. Nathalie était sur le point d'applaudir. Mais un raclement de gorge de son *big boss* signifia à chacun qu'il convenait de reprendre ses esprits pour en venir à une discussion objective du sujet, sans biais émotionnel. Il avait néanmoins gratifié Stephen d'un « pravo, très pon ! Très pon ! » accompagné d'un large et franc sourire. D'ordinaire on lui connaissait plutôt le rictus hypocrite du mangeur d'hommes. Il avait beaucoup aimé. Aimé quoi au juste ? À vrai dire, personne dans la salle ne s'en souciait réellement. Côté Disli, on était soulagé, on échapperait cette fois-ci au froid glacial des forêts de Silésie que pouvait souffler le petit homme de l'Est quand un projet ne lui convenait pas. On était sincèrement reconnaissant à Mystreamy d'avoir mis M. Konečný de si bonne humeur. La semaine serait plus douce. Trouqueville ne comptait pas non plus analyser les causes de l'adhésion au projet. Quand un client aimait un produit, on le lui vendait avec un maximum d'options, point.

Cependant, et c'était naturel, le directeur marketing avait quelques remarques. Elles ne furent pas limpides au premier abord. Elles seraient d'ailleurs restées à l'état d'énigmes sans le truchement appliqué de son bras droit, Antoine Rodrigues.

Marek Konečný voulait qu'on insistât davantage sur la place des produits Disli dans la websérie. Il fallait les mettre au centre, voilà. Les légumes frais, la viande française, le poisson frais, le pain frais, les nouveaux magasins. Par ailleurs, il ne voulait pas du barbecue japonais ou du barbecue oriental. Ça n'était pas français. Ça brouillait le message d'une production locale. Même si ça l'avait fait beaucoup rire, il en convenait. Il voulait donc un barbecue légumes, un barbecue viande française et ainsi de suite.

— Fous auzi vaire rire avec cucumbre et… et domate ! lança-t-il à Stephen, enjoué.

Éloi épia Stephen du coin de l'œil, inquiet de sa réaction. Il connaissait sa susceptibilité aux remarques clients qu'il jugeait inopportunes. Pour sa part, il ne voyait évidemment aucun inconvénient à faire un épisode courgettes, carottes ou n'importe quel truc qui poussait dans un potager. Mais le problème avec les créatifs, c'est qu'ils ne savaient jamais la fermer au moment où il fallait juste prendre le pognon.

Bizarrement, Stephen sembla accepter les demandes du directeur marketing avec calme. Épuisé par sa performance, il philosophait sur son métier qu'il rapprochait du destin de Sisyphe : il fallait toujours recommencer. On ferait un barbecue poisson, etc.

Éloi de Trouqueville le savait (on ne comptait pas plusieurs ancêtres officiers de cavalerie dans sa famille pour rien), il fallait toujours tirer parti d'une situation favorable. Ce sacré bougre de Stephen avait réussi à faire baisser la garde aux Teutons. Il ne fallait plus les lâcher jusqu'à la signature du traité. Il se lança tambour battant dans la présentation du casting. Ils l'avaient pensé en deux groupes de talents, expliqua-t-il en se réappropriant la brillante stratégie mise au point par Stephen. Un groupe de visages venus de la télé afin de s'adresser aux ménagères de moins de cinquante ans. Et un groupe de talents sévissant sur Internet qui rajeunirait le cheptel de consommateurs Disli. Ainsi le programme parlerait au plus grand nombre. Visiblement, Antoine Rodrigues adhérait. Il chuchota quelques mots à son patron qui opina tout en regardant les visages – totalement inconnus pour lui – qui s'affichaient à l'écran.

Côté télé, on pensait faire appel à Amel Bent, ex Nouvelle Star, connue pour son hit *Ma Philosophie*.

— Bon, c'est une chanteuse plutôt pas mal, expliqua Éloi. Personnellement, j'écoute plus du rock, mais ma copine aime bien, ajouta-t-il, pensant que les anecdotes personnelles ajoutaient toujours du crédit aux propositions commerciales.

Le fameux « j'ai le même à la maison » du vendeur d'électroménager. Il n'avait pas besoin d'en faire beaucoup plus. Nathalie se mit à frétiller à l'évocation de l'artiste R'n'B. Elle l'adorait, avoua-t-elle à l'assemblée, disposée, notamment du côté de ses patrons, à accueillir cette confession sous l'angle du charme post-adolescent.

— Elle est tellement classe, c'est… c'est l'élégance incarnée, cette femme, ne put-elle s'empêcher d'ajouter. Si on l'a dans la websérie, c'est le buzz assuré !

Pour l'accompagner, Mystreamy imaginait faire appel à Matthieu Rebello.

— Bon, c'est un acteur qui a joué dans pas mal de comédies, que des succès populaires, indiqua Éloi. *Papy-sitting*, *Sushi Inferno* ou encore *Ta sœur, son chat et moi*. Et puis il a fait beaucoup de sketches mythiques à la télévision, notamment dans le Morning de M6. Vous voyez qui c'est?

Bastien acquiesça discrètement. Antoine Rodrigues s'esclaffa « Il est excellent ce type! », avant de glisser quelques mots à Marek Konečný qui opina de nouveau en riant.

Le casting télé passait comme une lettre à la poste, on pouvait aborder le casting digital sereinement, analysa Trouqueville, de plus en plus confiant.

— Les visages que vous allez découvrir ne vous diront peut-être rien et c'est normal, annonça Éloi qui, en se gardant bien de laisser entendre à ses clients potentiels qu'ils étaient trop vieux, indiqua qu'ils n'étaient pas dans la cible, voilà tout. Nous les appelons les Mystreamers, ce sont nos créateurs maison. Ils ont commencé à faire des vidéos dans leur coin sur Mystreamy et petit à petit ils ont accumulé des fans. Aujourd'hui, les plus célèbres font des millions de vues avec leurs vidéos et sont devenus de véritables référents pour la génération Y, sans parler de la génération Z. Il y en a pour tous les styles et tous les goûts. Beauté, cuisine, sciences, sports, jeux vidéo, bricolage, et bien sûr humour!

Dans ce domaine, Mystreamy s'enorgueillissait d'héberger les chaînes des talents parmi les plus puissants du web.

— Et certains d'entre eux sont partants pour le projet Disli! s'enthousiasma Éloi avant d'ajouter : Parce que c'est avec Mystreamy et qu'ils font confiance à la plateforme.

Il n'était jamais avare d'un petit laïus *pro domo*. Ça ne pouvait pas faire de mal.

Pour commencer, on avait pensé à Jimmy Nuggets. La présentation d'Éloi était très bien faite. Il déroulait pour chaque talent une sorte de fiche d'identité digitale. On y découvrait son visage, une courte biographie accompagnée de deux vidéos à titre d'exemple complétée de son nombre d'abonnés sur sa chaîne Mystreamy et son nombre de fans Facebook.

En l'occurrence, Jimmy Nuggets en comptait beaucoup : 1,5 million pour Facebook et 1,1 million pour sa chaîne. Dans ses vidéos, cet adolescent pâle aux cheveux frisés abordait un peu tous les sujets seul face à la caméra depuis sa fausse chambre d'enfant. Le montage ultrarapide, les incrustations d'images en tout genre, les effets sonores et visuels un peu *cheap* rendaient l'ensemble très divertissant. Pour convaincre l'assistance, Éloi avait choisi de passer sa vidéo intitulée « Avoir un chat » où Jimmy détaillait par le menu sa cohabitation pas toujours facile avec Orly, un félidé aussi tigré que facétieux. Évidemment, le choix de la vidéo ne devait rien au hasard. Trouqueville avait pleinement conscience de l'impact d'un chat mignon et rigolo sur la tranche la plus jeune de l'assistance. Le regard attendri de Nathalie le conforta sur ce point. Il avait ensuite présenté Armelle Joubert-Bréjac. Ça n'était pas une Mystreameuse à proprement parler. Comédienne de formation, elle était pourtant devenue un visage populaire sur Internet grâce à ses nombreuses apparitions dans les vidéos d'un collectif célèbre, le Moviegang. Chez Mystreamy, on avait trouvé pertinent de renforcer le casting par des comédiens solides qui pourraient soutenir leurs camarades venus d'horizons divers. C'était le sens de la présence de Matthieu et d'Armelle dans la sélection. Il y avait toute une dimension fiction dans la websérie qu'il ne fallait pas négliger, affirma doctement Éloi.

Antoine Rodrigues, Bastien comme Nathalie ne trouvèrent rien à redire à cette démonstration pleine de bon sens. Marek Konečný dit : « femme très cholie ! », ce qui était après tout une autre forme d'approbation.

— Par ailleurs, se permit d'ajouter Trouqueville, les vidéos du Moviegang auxquelles contribue Armelle marquent d'une certaine manière le retour de « l'humour blanc » après des années de Jamel Comedy Club.

Les sketches du collectif, qui n'hésitaient pas à rendre hommage aux belles heures du cinéma populaire français des années 1960-70, étaient portés par des jeunes gens très propres sur eux. Le tout donnait un résultat assez franchouille. De quoi de parler aux *millenials* des beaux quartiers. Disli ne voulait-il pas séduire tout le monde ?

C'était le sens de la dernière proposition. Will Ahmed, né à Roubaix, 850 000 fans Facebook et 900 000 abonnés à sa chaîne. Une pointure. Dans ses sketches, il faisait preuve d'un humour de bon aloi teinté de blagues communautaires. Sa vidéo « Bled is dead » en était un bon exemple. Ou bien « Beur sur la ville ».

Après le visionnage de la seconde vidéo, le directeur adjoint du marketing et de la communication réfléchit un instant. Le garçon était pas mal, ses vidéos assez drôles même s'il ne décryptait pas toutes les références.

— Votre ami dit souvent roya ou rouya…

— Ça veut dire frère, intervint Ludo pour qui ce vocable était familier, passant une partie non négligeable de ses journées, autant par goût que conscience professionnelle, à regarder des vidéos.

— Bon et puis après tout, c'est une façon d'aborder le sujet de la diversité. Nous n'allons pas tirer un trait sur deux millions de clients avec le repositionnement.

Il échangea un regard entendu avec Bastien avant de se tourner vers son boss pour recueillir son avis. Marek Konečný souriait à pleines dents. Le gag de la couscoussière explosive l'avait enchanté.

— Drès bonne Ahmed !

Il restait à présenter un dernier personnage, celui à qui incomberait le rôle de « maître de cérémonie » selon l'expression consacrée à la télévision, le chef cuisinier.

— On a pensé au chef Alex, annonça innocemment Éloi en même temps que sa fiche s'affichait à l'écran.

À vrai dire, il y avait dans ce choix autant d'opportunisme que de tactique. Les chefs respectés disposant de fortes communautés digitales n'étaient pas légion. Or, le chef Alexandre avait fondé un blog de recettes à succès, le blog Re7.com suivi par des dizaines de milliers de fans en charlotte. Chez Mystreamy, on avait eu du mal à lui trouver un concurrent. Par ailleurs, on avait eu vent d'une première collaboration avec Disli pour imaginer des recettes destinées à l'animation de leurs réseaux sociaux. On se proposait ainsi d'intégrer à la websérie une personnalité connue du client et qui lui était déjà associée pour en faire un porte-parole crédible sur toutes les questions du « bien-manger ». On pérennisait une relation balbutiante pour en faire un partenariat porteur de valeurs. Encore fallait-il que tout se soit bien passé entre Disli et lui. C'était un pari qu'on avait voulu faire, histoire de potentiellement enfoncer le clou.

Le suspense ne dura pas longtemps. Nathalie, qui se retenait durant l'introduction prudente de ce dernier profil par un Éloi qui avançait sur des œufs, s'écria que c'était une excellente idée, qu'elle avait adoré collaborer avec le chef Alex quelques mois plus tôt et que les internautes avaient beaucoup apprécié ses recettes.

— N'est-ce pas vrai ? demanda-t-elle en prenant à témoin sa hiérarchie.

— Effectivement, convint Antoine Rodrigues. Après une première collaboration réussie, Disli cherchait justement à s'associer d'une façon plus visible et plus durable au chef Alex.

Rarement les mots d'un supérieur ne firent autant plaisir à des subordonnés, surtout à Nathalie Lamour.

— Voilà pour le casting. Peut-être pouvons-nous aborder la médiatisation puis clore par le budget avant de discuter de l'ensemble ? suggéra Trouqueville, désireux d'aller au bout de sa présentation en s'épargnant les laborieuses discussions de détail à chaque étape.

Il les redoutait comme la peste. Combien de fois avait-il vu des clients décortiquer par le menu une proposition, si bien qu'à force de lever de multiples questions sur des points accessoires qui en amenaient d'autres, ils se retrouvaient complètement désorientés et préféraient abandonner. Par chance, les Disli n'y voyaient aucun obstacle. Il brossa donc à grands traits le plan de médiatisation de la websérie qu'il leur avait concocté.

— Après tout, on parle popote, dit-il pour faire un bon mot, ce qui les fit sourire.

C'était un dispositif d'amplification de la websérie puissant reposant sur trois piliers. En premier lieu, un plan de publicité classique pour booster la notoriété de la websérie. On recourrait massivement à la diffusion des bandes-annonces sur la plateforme (qu'on préférait appeler *teasers*) des épisodes de *Braises de stars* façon pub avant toutes les vidéos des meilleurs éditeurs présents sur Mystreamy. En second lieu, on activerait un plan d'influence digitale en mobilisant la fine fleur des *community managers* de Mystreamy qui se ferait un plaisir de poster les *teasers* et les épisodes de la websérie sur les réseaux sociaux de la plateforme et de toutes les personnalités présentes au générique. Et en troisième lieu, on activerait un plan d'accompagnement RP (relations presse), avec une avant-première exclusive de la websérie destinée aux journalistes de la presse télé et médias au sens large dans une salle de réception prestigieuse. On fournirait à l'assistance un communiqué et les épisodes en avant-première. Après quoi le service RP de Mystreamy harcèlerait tout ce beau monde dans les règles pour faire « tomber de la reprise », comme on disait dans la profession. Bref, avec tout ça, on allait en entendre parler !

— Ah, un dernier élément qui a toute son importance, souligna Trouqueville en découvrant une slide à laquelle il ne pensait plus : l'espace dédié *Braises de stars*. Car à contenu exceptionnel, écrin exceptionnel.

Éloi n'avait jamais peur des mots, c'était évidemment une qualité pour un commercial. Mystreamy.com. allait *designer* une page sur mesure pour accueillir la websérie, cassant l'ergonomie habituelle de son site, excusez du peu. On voulait créer un véritable univers pour « maximiser l'expérience barbecue » des internautes. Ils pourraient par exemple cliquer sur la silhouette des différentes personnalités du casting afin de découvrir leurs personnages, consulter des recettes exclusives via les tutoriels du chef Alex accompagnés de leurs fiches récapitulatives ou encore apprendre des techniques de cuissons, etc. C'était beau.

Évidemment, tout cela avait un coût. Mais il fallait le comparer à ce que paierait Disli pour un dispositif équivalent en télévision, radio et presse par exemple, suggéra Éloi avant d'annoncer le chiffre fatal, histoire de lui donner toutes ses chances. À ce moment précis, il appuya un peu plus nerveusement sur la flèche droite de son clavier qu'il n'avait pas lâchée depuis le début de la présentation. Un tableau récapitulatif surmonté du titre *Budget prévisionnel* envahit l'écran. En même temps que l'assistance le découvrait, Éloi reprit aussitôt la parole pour amortir ce qu'il pouvait avoir de brut, en l'enrobant de commentaires. 480 000 euros. Ce chiffre pouvait paraître important, mais il comprenait beaucoup de choses, minauda-t-il. La conception et la production des cinq épisodes de la websérie pour commencer. À laquelle on ajoutait la production des cinq tutoriels « recettes ». Mais aussi la conception et la production de l'espace dédié à la série sur le site Mystreamy.com. Et puis il y avait tout le volet médiatisation pub, réseaux sociaux et relations presse. Bien sûr, et les clients le comprendraient parfaitement, le budget s'entendait hors cachet des personnalités présentes au casting. On entrerait en négociation avec elles dès que le périmètre de visibilité du programme serait figé. Il fallait provisionner 200 000 euros environ.

— Voilà, conclut-il en bravant les regards des clients.

Ceux-ci n'avaient pas l'air d'être effarouchés outre mesure. Nathalie souriait, Bastien opinait gravement. Marek Konečný glissa un mot à l'oreille d'Antoine. Celui-ci prit la parole.

— D'abord, je tiens à vous remercier pour la qualité de votre présentation. Vous l'avez compris, la qualité compte beaucoup pour nous en ce moment! affirma-t-il en se tournant vers son patron. Je crois que mes équipes et moi-même sommes tout à fait en phase avec votre vision du projet, dit-il en interrogeant Bastien et Nathalie du regard.

Les deux hochèrent la tête en souriant.

C'est le moment que choisit Éloi pour croquer dans une gaufrette roulée au chocolat qui lui faisait de l'œil depuis le début de la réunion. Il pouvait s'offrir ce petit réconfort maintenant que la tension qui l'avait maintenu au maximum de son art oratoire durant son exposé redescendait et que les clients semblaient bien disposés.

— Cependant, continua Antoine, avec Marek, nous aimerions plus de stars.

Où voulaient-ils en venir ? se demanda Trouqueville qui ralentit sa manducation.

— Nous ne remettons pas en question le talent de vos Mystreamers, développa Antoine, mais nous voulons mettre davantage l'accent sur les ménagères que sur les millenials. Ce sont elles qui remplissent les trois quarts de nos caddies. Les vedettes télé les toucheront plus. Deuxièmement, vous pouvez augmenter le volet médiatisation. Nous n'allons pas missionner un deuxième acteur média pour relayer cette opération. Pour vous donner un ordre de grandeur, nous avons prévu d'investir entre 800 000 et 900 000 euros sur la campagne barbecue.

Neuf cent mille euros ? Éloi fit une fausse route avec un morceau de gaufrette. La somme dépassait ses rêves budgétaires les plus osés. Une bouffée de chaleur remonta le long de son ventre en même temps qu'il s'étouffait tout en se retenant de recracher au visage de ses clients bénis un échantillon mouillé de leurs productions pâtissières. Plus tard, il analyserait cela comme un état tout à fait paradoxal. Il implora Stephen du regard comme jamais il ne l'avait imploré. Cet esprit sagace reprit élégamment la main. Aussitôt, Trouqueville, libéré des regards de Disli, se précipita sur une bouteille de jus concentré saveur passion et s'en servit un large gobelet en plastique. Oui, ils pouvaient tout à fait augmenter le plan média, assura Stephen. Quant aux stars, il n'y voyait pas d'inconvénient. Cela coûterait plus cher, voilà tout. Il tenait cependant à garder quelques Mystreamers dans le casting.

Non pas parce qu'il voulait à tout prix placer les petits génies maison, mais parce qu'aujourd'hui, on ne pouvait plus ignorer les réseaux sociaux. C'était sur les plateformes que naissaient les buzz. Il soumettait donc à leur approbation une répartition qu'il estimait raisonnable de trois stars et deux Mystreamers.

Il fallut attendre qu'Antoine explique le point à Marek pour avoir la réponse : le service marketing et communication de Disli était d'accord.

Tout était bien qui s'arrangeait bien, se dit Éloi qui s'efforçait de maîtriser le flux de ses inspirations afin que l'air ne chatouille pas excessivement ce fichu morceau de gaufrette logé dans un interstice de sa trachée. C'était très douloureux, les larmes lui montaient aux yeux.

Marek Konečný, par la voix d'Antoine Rodrigues, estima que les contours du projet étaient suffisamment clairs pour qu'il puisse être présenté à René Bitero dans l'espoir d'une validation éventuelle. Car dans toutes les grandes entreprises, les acheteurs avaient le dernier mot. Peu leur importait la qualité des projets, produits ou fournitures qu'ils achetaient, ils regardaient d'abord le prix. Il conviendrait d'ici là de préciser le casting et de revoir à la hausse la médiatisation pour connaître l'enveloppe définitive.

Inutile de cacher que Trouqueville était forcément un peu déçu. Il aurait aimé quitter Gonesse avec un accord de principe. Il faudrait donc une nouvelle fois retravailler. Mais les longs sièges n'accouchaient-ils pas de grandes victoires ?

soufflaient les spectres familiaux à son oreille. Beau joueur, avec ses yeux larmoyants, il sortit d'une vache quelques goodies qu'il avait pris soin de préparer. Mystreamy était heureux d'offrir à Marek, Antoine, Bastien et Nathalie un assortiment de colifichets sur le thème de l'image, plateforme vidéo oblige. Ils auraient certainement l'usage de ce très beau selfie-stick pour des photos ou films de famille au point de vue unique. Ou encore de cet irrésistible carnet de notes en forme de cassette vidéo surfant sur la mode du vintage. Par ailleurs, ne courait-on pas toujours après une clé USB puissante ? Celle-ci, équipée du standard USB 2, ferait très bien l'affaire. Et pour une pause café stylée, ce mug *video is cool* siglé Mystreamy inspirerait respect aux collègues de bureau. Enfin, plus opportunément, si ces messieurs-dames devaient signer dans les prochains jours un contrat important (clin d'œil humide d'Éloi aux yeux rouges), ils seraient heureux d'avoir un bon stylo en plastique sous la main.

Le visage de Bastien s'assombrit. Il avait pourtant été clair la dernière fois. On se serait bien passé de cette faute de goût. Nathalie, elle, pensait déjà aux collègues qu'elle pourrait gâter, renforçant sa position de fille la plus cool du service. En plus de bosser au digital, mot mystérieux qui l'auréolait de toute la Silicon Valley branchée et futuriste, elle restait accessible et généreuse. Une nana en or, ou plutôt en silicium.

L'irréprochable Marek Konečný, le redresseur de Disli en République tchèque, le héraut des politiques maison, se saisit de tout ce matériel appétissant, remercia Éloi et lui fourra le tout dans les bras.

— En Franze, corupzion normal, mais Allemagne pas comme za ! Nous juger qualität protuit, zé toute ! Zé pour za que protuit nous meilleur ! Ya ! dit-il dans un grand éclat de rire.

Bastien constata avec soulagement que le drame pressenti n'eut pas lieu. Avec tout autre fournisseur, le topo n'aurait pas été le même. C'est dire si Marek était dans de bonnes dispositions vis-à-vis de Mystreamy.

Trouqueville, penaud, le visage rouge et la gorge le démangeant, remballa son étalage de vendeur à la sauvette. Il était temps de rentrer à Paris.

On se sépara courtoisement. Mystreamy promit de revenir rapidement avec les ajustements demandés. Marek serra énergiquement la main de Stephen, témoignant ainsi de la forte impression que sa prestation avait eue sur lui. Nathalie, évidemment un peu dépitée, n'en laissa rien paraître et raccompagna ses visiteurs le sourire aux lèvres. Femme de tête, elle savait que l'objectif de ce projet n'était pas de gagner deux mugs Mystreamy. Elle avait plus d'ambition que ça. Elle voulait tourner avec des stars. Et elle y arriverait. Elle avait déjà fait basculer Bastien, Antoine et Marek, elle réussirait bien à convaincre René Bitero.

Dans le taxi qui les raccompagnait, Trouqueville, aux prises avec le satané morceau de gaufrette, n'en avait pas moins besoin de débriefer. Selon lui, le Tchèque avait beaucoup apprécié.

— De toute façon, le barbeuc', ça parle à tout le monde. C'est un langage universel. Et je dois dire que tu le maîtrises parfaitement, prit-il la peine d'ajouter. Tu as été énorme.

C'était *team spirit* de féliciter ses partenaires après une présentation. Ça ressoudait pour le round suivant. Mais Éloi n'était pas dans un exercice de technique managériale appris dans son école de commerce post bac. Il le pensait sincèrement. Il se retenait de se remémorer la scène de la danse du ventre sous peine de partir en fou rire, ce qui aggraverait largement sa situation respiratoire.

Stephen ne réagit pas au compliment de son collègue. Il était vidé. Et il flirtait avec l'hypoglycémie. Il n'avait pas tapé dans les gaufrettes, lui. Dieu qu'il avait faim.

N'empêche qu'il était sacrément balaise, Stephen. Éloi n'en revenait toujours pas. Plutôt que d'expliquer, il avait tout joué. C'était ça qu'il fallait faire pour vendre à tous les coups. Mettre les clients au spectacle. Il allait voir s'il n'existait pas des cours de théâtre dans les formations proposées par l'entreprise. Des fois que. Il inscrirait son apprenti d'office. Tout le monde sur les planches. Zou.

Quand la porte palière s'ouvrit pour laisser entrer Stephen et Éloi, il suffit d'un coup d'œil à Farid pour comprendre que la partie était perdue. Stephen, livide, tirait une gueule de six pieds de long et Trouqueville… eh bien il pleurait, ma parole ! Ça ne lui était jamais arrivé en cinq ans de taule ! Merde… il avait pris ce projet tellement à cœur, le bougre. Bon, c'était pas la peine d'en remettre une couche.

Les pauvres, ils avaient certainement tout donné. Dans ces cas-là, il fallait faire un petit coup de Mère Teresa. Il ouvrit sa porte vitrée et se précipita au-devant d'eux.

— Bon, c'est pas grave, les gars. Je vous l'avais dit, c'était pas un doss' pour nous.

Trouqueville, incrédule, se chargea de dissiper le malentendu.

— T'inquiète, tout s'est bien passé, j'ai juste un bout de gaufrette coincé dans la gorge.

V

Aux premiers jours d'avril, sur le toit d'un grand parking en béton qui dominait Ivry-sur-Seine, il faisait bon. Stephen avait ouvert sa parka verte et attendait tranquillement que le plan suivant soit installé en sirotant un coca zéro de la régie. Il tournait un clip interactif pour Nike avec de jeunes athlètes spécialistes du parkour, une discipline qui consistait à franchir les obstacles urbains par des acrobaties. C'était très spectaculaire et permettait des images fortes. Derrière sa paire de Rayban à monture épaisse, il ne perdait rien des mouvements graciles et nerveux d'une des sportives de l'équipe, une jeune femme aux traits asiatiques dont la jolie figure et le corps souple et sec le fascinaient. C'était un vrai plaisir de la voir s'agripper à un pan de mur, tirer sur ses bras pour se hisser, glisser contre la surface nue du béton, dépasser l'arête par un mouvement de ciseaux et sauter de l'autre côté. Est-ce qu'on voyait bien les chaussures ? demandait le client en permanence. Pour être honnête, Stephen suivait moins les mouvements des baskets que le déplacement du petit cul musclé qui se détachait sur le gris du mur. On ne pouvait pas toujours être professionnel à 100 %. Bref, c'était un bon moment. Et comme tout bon moment, il fut interrompu. Son téléphone qui s'était tenu étonnamment quiet toute la journée vibra frénétiquement. C'était Randy.

Ça sentait la panique au bout du fil. Amel Bent faisait faux bond. Chez Despérados, on tentait l'impossible afin de trouver une personnalité de son envergure pour la remplacer. Randy, à la limite de la suffocation, expliquait tout cela avec un débit de mitraillette savonneuse. C'était emmerdant, avoua Stephen. Le projet était en instance de validation par Bitero. Avec ce changement de casting qu'il allait bien falloir annoncer au plus vite, on replongeait dans l'inconnu.

— Je sais, Stephen, se lamenta Randy de sa voix nasale et légèrement zozotante. J'ai failli m'ouvrir les veines comme Caligula dans son bain moussant. Heureusement, le reste du casting tient bon. N'empêche qu'on a fait un bon coup avec Matthieu Rebello. Je peux te le dire maintenant, c'est lui qui a ramené Odalie Summer. En fait, ce sont les meilleurs amis du monde ! Ils sont très excités à l'idée de passer quelques jours de tournage ensemble ! Ils ont l'impression de repartir en colo comme quand ils étaient gosses, hi hi hi.

— Bon, tant mieux, coupa Stephen. Et pour Amel, on annoncera la nouvelle quand tu nous auras trouvé trois ou quatre solutions de remplacement, décréta Stephen, stratège, ça passera mieux.

— Tu peux compter sur moi, mon Stephen. De toute façon, Amel, elle est mal managée. Tu sais, je connais son producteur, c'est un naze. En plus, il est gros et alcoolique, une horreur. Résultat, elle fait que des mauvais choix pour sa carrière. Je la plains !

— Ok, tiens-moi au courant dès que tu as des candidats qui tiennent la route.

— Bien sûr, mon Stephen.

C'était trop bête, pensa Stephen. Il avait encore les tympans qui sifflaient des cris de joie de Randy quand il l'avait débriefé de la présentation à Gonesse. On attendait le go d'une minute à l'autre. Éloi campait devant son téléphone. Il avait remanié son plan média en un tournemain pour faire face aux ambitions revues à la hausse de son client. C'était pas ce qui y'avait de plus difficile, avait-il dit en riant. Il lui avait suffi de gonfler le volume de *teasers* de la websérie à diffuser dans des proportions qui frisaient l'indécence.

— Le seul hic, c'est que ça fait tellement de pubs *Braises de stars* d'un coup, qui y'aura p'têtre pas assez de vidéos sur la plateforme pour toutes les absorber ! À moins d'en mettre quatre par vidéo, mais ça risque de se voir…

On allait au-devant d'un problème de « livraison », comme on disait dans le métier. Mais Farid, pragmatique, avait dissipé ses scrupules :

— On s'en fout, on verra après. Et s'il faut livrer les pubs jusqu'en décembre, on le fera. Crois-moi, on va inventer une nouvelle tradition : les barbecues de Noël. Allez, t'inquiète pas, on fera du SAV comme chez Darty, mais d'abord, on prend le pognon.

Même les contrats étaient prêts. Le juridique avait été rapide sur ce coup-là. On pouvait y voir la main de Giorgio De Campara *himself*. Preuve s'il en était que tout Mystreamy était dans les starting-blocks.

Un casting, c'était de la mécanique de précision. De l'horlogerie fine. Il était la clé d'une élection un peu particulière où tous les candidats défendaient le même programme. Où chaque tête à l'affiche rassemblait une partie bien précise de la population française. Il devait produire par la seule mise en présence de personnalités diverses une dynamique fictionnelle permettant aux épisodes de fonctionner. Et, dernier point, mais non des moindres dans ce cas précis, il fallait qu'il suscite l'adhésion du commanditaire.

L'arrivée d'Odalie Summer pour remplacer Jimmy Nuggets avait enthousiasmé tout le monde et en particulier Nathalie. Cette icône des années 1990, célèbre pour son tube mythique *J'ai vu la lumière*, était la star qui leur manquait. Évidemment, elle n'était pas donnée, mais Disli n'avait pas barguigné ; l'avoir au casting, c'était comme les offres de l'enseigne : tout simplement immanquable. Nathalie – qui ignorait pour l'instant le désistement d'Amel – voyait dans cette affiche le passage de relais entre l'ancienne génération de chanteuses et la nouvelle. *Braises de stars* et ses barbecues marquerait l'histoire de la pop.

« Il faudra se montrer convaincant », se dit Stephen après avoir raccroché. Tout reposait sur les noms de remplacement que réussirait à proposer Randy, des noms qui pèseraient suffisamment pour faire contrepoids. En attendant, il restait deux plans à rentrer. On terminait de caler l'avant-dernière cascade. Les sportifs devaient s'élancer par-dessus un garde-corps et atterrir quelques mètres plus bas sur un parapet. Coïncidence amusante, nota Stephen, la croupe de la gymnaste asiatique se détachait en ombre chinoise sur la lumière rasante du soleil couchant. Il espérait que le réalisateur exigerait plusieurs prises.

***

Le lendemain, Randy avait annoncé que, finalement, on tournerait avec la chanteuse Shy'm. Il était bien soulagé. Pfffiou. Il avait optionné Tal et Sheryfa Luna par précaution.

Il avait bien fait. On allait donc immédiatement informer Disli du désistement et des solutions de remplacement. On ne manquerait pas de leur préciser, à la demande insistante de Randy qui voulait ménager ses nerfs, qu'on ne sécuriserait tout ce beau monde qu'en lui signant des contrats. Un argument supplémentaire qui plaidait en faveur d'une validation rapide de l'opération globale.

***

Décidément, quand ça ne voulait pas, ça ne voulait pas, pensa Stephen qui venait de raccrocher avec Randy.

Trouqueville, qui avait pris ses quartiers dans son bureau qu'il considérait désormais comme le poste de commandement de l'opération, le regardait avec des yeux de labrador égaré. Avant-hier Amel Bent, et aujourd'hui c'était Matthieu Rebello qui donnait des signes de faiblesse.

— Selon Randy, il se serait brouillé avec Odalie Summer…

— Ils étaient meilleurs copains pourtant, soupira Éloi, perplexe.

— J'ai demandé à Randy de creuser l'histoire et de tout faire pour le garder sur le projet. Ça commencerait à faire beaucoup sinon.

Trouqueville était d'accord. Commercial pas né de la dernière pluie, il avait eu son lot de situations complexes à gérer. Il savait très bien quelles étaient les limites d'un client, où se situait le point de bascule dans une relation d'affaires. Le désistement d'Amel Bent était plutôt bien passé malgré la déception sincère de Nathalie. L'arrivée de Shy'm avait séché ses larmes. C'était quand même une grande dame de la chanson elle aussi. Mais l'équilibre était fragile. Si Éloi pouvait compter sur sa capacité à tirer parti des événements pour réécrire une histoire qu'il présentait comme plus avantageuse à ses clients, il savait aussi quand la rhétorique tournait à vide. Car lorsque le client, affecté émotionnellement, touché dans son orgueil, perdait le goût du projet longtemps chéri, il tournait les talons et s'en allait. Et il fallait éviter ça à tout prix. « Malheur à celui par qui le scandale arrive ! », avait-il souvent entendu à la messe dans la petite église du village à cinq lieues du château familial. Si le projet achoppait sur le casting et éloignait de Mystreamy l'un des annonceurs publicitaires les plus puissants du marché, ça serait un sacré fiasco.

Randy avait rappelé dans l'après-midi. En fait, le fils cadet de Matthieu Rebello était mourant. Avec la menace d'obsèques qui planait sur son agenda, il ne voulait pas s'engager sur un tournage, ce qui était quand même très correct de sa part, prit-il la peine de souligner. C'était la vie, dit-il en soupirant. Rien que la vie. Disli n'aurait pas de mal à comprendre ça, non ? Les Allemands avaient un cœur tout de même. Stephen et Éloi en convinrent avec les réserves habituelles dues à la grande histoire de France. Mais cela n'arrangeait pas leurs affaires. Trouqueville se prépara à un nouveau coup de fil délicat.

Nathalie, en son nom et celui de Disli, était sincèrement désolée pour Matthieu. Fallait-il qu'elle envoie une boîte de chocolats de leur marque maison ? Ils ne faisaient pas encore de fleurs malheureusement. Éloi jugea que ça n'était pas nécessaire. Quant à la liste de remplaçants que Mystreamy lui avait soumise, elle ne faisait pas l'unanimité en interne. Était-il possible de recevoir de nouvelles propositions ?

Éloi répercuta l'information à Ludo qui avait repris en main la relation ordinaire avec Randy. Le garçon, galvanisé par l'importance que représentait le projet pour Despérados, avait tendance à appeler ou à passer chez Mystreamy pour un oui ou pour un non. Sans remettre en cause le professionnalisme des équipes de la plateforme vidéo, il supportait cependant assez mal de ne pas être directement à la manœuvre. Il faisait donc part de ses scrupules, de ses intuitions ou de ses conseils de façon intempestive à Stephen. Or, le créatif, qui n'avait pas qu'un seul chat à fouetter, avait besoin de consacrer du temps à ses autres sujets, éditoriaux comme publicitaires, encouragé par un Farid qui disait que les petits grains faisaient les grands couscous. Au téléphone avec Ludo, Randy donnait des signes d'abattement. Il ne savait plus dans quelle direction chercher. Tout y était passé. Les humoristes télé, les acteurs de téléfilms populaires, les chanteurs de variété… Pour la dernière liste soumise à Disli, il avait quand même passé tout le show-biz masculin français au peigne fin ! Malika, son assistante, était au bout du rouleau. Pour sa part, il pensait se remettre au Xanax. À la longue, le trémolo aigu de ses lamentations avait de quoi déclencher des douleurs crâniennes. Sentant le coup venir, Ludo, avec une fermeté courtoise, avait coupé court à la conversation. Il attendait une nouvelle liste pour le lendemain matin.

***

— Bon, mon Ludo, c'est la liste de la dernière chance, annonça Randy au téléphone d'une voix voilée qui sentait le manque de sommeil et une consommation importante de cigarettes.

— Je t'écoute.

— J'ai Max Boublil, Titoff, Christophe Willem, Nikos Aliagas, Steevy, Benjamin Castaldi, Didier Bénureau et Vince Leclerc, rien que ça ! Tu peux être content de ton Randy !

— C'est tout ?

— J'espère que tu rigoles, mon Ludooo ! Tu n'imagines pas tout le mal qu'on s'est donné avec Malika pour demander aux agents des accords de principe dans de tels délais. On va se faire détester par tout le métier ! Ils zont pas l'habitude qu'on les pressurise comme des citrons !

— Ok. Envoie-moi ta liste par mail, et je la transfère à Disli.

— Bien sûr, mon Ludo. Mais surtout, vous leur vendez bien, hein. Ce sont toutes des personnalités exceptionnelles. Et tu peux dire que Vince Leclerc s'entend à merveille avec Odalie, ce qui promet de super moments de complicité sur le tournage.

— Ça risque de sentir le réchauffé, Randy. On va trouver, ne t'inquiète pas.

Ludo ne donnait pas dans la fioriture. En bon professionnel, il avait parfaitement compris que l'équanimité était une qualité essentielle dans la conduite de projets délicats. Il en résultait un style sobre et économe en émotions qui laissait le champ libre à l'analyse et l'action. Ce qui ne l'empêchait pas de trouver dans son métier des moments d'intense satisfaction, notamment dans la fréquentation des people. Gros être éminemment pudique et secret, il n'en laissait cependant rien transparaître.

***

Finalement, Disli s'était mis d'accord sur la personnalité de Vince Leclerc. Cet ex-chanteur avait connu une gloire éphémère dans les années 1980 à la faveur de son tube *Donne-moi ton feeling*. Il devait sa récente résurrection à sa participation au jury d'une émission de télé-crochet sur la première chaîne qui en était à la troisième saison. Son personnage charmeur et boute-en-train bon ton séduisait une part croissante de ménagères. Revenu du néant, il était trop heureux de la deuxième chance que lui offrait la vie pour tomber dans les travers de la célébrité. Il était donc accessible. Bref, cet homme élégant, moderne et proche correspondait en tous points aux valeurs de marque de Disli.

— Comme s'il n'y avait que le casting ! s'écria Randy en raccrochant. Heureusement qu'ils valident Vinçouuu d'amour, on va pouvoir se concentrer sur tout le reste, zou ! Malika, je peux te piquer un Chocobon ? J'ai besoin de tendresse, moi !

Dans le bureau des producteurs, au quatrième et dernier étage de l'hôtel particulier qu'occupait Despérados, l'agitation était palpable. On avait réussi à y caser cinq tables qui se disputaient la trentaine de mètres carrés de la pièce. Malika et Sonia, les deux assistantes de production du projet *Braises de stars* ferraillaient sur leurs claviers derrière d'épais nuages de cigarettes.

— On a des nouvelles de la villa à Cannes ? lança Randy, la bouche pleine.

Ludo n'avait pas voulu attendre que l'affiche de *Braises de stars* soit entérinée pour que Despérados avance dans la préparation opérationnelle du tournage. Paradoxalement, le temps jouait pour Mystreamy. C'était agaçant, mais c'était comme ça. Plus la validation tardait, moins Disli avait de possibilités de retournement. D'ailleurs, en ce moment même, les magasins commençaient à recevoir leurs stocks pour l'opération barbecue. Il allait bien falloir faire quelque chose. Ludo, qui le pressentait, voulait se donner le maximum de chances de tenir le planning de la campagne en évitant une panique inutile quand le feu vert finirait par être donné. Randy avait donc lancé ses équipes dans plusieurs directions afin de baliser la production. Dans le métier, on disait « sécuriser » ou « clouter » ci ou ça : les autorisations, le stylisme, la déco et divers composants essentiels, au premier rang desquels le décor. Et là non plus, tout ne roulait pas comme sur les roulettes d'un caddie de supermarché. Glamour oblige, et pour s'inspirer des meilleures pratiques de la téléréalité qui créaient un huis clos dans un lieu de caractère, on avait pensé à une villa de rêve. Idéalement, cette maison était située à proximité d'un Disli pour l'approvisionnement du plateau. Randy, qui pouvait avoir la main heureuse, avait dégoté la maison du film *Le Cœur des hommes*, dans le Lubéron. Vaste, de caractère, avec une piscine et des extérieurs splendides, ses communs avaient été aménagés pour recevoir les équipes de tournage qui s'étaient relayées au fil des différents opus. C'était la maison idéale. Ça ferait une grande colo ! s'était enthousiasmé le producteur. Ça lui rappellerait sa classe de mer à Saint-Barth'. Mais patatras, le quatrième film de la saga venait d'être décidé et les producteurs avaient réquisitionné la maison. Ludo avait très mal accueilli cette nouvelle. D'autant qu'un peu imprudemment – ce qui ne lui ressemblait pas –, il s'était empressé d'annoncer ce décor mythique à Disli pour faire oublier l'épisode Amel Bent. Il en était pour ses frais. Et il le vivait mal. Que Disli puisse questionner son sérieux à la suite de cet enchaînement d'annonces et rétractations ne lui faisait pas plaisir. Mais s'observer glisser involontairement sur la pente du charlatanisme écornait douloureusement son amour-propre. Et maintenant, Disli qui demandait un maraîcher à proximité de la nouvelle villa pour tourner une séquence légumes frais…

Sonia, pendue à son téléphone depuis quelques minutes, blêmissait à vue d'œil.

— Alors, c'est bon pour Cannes ? s'impatientait Randy.

Sonia raccrocha et lui présenta un visage défait avant de dire en détachant chaque mot avec la lenteur de l'accablement :

— C'était pas la villa. C'était Mike Barroso, l'agent de Shy'm…

— Et alors ? Il veut encore renégocier le cachet à la hausse, ce gros porc ? C'est soixante mille, point, hurla Randy que ces simagrées n'amusaient pas du tout.

— Elle annule…

— Quoi ? souffla-t-il d'une voix de falsetto à l'agonie.

— Shy'm annule. Elle trouve que sa collaboration avec Odalie sur le projet la ringardise.

— Malika, je peux te piquer de la coke ? J'ai besoin d'un remontant…

Ludo avait dit à Randy : « Tu nous trouves une solution. » Randy s'était ému du ton qu'il jugeait un peu comminatoire. Ça n'était pas sa faute après tout. Ludo avait rétorqué qu'après tout, rien ne liait Mystreamy à Despérados. Il était toujours temps d'aller voir ailleurs. Avec un peu de chance, certaines productions concurrentes pourraient se montrer plus efficaces en termes de casting. Randy avait trouvé son Ludo dur ; mais il aimait ce qui était dur, hi hi hi. Ça n'était pas le moment, avait coupé le bras droit de Stephen. Si on ne pouvait plus rire… Il fallait bien évacuer le stress ! Mais peu importait, Mystreamy pouvait compter sur lui. Randy Braoul n'avait pas pour habitude de se défiler au troisième ou quatrième obstacle. Il se remettait en chasse aussi sec.

***

Il régnait une tension inhabituelle dans le bureau de Stephen. À dire vrai, il avait déclenché une réunion de crise. Ce genre d'intitulé forçait un climat. Éloi, Alex, Ludo et Randy étaient assis autour de la table. Les trois premiers semblaient anxieux de ce que le quatrième, qui était encore rouge de son trajet au pas de course, allait leur annoncer.

— Alors Randy, quelles sont nos options pour remplacer Shy'm ? lança Stephen.

— À vrai dire, j'en ai pas cinquante. J'en ai une. Et c'est déjà une prouesse en si peu de temps.

Un nom était si vite lâché. Alors évidemment, en nombre de lettres, ça ne pesait pas bien lourd. Et pourtant.

Ses amouuurs n'imaginaient pas tout le travail que quelques syllabes célèbres demandaient à ses équipes. Il n'allait donc pas leur donner sans avoir souligné son action. C'était de bonne guerre. Personne ne le ferait pour lui. L'ingratitude était le lot des travailleurs de l'ombre.

— Bien sûr, bien sûr, concéda Stephen.

— Allez, accouche, compléta Éloi, que ce suspens rendait nerveux.

— C'est une grande artiste en pleine reconversion, continua Randy qui voulait sécuriser son unique carte en donnant quelques éléments de contexte. À mon avis, sa présence au casting apportera beaucoup de visibilité à la websérie.

Quatre paires d'yeux étaient braquées sur lui, se demandant quand il se déciderait à donner l'information.

— J'ai eu l'accord de Brigitte Montana, lâcha-t-il, modeste.

Une vague d'incrédulité circula autour de la table.

Brigitte Montana ? La reine de la prise à quatre ? La Coïta Maxima ? Celle dont le sexe avait été rebaptisé par la presse spécialisée le Triangle des Bermudes, tant il était devenu impossible de dénombrer les phallus qu'il avait engloutis ? Stephen ne savait plus très bien où allait le casting. Par contre, il se souvenait parfaitement s'être masturbé sur les photos de l'actrice à plusieurs moments de sa vie : d'abord chez les scouts, puis au service militaire, puis dans sa chambre d'étudiant. Il avait développé avec elle, comme bon nombre d'hommes de sa génération, une relation intime dont il n'était pas forcément très fier. Randy n'était pas sérieux ! Est-ce qu'il pensait réellement associer une légende du hard le plus cru à sa websérie barbecue ?

Randy, que le silence de ses interlocuteurs inquiétait – à vrai dire, personne n'osait donner son avis en premier par peur de passer pour réactionnaire ou libidineux – appuya sa recommandation :

— Elle a décidé de tourner le dos au porno et de démarrer une carrière de comédienne tout ce qu'il y a de plus normale. C'est vraiment une fille sérieuse ; elle est prête à faire ce qu'il faut pour que ça marche. Bruno Lemarchal va lui confier un rôle dans son prochain film… Elle est super motivée par la websérie ! Ça serait sa première apparition conventionnelle dans une œuvre, si je peux dire, à part la pub pour des cornichons en Belgique. Nan mais vous imaginez le buzz que ça créerait ?

Stephen se demanda si c'était le rôle de *Braises de stars* de permettre la reconversion de Brigitte Montana. D'abord, il ne voyait pas comment soutenir ça à Disli. Ensuite, c'était rendre inutilement sulfureux un honnête loisir familial pratiqué depuis des générations dans l'amour et les odeurs de graisse. Et puis, oui, il tenait à sa réputation créative. Il n'était pas venu s'encanailler dans le digital pour déchoir à cause de projets à la vulgarité indéfendable : le buzz n'excusait pas tout. On ne se remettait jamais complètement d'une compromission. L'étoile de Guitry avait pâli pour avoir continué à jouer pendant l'Occupation. La situation du grand Clouzot à la même période n'était pas non plus très claire. Que dire d'Omar Sharif pendant sa période tiercé ? Et de Johnny pendant sa période Optic 2000 ?

Trouqueville, qui ne s'embarrassait pas de tels scrupules, intervint :

— N'empêche que Brigitte Montana qui s'enfile des saucisses, ça va faire des descriptifs de vidéos parfaits ! Tu sais, pour les légendes sous les vidéos, appuya-t-il avec sa bouche en cul-de-poule, voyant que Stephen ne partageait pas son enthousiasme.

Cette idée l'amusait trop pour la lâcher en cours de route.

— *Braises de stars*, l'été sera chaud ! Je vois déjà les affiches ! Surtout qu'on est en plein dans la tendance du food porn, on ne pouvait pas faire mieux pour surfer dessus ! De la barbaque et une ex-actrice porno ! Nous on fait dans le barbec.u.l., prit-il la peine d'épeler, hilare.

— C'est bon, on a compris, lâcha Stephen, désirant mettre un terme à cette digression potentiellement inépuisable.

— N'empêche, c'est parfait ! Une hardeuse pour du hard discount !

— Merci, Éloi !

Il fallait trancher. Il se tourna vers Ludo à la recherche d'un avis objectif et mesuré. Il croisa son regard et discerna une flamme qui dansait au fond de ses yeux, donnant à son visage tout entier une rougeur suspecte. Allons bon ! Ludo aussi flanchait devant Brigitte !

— Faut qu'on se décide vite, mon Stephen. Brigitte a reçu une proposition de pub pour des frites surgelées en mai, pile quand on devra tourner… J'ai dit à son agent de faire patienter l'agence, mais on va pas pouvoir trainouzer trop longtemps…

Puisqu'ils étaient tous d'accord pour prendre la Montana, à quoi bon lutter ? La démocratie avait parfois l'avantage de précipiter des décisions auxquelles on aurait rechigné à souscrire, mais qui dans le fond, nous arrangeaient bien. C'était le vœu de la majorité, que voulez-vous. On gardait les mains propres.

— Bon, ok. Éloi, je veux bien que tu donnes un coup de main à Ludo pour la vente. Ça risque de coincer un peu.

— T'inquiète, je vais mettre un coup de lubrifiant pour faire passer tout ça, dit Trouqueville en envoyant un clin d'œil égrillard à Stephen, qui était atterré.

— Et pour la villa, ça avance ? demanda-t-il à Randy, autant pour changer de sujet que pour se tenir informé de la préparation du tournage.

— Voui, mon Stephen. Là encore, on a eu un énorme coup de chance, à croire que je vous porte bonheur ! Je vous ai trouvé une villa contemporaine en béton tout ce qu'il y a de plus moderne, avec jacuzzi, piscine à débordement et vue sur la mer. On pourra faire un remake de la scène Loana et Jean-Edouard du *Loft*, hi hi hi ! Il l'embroche dans la piscine ! Je vois déjà le titre du buzz ! C'est sûr que j'y retournerai avec mon chéri d'amour, c'est un baisodrome en puissance, tu verras. Le propriétaire, M. Delacruz, adore le projet. Il a déjà prévenu le maire du coin pour avoir les autorisations espagnoles, ça roule.

— Mais c'est où exactement ?

— À La Palma. En plus, il y a un maraîcher pas loin et un Disli dans le village ! J'adore les Canaries !

— Et pour le *made in France*, on fait comment ? On n'est pas en train de chercher ta future destination de week-end, Randy !

— Mais ils nous zenquiquinent avec le *made in France*, c'est l'Europe maintenant !

— Ils nous ont demandé un lieu de tournage en France pour une campagne à destination du marché français, un point c'est tout. Tu te débrouilles.

Stephen était à la limite de l'exaspération. Il se leva et abandonna ses hôtes car il était attendu dans une autre réunion deux étages plus haut, à la présidence. Ce Randy Braoul ne manquait pas de culot. Mais surtout, il semblait ne pas comprendre certaines contraintes liées au projet. Un producteur de pub devait quand même savoir qu'on ne faisait pas tout ce qu'on voulait avec l'argent des clients !

— Il est chonchon en ce moment, mon Stephen, non ? demanda Randy à Ludo et Alex qui le raccompagnaient aux ascenseurs.

***

Éloi s'y attendait, Nathalie n'avait pas accueilli le désistement de Shy'm avec plaisir. Mais son remplacement par Brigitte Montana l'avait franchement désespérée. Elle aspirait à un projet class' avec un casting class'. Et c'était tout le contraire qui se profilait. C'en était à se demander si Mystreamy saisissait bien l'objectif de la campagne. Trouqueville comprenait son a priori négatif. Mais il fallait savoir donner une seconde chance à une artiste au grand potentiel. Et puis il y avait les délais qui devenaient serrés. Et que ça rajouterait un peu de piment à un casting très convenable, voire trop. Éloi avait épuisé tout son répertoire de vendeur chevronné pour venir à bout de ses réticences. La séduction, la rhétorique, la supplication, la flagornerie, rien n'y faisait. Nathalie était une dure à cuire. Elle ne voulait pas entendre parler de Brigitte Montana. Mais Éloi, qui se rappelait l'explication de la victoire de Magenta par l'oncle Maurice, capitaine de cavalerie, grâce à la sublime stratégie du contournement, avait abattu cette dernière carte. Il prenait note de la décision irrévocable de Nathalie. Et il la respectait, car, en bon commercial, il mettait un point d'honneur à satisfaire ses commanditaires. Or dans ce cas précis, ils étaient plusieurs. Il avait donc insisté pour que Nathalie sonde Bastien, Antoine et Marek sur sa dernière proposition. Juste histoire d'être sûr. Comme cela, elle assurait ses arrières et évitait de se retrouver en porte-à-faux. C'était dans son intérêt. Uniquement.

Nathalie, parce qu'elle aimait bien Éloi et qu'elle n'oubliait pas les mugs Mystreamy, avait cédé. C'était une façon de se débarrasser du problème. Quelques heures plus tard, elle avait rappelé Éloi. Elle était au plus bas. Contre toute attente, sa hiérarchie avait plutôt bien accueilli la proposition. Elle avait tout fait pour les en dissuader, mais ses arguments, sexisme, casting misogyne, risque d'amalgame, n'avaient pas convaincu. Trouqueville jubilait. Il avait compté sur cette solidarité masculine tacite, sur cette initiation commune et secrète dont Brigitte Montana avait été l'une des prêtresses. René Bitero lui-même avait particulièrement apprécié et projetait désormais de passer quelques jours sur le tournage. L'affaire était dans le sac. Randy était un génie. Il pouvait bien consoler Nathalie au téléphone qui vouait aux gémonies une hiérarchie de machos qui, sous leurs beaux costumes, n'en restaient pas moins de gros épiciers libidineux. C'était déjà pas simple de promouvoir des projets sophistiqués et modernes dans un monde d'hommes, mais alors dans un monde de porcs, c'était mission impossible.

Bien sûr, bien sûr, acquiesça Éloi.

VI

Les planètes commençaient enfin à s'aligner, pensait Trouqueville en se frottant les mains. Le casting était bouclé et Randy avait finalement trouvé une très belle villa à Marseille. Elle coûtait cher, mais Disli l'avait validée sur-le-champ. Rien n'était trop beau pour *Braises de stars*. Avec le cachet d'Odalie, la location de la villa et d'autres coûts supplémentaires, le budget frisait désormais le million d'euros ! Il ne restait plus qu'à boucler l'équipe technique avant de retourner présenter le projet finalisé à Gonesse. C'était d'ailleurs ce à quoi s'employait Stephen, qui passait en revue les derniers CV fournis par Despérados dans son bureau en compagnie de Ludo, Randy et son assistante de production, la jolie Malika. Il n'était pas insensible au charme de sa longue chevelure bouclée et son air mutin, bien au contraire. Le manque rentrait en ligne de compte pour une part – ces derniers temps avec sa femme, ils ne se touchaient plus qu'à coups de bouddha interposés – mais pas que. Malika le troublait. Cependant pas au point de lui faire baisser la garde concernant les propositions de Randy en termes de réalisateur. En l'occurrence, il n'en avait qu'une seule, contrairement à l'usage où, pour ce poste clé, le commanditaire devait pouvoir choisir entre deux profils au minimum.

— Explique-moi qui est ce Marc Tabouret, tu veux? demanda Stephen en échangeant un regard avec Malika. Je n'en ai jamais entendu parler, et pourtant j'en connais des réalisateurs de comédie.

— C'est normal, mon Stephen, c'est un réalisateur du digital ! Toi tu connais les réalisateurs qui bossent dans la pub classique, ça n'a rien à voir ! On va te former, va ! Marc a réalisé beaucoup de vidéos sur le web, c'est un expert.

— Ok. Tu peux me montrer quelques extraits de son travail ?

— Bien sûuuuur !

Randy ouvrit différentes fenêtres sur son ordinateur et commença à présenter chaque vidéo. C'étaient pour la plupart des sketches qui avaient fait plusieurs millions de vues avec des stars du web. L'image était belle, le montage efficace, et les histoires marrantes. *A priori*, rien à dire. Stephen reconnaissait bien volontiers qu'il n'était pas encore un spécialiste de la production audiovisuelle sur Internet. Elle avait fait grandir ses propres talents, auteurs, techniciens, réalisateurs… qui avaient créé les codes, imaginé les formats, exploré toutes les possibilités qu'offrait cet ensemble de technologies qui s'inventaient avec eux. Depuis, ils étaient devenus des pointures dans leur domaine. Pas de problème. Cependant, cela donnait le sentiment qu'une barrière étanche séparait cet audiovisuel-là de celui qu'il avait connu, l'audiovisuel « classique », celui de la pub, de la télévision et du cinéma, où le métissage avait toujours été la règle. Entre le vieux monde de l'image et le nouveau, il n'existait pas de passerelles comme il en existait depuis toujours entre la pub, le cinéma et la télévision. Seulement une arrogance de part et d'autre. L'éternelle querelle des anciens et des modernes ? Une hybridation finirait bien par avoir lieu, passé l'effet de nouveauté, se dit Stephen. Les radios libres avaient bien fini par se structurer comme les antennes historiques. D'ailleurs, il ne voyait pas pourquoi certaines pratiques regrettables de l'ancien monde n'avaient pas cours dans le nouveau. Les artistes étaient tous les mêmes. Notamment cette tendance à s'approprier individuellement des projets qui étaient collectifs. Mon film. Ma bande-son. Mes images. D'ailleurs, digital ou pas, Internet ou pas, les génériques restaient très similaires avec leurs cohortes de noms rendant difficile de savoir qui faisait quoi réellement. Mais il y avait des indices. En repassant chaque générique au ralenti, sous le titre réalisation, c'était toujours un autre nom que celui de Marc Tabouret qui apparaissait. On le retrouvait quelques lignes plus bas, sous le titre de chef opérateur. Ça n'était pas du tout la même chose. L'un s'occupait de mise en scène et de direction d'acteurs, l'autre de régler la lumière et les caméras. On avait beau être dans le nouveau monde, les intitulés de postes n'avaient pas changé non plus. Randy le prenait-il pour une buse ?

— Randy, je t'ai demandé un réalisateur de comédie et tu me présentes un chef op.

— Mais il est très bon ! s'insurgea le producteur. Et sans lui, toutes ces vidéos auraient fait des bides. Il a vachement bordé les fesses des réalisateurs qui ne sont en fait que des ados immatures qui font des blagues, tu sais. Lui, il a de la bouteille, il a les épaules pour tenir un projet à un million et des poussières !

— Peu importe. Je n'en sais rien et je n'ai aucun moyen de le savoir. Ce que je sais, c'est que pour réussir une comédie, il faut un réalisateur de comédie, lança Stephen en prenant à partie Malika du regard.

Malika, qui ne pouvait pas déjuger son boss, semblait néanmoins ennuyée.

— Donc, tu vas me trouver un bon réalisateur avec de bonnes vidéos où il sera dûment crédité. Il n'y aura plus de problème.

— Mais, mon Stephen, tu es vraiment têtu têtu. Tu pourrais me faire confiance quand même, insista Randy, passablement froissé.

— Écoute, c'est comme ça. On n'y est pas, donc on y retourne.

Randy ordonna à Malika de remballer les dossiers, puis se tut en la regardant faire. Ils sortirent sans un mot. Seuls les yeux de l'assistante de production semblaient dire à Stephen qu'elle était désolée.

— Euh, tout va comme tu veux ? s'enquit Trouqueville quelques minutes plus tard en glissant une tête dans le bureau du directeur de création. Il avait vu la sortie théâtrale de Randy façon douairière courroucée et ça l'avait inquiété.

Il piaffait d'organiser la grande réunion de préproduction chez Disli et de lancer tout le barnum. Stephen devait comprendre que le temps des chipotages était révolu.

***

Le lendemain, Randy et Malika étaient de retour dans le bureau de Stephen. Ils avaient du nouveau. Puisque le directeur de la création de Mystreamy exigeait un réalisateur de comédie, il en aurait deux pour la peine, voui voui voui. Il s'agissait d'un duo, Ben & Youri, les talentueux créateurs de la websérie *Fais tourner*, qui était en train de cartonner. Un truc pile poil dans l'air du temps. Ils partageaient un humour incisif et un sens de la mise en scène sophistiqué. Des valeurs montantes à saisir avant qu'ils ne deviennent intouchables. Intrigué par cette introduction alléchante, Stephen demanda à voir quelques extraits de *Fais tourner*. Randy dégaina son ordinateur portable.

— Donc en gros, c'est une websérie sur la drogue dans les quartiers, résuma Stephen après avoir visionné deux épisodes.

— Oui. C'est fait avec beaucoup de finesse et de second degré, tu ne trouves pas ?

— C'est sûr. Les personnages de dealers racailles sont très bien croqués. Et les jeunes complètement défoncés vraiment très amusants.

— Et tu as vu ? C'est technique quand même d'un point de vue image et tout ça.

— C'est vrai, le travelling qui suit le mec qui se défenestre après son shoot est très maîtrisé. Les images à 360° de drifts de BMW sur les parkings aussi. Et les plans sur les voitures qui brûlent fonctionnent bien.

— Du coup, je me suis dit qu'ils n'auraient pas de mal à filmer un barbecue.

— Bien vu. D'ailleurs, la préparation du crack, tout ça, c'est de la cuisine de toute façon. Bon, maintenant qu'on a bien rigolé, est-ce qu'ils ont d'autres références ?

— Ben non, c'est vraiment des étoiles montantes, comme je te disais.

— Ok. Ça va être facile de vendre ça aux Allemands.

— Ben pourquoi ? Ils veulent un truc cool, donc on prend des réalisateurs cool…

— Tu penses que ça va les rassurer d'avoir Pedro et José Escobar aux manettes ? S'ils filment les saucisses comme des gros blazes, ça va être gai !

Stephen chercha le soutien de Malika du regard. Elle lui sourit timidement avant de baisser les yeux sur l'écran de son ordinateur.

— Tu dramatises tout, mon Stephen. Ce sont des jeunes gens très bien. D'ailleurs, je te lâche un scoop, Rémi, le Youri de Ben & Youri, c'est le benjamin du président de la République et de son ex. Il voulait pas faire Sciences Po et tout ça, alors il a fait une école de cinéma.

— Tu rigoles ? s'exclama Stephen, incrédule.

Malika opina de la tête pour confirmer les dires de son chef.

Qu'est-ce que c'était encore que cette histoire ? Le fils du président de la République apprenti cinéaste et, qui plus est, passionné de came ? Outre le caractère improbable de cette dernière information, Stephen était partagé. Oui, les vidéos étaient drôles et bien réalisées, même s'il fallait être sensible à leur humour assez particulier. Oui, elles faisaient effectivement des centaines de milliers de vues. Mais c'était risqué. En même temps, on approchait la mi-avril, on était censés avoir bouclé la production pour démarrer en principe sous deux semaines et on n'avait toujours pas de réal.

— J'ai une idée, mon Stephen, lança Randy, inquiet de voir Stephen perplexe. Les deux cocos, de toute façon, faudra bien les encadrer. Donc, on leur mettrait Marc Tabouret dans les pattes, ça nous assurerait une image nickel, notamment pour les plans de nourriture. Chez Disli, y vont être vachement vigilants là-dessus, sur la beauté de leurs laitues, de leurs aubergines et tout ça. D'ailleurs, je vais te rajouter un styliste culinaire. Tu en penses quoi ?

— Ça se tient, concéda Stephen qui ne voyait pas où Randy voulait en venir.

— Ah, bah tu vois. Dans ce cas, on n'a qu'à présenter les vidéos de Marc que je t'avais montrées en disant que ce sont celles de Ben & Youri. On coupera les génériques, hi hi hi !

Ça réglait le problème de la présentation client. Ce Randy était un vrai renard. Stephen avait beau chercher, il ne voyait pas d'autre solution à part perdre encore un ou deux jours. Ce que Trouqueville et Farid n'accepteraient jamais. Disli attendait qu'on leur présente la production finalisée pour signer définitivement l'opération après un accord de principe déjà communiqué. Mais les principes, ça faisait pas bouffer, avait souligné Farid. On était coincés. Quand on faisait ce métier, il n'était pas toujours facile d'avoir été élevé dans la tradition luthérienne alsacienne. On souffrait sans doute un peu plus que les autres, se dit Stephen, avant d'accepter la manœuvre de Randy.

— Par contre, je te préviens, ça va être plus cher.

— Comment ça, plus cher ?!

Comme si ça ne suffisait pas, pensa Stephen *in petto*.

— Ben oui, tu as deux réalisateurs donc deux cachets et un super chef op.

— Bon, tu vois ça avec Ludo et Éloi, on rajoutera ça au devis final.

Il ne lâchait rien, le bougre.

VII

Jamais deux sans trois. Cette fois-ci, c'était la bonne, voulait croire Trouqueville en voyant les deux vans noirs de la compagnie G7 se ranger contre le large trottoir qui bordait l'immeuble de Mystreamy. Cela avait pris du temps, mais on ne capturait pas un mammouth du premier coup, se disait-il pour se rassurer en se remémorant la visite de sa classe de CM2 à la grotte de Niaux. La traque durait parfois plusieurs jours, et n'aboutissait bien souvent que grâce à un piège tendu par les chasseurs. A priori, il ne devait plus y avoir de surprises. Tous les principaux éléments du tournage avaient été validés, optionnés, il ne manquait plus que la signature en bonne et due forme de la proposition finale. Encore fallait-il la récupérer ! C'était le but de cette énième réunion (il y avait eu tant de *conference calls* en plus des précédents déplacements) qui, selon les vœux ardents d'Éloi, devait aussi être la dernière : la traditionnelle réunion de préproduction. On allait passer en revue tous les aspects du projet liés au tournage et à la fabrication de la websérie. Après quoi, quand les clients auraient fait part de leurs ultimes remarques et minisujets de préoccupation, posé toutes leurs questions et qu'on y aurait répondu de façon rassurante, on récupérerait leur accord officiel, la proposition finale frappée du sceau de Disli ! On rapporterait triomphalement ce document insigne qui entérinerait le chiffre d'affaires astronomique de plus d'un million d'euros ! Les primes étaient à portée de main ! Mais pas que : il y avait de quoi gagner ses galons de directeur commercial sur un marché émergent. Le Brésil par exemple. Éloi se frottait les mains en répartissant avec le sourire les différents membres de l'équipe dans les voitures.

— Neuf euros quatre-vingt-dix le vibro-masseur, c'est dingue ! s'exclama Randy à tue-tête, confortablement assis dans un fauteuil en vinyle rouge du salon d'accueil de Disli.

La myriade de bonnes affaires que recelait le catalogue des *Prix fous pour un été barbecue* le mettait en transe visiblement.

— C'est une poignée adaptable pour grille de cuisson, intervint Ludo, muni du même fascicule, désireux de calmer Randy dont la sortie avait surpris d'autres visiteurs jusqu'au jeune homme de l'accueil.

Qui était donc ce monsieur bronzé aux grosses lunettes de soleil qui lui avait jeté un clin d'œil en le croisant tout à l'heure ?

À l'instar de Randy et Ludo, et comme à son habitude, Trouqueville feuilletait le catalogue. Il donna un coup de coude à Stephen.

— Eh, t'as vu ?

Éloi allait-il encore lui parler d'un article qui ferait plaisir à sa femme ? se demanda le créatif qui hésitait à lui faire part de sa situation matrimoniale afin de faire cesser cette persécution.

— Quoi donc ?

— Ben y'a déjà le logo *Braises de stars* partout dans le catalogue. Ils annoncent la websérie à retrouver sur Mystreamy ! C'est vendu, mon Stephen, c'est vendu !

Trouqueville était sur le point d'embrasser Stephen sur la bouche, mais l'arrivée de Nathalie Lamour accompagnée d'Antoine Rodrigues en personne interrompit cette manifestation de joie virile de tradition russe. Marek Konečný, René Bitero, Bastien, le directeur financier et la responsable des relations presse attendaient toute l'équipe en salle du conseil.

Autour de la grande table ovale en merisier, tout l'état-major ou presque de Disli France était donc présent, notamment l'éminent René Bitero.

— Fous edes drès nompreux ! Inztallez fous les samis ! leur lança un Marek des plus avenants.

Effectivement, la délégation Mystreamy s'était singulièrement étoffée car les Despérados étaient venus en force. Dans le sillage de Randy et Malika, suivaient Bérénice la chef déco, Laetitia la styliste, Marc, le chef opérateur et l'un des deux réalisateurs, en l'occurrence Ben, qui avait bien voulu faire le déplacement, grand garçon aux traits juvéniles, casquette vissée sur les oreilles et t-shirt à motif de feuille de cannabis. Il aurait pu s'abstenir, maugréa intérieurement Stephen. Les clients mettraient ça sur le compte de sa profession d'artiste, se rassurait-il. Comme tout le monde était installé et qu'on avait fini de se servir en gâteaux et jus de fruits, Stephen démarra les présentations. Il commença par l'équipe Mystreamy pour ceux qui ne la connaissaient pas, puis introduisit l'équipe de production exécutive, emmenée par Randy Braoul, lui-même secondé de Malika El Eiman. À la citation de son nom et de son titre de producteur, Randy rosit de plaisir et gratifia l'assistance d'un sourire éclatant de blancheur. Stephen lui proposa de prendre la main pour détailler les fonctions des membres de son équipe. Il bondit de son siège et avant d'obtempérer, s'adressa aux clients pour leur dire toute la fierté qu'il avait de produire *Braises de stars* qu'il ambitionnait de placer au même niveau que *Sous le soleil*. Un murmure d'approbation parcourut les rangs de Disli. Il ne pouvait pas s'empêcher d'en faire des tonnes, pensa Stephen, craignant tout à coup que Randy n'affuble chacun de ses acolytes d'un sobriquet chouchoutesque. Mais non, il fit cela avec sobriété.

Côté Disli, on semblait impressionné d'un tel contingent de professionnels. Trouqueville se dit qu'un distributeur aimait en avoir pour son argent, et là, ils étaient servis. Antoine Rodrigues emboîta le pas à Randy et introduisit les membres de l'équipe Disli élargie.

Comme prévu, on déroula les principaux composants de la production en commençant par les scripts finaux. Ça allait être long, mais c'était le jeu. On passa ensuite à la présentation du casting définitif. Parce que les clients étaient capables d'embardées imprévisibles, René Bitero revint sur le désistement de Matthieu Rebello. Il adorait cet acteur depuis qu'il l'avait vu dans *Sushi Inferno*. N'avait-on aucun moyen de le faire revenir ? C'était difficile, répondit Stephen avec douceur et fermeté. Peut-être n'avait-il pas eu l'information, mais le fils de Matthieu était à l'article de la mort. Ah. René Bitero prit une mine contrite et opina gravement. Un léger silence s'installa, immédiatement troublé par le tressautement bruyant du téléphone de Stephen sur la table. Message de Randy parsemé de bombes et de têtes de morts. *Je t avai di de pas le dire !!!!*

À l'autre bout de la table, les yeux de Randy lançaient des éclairs à Stephen. Mais de quoi parlait-il au juste ?

Après le stylisme brillamment déroulé par Laetitia qui avait voulu donner un esprit *riviera chill* à l'ensemble, déclenchant une série de hochements de tête de Nathalie à l'apparition de chaque silhouette, on en vint à l'équipe technique. Elle était représentée aujourd'hui par deux membres éminents, le coréalisateur et le chef opérateur qui seraient évidemment appuyés par un nombre conséquent de collaborateurs, ingé-son, électros, assistants et machinos en pagaille. Marc Tabouret et Ben dirent chacun un mot. Le premier pour expliquer qu'il avait signé l'image de nombreux longs métrages et séries télé, comme dernièrement *Un trouple dans un duplex*, ce qui suscita l'approbation inopinée de Bastien. Le second pour dire de sa voix lente et grave qu'il allait faire une websérie cool parce qu'avec Youri, son acolyte, ils ne savaient faire que ça, voilà. On en vint au décor. Bérénice montra plusieurs images de la villa et s'attarda sur les extérieurs où se déroulerait l'essentiel des épisodes. Elle détailla l'emplacement de la cuisine d'été avec le barbecue, en bordure de piscine, face à la mer, avec au loin les îles du Frioul. C'était sublime. Un temple de beauté. Toute l'assistance semblait séduite. On ne pouvait espérer meilleur cadre pour immoler les côtelettes, cuisses de poulet, filets de bar et légumes de l'enseigne. Marek Konečný prit la parole pour expliquer que Marseille, c'était très bien. En effet, on venait de livrer à Gardanne le nouveau concept de magasin pour toute l'enseigne. C'était un vrai bijou. Alors on allait en profiter pour y tourner un maximum de scènes et montrer beaucoup de produits ! Cette dernière tirade aussi chaotique que difficile à déchiffrer fit blêmir Randy quand il comprit de quoi il retournait. C'était une catastrophe ! Comment allait-il expliquer aux stars qu'elles allaient devoir se peler les miches entre des congélateurs pendant une semaine ?! Tout bonnement impossible. Pendant que Stephen recevait un nouveau message incendiaire, Trouqueville, très soucieux de ne froisser personne sur la dernière ligne droite, intervint pour dire que cela ne poserait pas de problème. On pourrait tout à fait rajouter des scènes de magasin ou rallonger les scènes d'exposition en début d'épisode, assura-t-il en jetant un regard appuyé à Stephen qui n'écoutait pas, absorbé par la réponse qu'il fomentait sur son téléphone. Marek Konečný était aux anges.

— Pon pon pon, fit-il, foila qui est pien. Et pour la maréché ?

Bérénice fut prise de court. On ne lui avait jamais parlé d'un maraîcher, si c'était bien ce qu'elle avait compris. Randy vola à son secours. Ils étaient en train d'étudier plusieurs possibilités réjouissantes, ils enverraient des propositions étayées dans les prochaines heures.

— Pon pon pon. Si maréché partenaire Disli encore mieux !

Randy acquiesça, affichant un superbe sourire cachant en réalité un profond agacement pour cette histoire de maraîcher qui, après le coup du magasin, achèverait de rabaisser le glamour de la série qu'il avait en tête. Bien que présente dans le script, il avait déjà prévu de faire sauter la scène au montage, ni vu, ni connu.

Comme tout semblait clair désormais, Marek se tourna vers René Bitero pour lui laisser conclure la réunion. Celui-ci remercia l'équipe pour sa présentation qu'il trouvait limpide et complète. On savait où on allait, dit-il de sa voix légèrement teintée d'un accent du Sud-Ouest. Randy prit les compliments pour lui et s'inclina modestement. Disli allait donc avoir l'honneur de s'associer à Mystreamy pour la production de *Braises de stars*. Cependant, et chacun jugerait cela naturel, le règlement global de l'opération n'aurait lieu que si deux conditions étaient remplies : primo, le bon achèvement de la websérie et secundo, la diffusion conforme aux engagements de visibilité des épisodes. Autrement, et c'était déjà un gros risque pour l'enseigne, on ne s'acquitterait que des frais de production à prix coûtant, hors marge, indiqua-t-il dans un grand sourire. Randy essaya d'opiner de la tête avec enthousiasme, mais déglutit avec peine. Ce René Bitero n'était pas le patron pour rien, se dit Éloi encore sous le choc de cette dernière annonce. Il faudrait donc encore attendre plusieurs mois avant d'encaisser le million. Et d'ici là, beaucoup de choses pouvaient arriver. Si jamais le tournage foirait, tout le travail et l'énergie dépensés jusqu'ici, on pourrait se les mettre au cul. Ça ferait mal. Ça serait une catastrophe industrielle. Éloi ne s'en remettrait pas. Décidément, cette victoire se sirotait à petites lampées aigres. Désormais, tout reposait sur les épaules de Randy et de Stephen.

— Mais il n'y a pas de raison de s'inquiéter, reprit René Bitero, car on voit bien qu'on a affaire à des professionnels. Mystreamy recevra le contrat signé et tamponné dans la journée par coursier. *Braises de stars* est lancé !

À des degrés divers, la joie se lisait sur les visages des clients. Nathalie, elle, était au comble du bonheur ; son chignon dardait au plafond des vibrations conquérantes. Éloi et Randy s'efforçaient tous deux de paraître pleinement satisfaits, et répondaient tant bien que mal aux sourires ou aux félicitations qu'on leur adressait. Au moment de se séparer sur le seuil de la salle du conseil, on se souhaita chaleureusement bonne chance ou on se dit à bientôt selon que l'on restait ou que l'on faisait partie de l'aventure marseillaise.

Sur l'esplanade qui s'étendait devant le siège de Disli, tandis qu'on attendait les taxis pour le retour, de petits groupes s'étaient formés et profitaient agréablement de ce moment de répit au soleil. Trouqueville s'en grillait une pour décompresser avec Bérénice et Laetitia. Ludo faisait pareil, mais avec Malika et Marc. Ben, lui, se la jouait solo, appuyé contre un lampadaire, le visage tourné vers le ciel, lunettes noires sur le nez. Quelques mètres en arrière, Stephen se faisait crier dessus par Randy au sujet des scènes dans le supermarché.

— C'est hors de question, je ne modifierai pas les scripts ! D'abord, l'auteur ne voudra pas, et ensuite le casting n'acceptera jamais ! Ils zavaient qu'à en parler avant. On serait allés chercher Larusso et pas Odalie Summer !

Stephen, que ces jérémiades agaçaient, lui rendit la pareille, sachant bien que s'il criait plus fort, il se calmerait.

— Tu crois que je pouvais le prévoir ? C'est comme ça ! La pub, ça bouge tout le temps parce que les clients changent tout le temps d'avis. On fait pas de l'art, on ne réalise pas une œuvre écrite une fois pour toutes ! Si tu ne l'avais pas compris, c'était pas la peine de te lancer dans le métier. Et puis, je te le rappelle, Disli, c'est une enseigne de supermarchés. Donc faut pas non plus s'étonner qu'ils veuillent les montrer !

— Oui, mais on avait dit qu'on le ferait *a minima*, avec les Mystreamers c'est tout, gémit-il derrière ses lunettes noires.

— Eh bien maintenant il y aura une scène magasin pour chacun. Ils veulent ces scènes, donc c'est comme ça ou on laisse tomber. Tu vas faire passer le mot aux agents et ça ira.

Randy se calma soudainement. Les taxis étaient arrivés. Il avait peur d'avoir fâché Stephen. Pendant le trajet du retour, il s'employa à réparer les dégâts. Il rangea ses lunettes et dévoila ses yeux rougis par sa colère pleine de larmes de tout à l'heure.

— Tu sais, mon Stéphou, *Braises de stars*, c'est un beau projet, mais ça me donne beaucoup de soucis. J'ai mille choses auxquelles penser, alors quand ça se complique, je peux perdre mes nerfs. Tu te rends compte ? Je dois trouver de l'herbe bio à Marseille pour Odalie. Et si y'avait que ça…

— Hein ?

Stephen était dubitatif à plus d'un titre. Par l'atmosphère de confidence qu'installait Randy dans la berline qui les reconduisait à Paris, par la familiarité affectueuse qui montait d'un cran avec ce sobriquet de Stéphou qui ne l'enchantait pas, et par cette demande incongrue que lui rapportait le producteur.

— Je t'assuuure, c'est marqué dans la liste de ses *desiderata* annexée au contrat ! Il y a tout, la catégorie d'hôtel, la composition du minibar, l'argent de poche en liquide, le coiffeur-maquilleur personnel, le van climatisé avec chauffeur, vraiment tout tout tout. Comme elle exigeait un palace, on lui a pris une suite à l'Intercontinental, s'exclama-t-il, content de montrer qu'il savait traiter les célébrités.

Puis, sur le mode de la confidence :

— J'ai appris en discutant avec le directeur de l'hôtel que Jean Dujardin y séjournera pendant notre tournage. C'est un très bon ami d'Odalie. Je pourrais organiser un dîner avec elle et lui, ça te ferait plaisir d'y participer ? demanda-t-il d'une voix devenue doucereuse en couvant Stephen de ses yeux enjôleurs.

Évidemment, un dîner avec deux personnalités de choix dans un cadre agréable, c'était tentant. Et puis ça lui permettrait d'échapper pour un soir aux dîners avec les clients qu'il allait devoir bichonner pendant une semaine. En somme, Randy faisait son travail de producteur, il voulait soigner son client, se dit Stephen.

— Eh bien oui, pourquoi pas, si l'occasion se présente, répondit sournoisement Stephen, dissimulant toute marque d'enthousiasme afin de ne pas laisser de prise au producteur.

À cause de sa rigueur alsacienne ou son éthique luthérienne ou la combinaison des deux, il n'était pas loin de s'appliquer les méthodes en vogue chez Disli concernant les cadeaux et avantages. À ce stade du projet, il jugea donc qu'il était encore un peu tôt pour être redevable de quoi que ce soit envers Randy.

— Tu sais, je gagne très bien ma vie, lâcha humblement le producteur en regardant opportunément l'heure à la montre de son poignet, un très beau chronomètre à mouvement perpétuel de la marque suisse Tag Heuer.

Mais où voulait-il en venir ? s'interrogea Stephen qui commençait à trouver le retour long.

— Je suis ce qu'on appelle un bon parti. Je m'occupe très bien des personnes qui partagent ma vie, dit-il en tournant son regard vers la fenêtre.

Randy était-il en train de lui faire du rentre-dedans ? C'était à peine croyable. Il fallait croire que ce garçon avait un faible pour le look daddy bear, en conclut Stephen de plus en plus mal à l'aise. Non pas qu'il ait quoi que ce soit contre les homosexuels. La tradition libérale protestante en matière de mœurs était aussi passée par là. Mais ça devenait compliqué. La semaine marseillaise s'annonçait délicate.

VIII

On était vendredi soir et on y était presque. Ludovic avait prévu de rentrer tôt pour fourrer quelques caleçons à motifs, bermudas à poches et polos XXL dans sa valise. Dès le lendemain matin huit heures, il prenait un train direction Marseille. Il rejoignait l'équipe de production pour s'assurer que l'installation dans la villa se passait bien et assister aux *pré-lights* comme on disait dans le métier, c'est-à-dire aux réglages lumière. Il tiendrait informé son boss et Éloi des préparatifs et serait là pour les accueillir. Mais chez cette nature calme et indolente, l'agacement commençait à poindre. Les feuilles de service, ces documents qui détaillaient le déroulé de chaque journée par le menu, scène à scène, depuis le lever du soleil jusqu'à son coucher en incluant tous les renseignements pratiques comme les horaires et lieux de pick-up (rendez-vous), de repas, etc. manquaient à l'appel. Or Ludo s'était engagé à les transmettre à Nathalie avec tous les documents concernant les voyages afin qu'elle et ses collègues en partance pour Marseille se préparent « au mieux ». À force d'insister, il avait réussi à obtenir les billets de ceux qui rejoignaient le tournage dès lundi. Pour les autres, on verrait ça plus tard, avait dit la production. Au téléphone, Malika lui avait semblé débordée avec, en fond sonore, Randy qui s'égosillait. Il fallait croire que chez les Despé-rados, à la veille du départ, tout n'était pas calé calé. À la décharge de Malika, les clients voulaient tous passer mais en ordre dispersé, certains préférant l'avion et d'autres le train. Chaque fois, il fallait réserver les transports et les chambres d'hôtel. Sur place, cela exigeait de coordonner un ballet de voitures entre l'aéroport, la gare et les hôtels pendant toute la semaine. Nathalie serait là tout le temps. Antoine Rodrigues, les deux premiers jours seulement. Bastien prendrait le relais. Il serait rejoint par René Bitero et Marek Konečný. Le premier passerait la journée, le second resterait jusqu'à la fin. Après tout, il n'y avait pas de quoi fouetter un chat. L'agence de voyages, c'était aussi ce qu'on attendait d'une production. Son téléphone sonna. C'était Randy. Certainement pour lui annoncer qu'il allait recevoir les feuilles de service.

— Ça va, mon Ludo ?

Randy avait la voix sombre. Sans attendre la réponse du chargé de production, il embraya, tout à sa préoccupation du moment.

— Dis, je viens d'avoir l'agent d'Odalie au téléphone. Elle exige une loge distincte de celle de Brigitte. Elle ne veut surtout pas la croiser. De ce que j'ai compris, il y aurait des tensions entre elles. Ça va être pratique, au bord d'une piscine.

— Ok. Mais qu'est-ce que ça implique ?

— Ça implique que je dois installer et équiper une deuxième loge dans la villa et que ça coûte plus cher. Je vais devoir t'envoyer un additif, je suis obligé.

— Tu rigoles ? Ça n'était pas prévu, donc tu pioches dans ta provision pour imprévus. Ou sinon, tu te démerdes avec l'agent. C'est quand même n'importe quoi !

— Je sens qu'elles vont me fatiguer, ces deux-là, soupira Randy. Bon, je vais voir ce que je peux faire.

— Et mes feuilles de service ?

— Tu comprends bien que j'ai eu une urgence à gérer ! s'écria Randy. Mais ne t'inquiète pas, mon Ludo, tu les auras dans une heure max.

Ludo bouillait intérieurement. Il détestait faire sa valise dans la panique. Ça lui gâchait le plaisir du départ. C'était le meilleur moyen d'oublier un truc. Sa peluche R2D2 par exemple. Ou son miniventilateur à piles. Et puis il devait confier Sputnik, son chat, à la voisine. Et elle se couchait tôt Mme Plouzeau. Merde !

IX

Au premier étage de l'hôtel particulier de Despérados, dans son vaste bureau mouluré, Paul-Robert, le patron de l'entreprise, méditait derrière son grand bureau signé Pierre Paulin, la réplique de celui conçu pour François Mitterrand à l'Élysée. Il en était très fier. Pour lui, la semaine était bouclée, sa dernière réunion de la journée venait de se terminer. Les chiffres que lui avait présentés Corinne, la directrice financière devenue son bras droit depuis le temps qu'ils travaillaient ensemble, étaient bons. Comme d'habitude, après le départ de sa collaboratrice, il avait pris le temps de trier les papiers qui encombraient le maroquin bleu de son bureau, car il aimait aborder la semaine au net. Il s'apprêtait à rentrer chez lui, retrouver son épouse et ses deux grandes filles dans sa maison du Vésinet. Mais, une fois n'est pas coutume, il eut l'envie de se servir un verre et de prolonger de quelques minutes sa présence à la « boîte ». Il alla vers le meuble à alcool en palissandre qui renfermait quelques bonnes bouteilles et se servit un scotch avant de s'asseoir dans un des fauteuils club qui entouraient une table ronde en verre.

Contrairement à d'autres vendredis soir où il était le dernier à partir, ça bruissait dans tous les coins. Le vieil hôtel s'était ranimé, il craquait de toutes ses poutres, lames et lambris. On entendait des cris, des bruits de pas rapides, des crépitements de photocopieurs, des sonneries de téléphones. Comme si la grande époque était revenue. Quand les productions s'enchaînaient et que toute la boîte était constamment sur le pied de guerre. Il avait eu le nez creux de faire confiance à ce jeune type. À Randy. Son vieux flair de producteur ne l'avait pas trahi. Le contrat Mystreamy pour Disli à plusieurs centaines de milliers d'euros, c'était inespéré ! Comme quoi il y avait de l'argent dans ces nouveaux projets auxquels il ne se serait jamais intéressé sans lui. L'Internet… Et il lui parlait d'autres projets à venir. Le Chat Machine. Nespresso. La poule aux œufs d'or, ce petit. Et puis si énergique, si drôle ! Ça faisait longtemps qu'il ne s'était pas autant amusé dans son métier. Il adorait déjeuner avec lui. Il avait toujours mille histoires impayables à lui raconter. Il était sous le charme, voilà. Alors qu'il avait songé à raccrocher, à vendre la boutique, cette vigueur retrouvée de l'activité arrangeait bien ses affaires. La mariée était déridée, plus pulpeuse, vraiment baisable. C'était le miracle de la jeunesse. Parce qu'il voyait bien qu'il n'était plus tout à fait dans le coup. Ses réalisateurs, que tout le monde s'arrachait dans les années 1980, avaient vieilli. Ses directeurs de production aussi. On en restait à des films trop subtils, qui prenaient leur temps. Or maintenant, il fallait « clipser » (il n'arrivait pas à dire cliper), pousser la musique à fond, saturer l'image de couleurs criardes, rajouter de gros effets de lumière pour « bastonner » un message simple. Il ne savait pas faire. Randy lui accordait un sursis. Le temps de trouver un repreneur. La chance lui souriait une dernière fois.

X

En prenant possession de son siège de première classe à bord du TGV de 16 h 57 à destination de Marseille Saint-Charles, Stephen ne savait pas très bien dans quoi il s'embarquait au juste. En regardant les quais de la gare de Lyon défiler par la fenêtre, il se dit qu'il y avait beaucoup moins d'inconnues avec les tournages de pubs « classiques » qu'il avait largement pratiqués jusqu'ici. D'abord, on partait généralement avec un réalisateur sur-validé pour son expérience, son style, la justesse de sa note d'intention. On l'avait rencontré plusieurs fois avec son producteur pour se mettre d'accord sur l'esprit du film et le résultat attendu. Ensuite, on emportait un dossier épais où chaque plan était story-boardé, où chaque entrée de champ, chaque sortie, chaque axe de caméra, chaque réplique était détaillé après avoir été scrupuleusement pré-validé par « la terre entière » comme on avait l'habitude de dire. C'était fastidieux, mais au moins au tournage, on pouvait siroter des cocktails et grignoter tout ce que proposait la régie, confortablement installé derrière son moniteur de contrôle en jetant de temps à autre un œil au séquencier, histoire de savoir à peu près où on en était. Et le soir, on se faisait bichonner par la production qui nous sortait dans les restaurants les plus tendance et les clubs à la mode avant de regagner une très bonne chambre dans un hôtel branché. Entre confrères, on aimait bien se raconter les campagnes de pub qu'on était en train de réaliser et les tournages pour lesquels on partait. C'était sexy. C'était à celui qui ferait le projet le plus cool. Dans ce cas précis, Stephen était resté évasif. Il ne souhaitait pas susciter une attente démesurée quant au résultat. Dans le meilleur des cas, si la campagne était une réussite, chacun conviendrait qu'il avait été modeste. Ce qui lui allait très bien. Au fond, il était content de prendre le large pour une dizaine de jours et de retrouver un peu de calme et de confort. La chambre de service qu'il avait dû prendre en urgence dans l'immeuble voisin de celui où il logeait sa famille lui pesait. Onze mètres carrés, un lit de camp, une table, une chaise, un coin douche avec WC sanibroyeur, c'était retrouver sa vie d'étudiant, mais vingt ans après. Sans les joints, le marxisme et les filles. Tout ça pour ça. Comme ces vieux Américains qui se retrouvaient équipiers au McDo à soixante-dix balais parce qu'ils n'avaient plus un rond, et servaient les mêmes Big Mac qu'ils distribuaient pendant les étés de leurs vacances étudiantes. Ça faisait flipper. Mais il n'avait pas eu le choix. Erika avait très mal pris sa demande de divorce. Cela confirmait toutes ses craintes. Il avait rencontré quelqu'un d'autre, le salaud. Le tournage, c'était la cerise sur le gâteau. Encore un prétexte pour découcher tranquillement. C'était pour qui ? Où ? Ça durerait combien de temps ? Sa pute l'attendait déjà à son hôtel, hein ? Allez, qu'il l'avoue s'il avait des couilles. Mais non, il n'avait qu'une bite ! Elle avait jeté un œil menaçant au bouddha, qui était bien en peine, malgré sa position du lotus, de ramener une once de sérénité dans cet appartement. Du coup, pour apporter un peu de calme à la maison et épargner les enfants, il avait fait son sac et déménagé à un numéro de là. Il fuyait, le minable, le lâche ! Il n'assumait pas ! grondait Erika. Et bien sûr, elle se récupérait les enfants ! Il était incapable d'assumer ses responsabilités ! Un père démissionnaire avec ça ! Comment avait-elle pu lui faire confiance ? Elle avait beau jeu de se plaindre de garder les enfants, pensait Stephen. Il savait parfaitement la fureur dans laquelle elle serait si justement la garde lui échappait. Les mères blessées étaient les créatures les plus féroces de la terre.

Bref, avec le loyer de l'appartement, la chambre de service, toutes les charges familiales, plus le coût de la procédure avec en ligne de mire la pension alimentaire, le million et les primes allaient peut-être sauver le livret A ou du moins éviter la faillite. C'était sans doute la première fois dans sa vie où Stephen admit que le pognon était un but en soi. Finalement, se dit-il alors que le TGV fendait l'air à 300 km/h, ce projet *Braises de stars* tombait plutôt à point. Et à point, c'était une affaire de cuisson.

En tirant sa valise à roulettes sur le quai de la gare Saint-Charles, Stephen se sentit immédiatement mieux. Paris était loin. Était-ce la rose tiédeur du soir qui tombait ? Sur la bande de macadam qui filait entre les rails, la Méditerranée était palpable. Il avait très envie d'être en short et chemisette. Au bout du quai, parmi les quelques panneaux que tenaient les chauffeurs venus récupérer leurs clients arrivant de Paris, Stephen ne trouva pas son nom. Il fallait croire que la production avait oublié d'envoyer une voiture pour chercher le directeur de création… ok. Ce soir, sa bonne humeur était à toute épreuve. Qu'à cela ne tienne, il prendrait un taxi ; les taxis marseillais étant réputés pour leur filouterie. C'était une très bonne entrée en matière. Pour sa première fois à Marseille, il tenait à se frotter à la ville et à ses légendes. En Alsace, Marseille, c'était évidemment un autre pays. La queue n'était pas longue, une Peugeot 508 vint s'arrêter à sa hauteur. Un jeune homme arborant un magnifique polo de l'OM prit sa valise et la fourra dans le coffre.

— Où c'est qu'on va, monsieur ? demanda-t-il à Stephen qui, supporter de longue date du PSG – depuis son arrivée à la capitale en fait –, se dit qu'il éviterait de parler football durant la course. Plutôt bouillabaisse.

— On va à l'Ibis Prado, s'entendit-il claironner (à regret) comme chaque fois qu'il annonçait son hôtel à un chauffeur pendant un tournage. Oui, à l'Ibis. Au départ, Stephen avait un peu tiqué par rapport à ses standards habituels de directeur de création. Malheureusement, il n'avait pas eu le choix, c'était l'hôtel que les clients avaient choisi. Il aurait été inconcevable d'un point de vue relationnel de les y laisser et de préférer une autre adresse au prétexte du standing. C'était dommage certes, mais les clients avaient encore une mentalité d'enseigne discount, à grappiller les euros partout. Le glamour, ce serait pour plus tard, il fallait que le changement d'image opère, se dit-il avec philosophie en regardant défiler les immeubles haussmanniens recouverts de tags du cours Lieutaud. Ils auraient d'ailleurs eu du mal à faire autrement avec l'Allemagne qui regardait tout. Ça n'était pas parce qu'on était en France que c'était la fête. Ou alors à la berlinoise. Ça ne coûtait pas cher. Quoi qu'il en soit, cette escapade marseillaise avait, pour la plupart des clients participants, un fort goût d'aventure et d'insolite bien éloigné des quelques déplacements professionnels qu'ils effectuaient chez des fournisseurs ou à Dortmund pour le séminaire annuel. Ils étaient ravis.

Le taximan ne rebondit pas sur le sujet bouillabaisse. Il se contenta d'indiquer que c'était sa mamie qui connaissait la recette, mais qu'on en trouvait de très bonnes sur le Vieux-Port s'il y tenait tant que ça. Pour sa part, il préférait les pizzas. Tout se perdait, pensa Stephen avec amertume. On fit le tour de la fontaine de la place Castellane avant de descendre l'avenue du Prado, relativement majestueuse avec sa double rangée d'arbres qui la bordaient de part et d'autre. Voilà, Ibis Prado, on était arrivés, indiqua le chauffeur en se garant contre le trottoir. Il fut presque surpris de recevoir un pourboire de la part de son client. Généralement, les clients Ibis étaient du genre fauchés. Il aurait pu faire plus d'efforts sur la bouillabaisse, se dit-il en redémarrant.

Effectivement, ça n'était pas le Waldorf Astoria à New York, pensa Stephen en jetant un coup d'œil au porche façon station-service surmonté de l'enseigne lumineuse rouge. On se rattraperait en signant un projet Chanel, se dit-il pour faire passer ce premier moment de déception. Pas de risque qu'ils choisissent l'Ibis.

Ce qui faisait office de hall d'entrée était désert. Stephen dut sonner à la réception pour obtenir un semblant d'accueil. Le jeune préposé avait bien une réservation à son nom. Il faisait partie du groupe pour le film, n'est-ce pas ? Il avait déjà accueilli d'autres personnes aujourd'hui et – il consultait son ordinateur – de nouveaux hôtes devaient arriver dans les prochains jours. C'était bien ça, confirma Stephen. En effet, tous les clients, l'équipe Mystreamy et une partie du casting, c'est-à-dire les jeunes starlettes du web qui n'allaient pas faire de chichis, étaient logés à l'Ibis. Randy avait sauté sur l'occasion pour alléger son poste « hébergement » en y fourrant les trois Mystreamers.

Stephen monta sa valise dans la chambre et redescendit bientôt pour fuir sa banalité déprimante. S'installant dans un fauteuil en skaï du coin bar logé dans un angle du hall, il joua à se faire peur en se remémorant tous les classiques du cinéma américain, depuis *Taxi Driver* jusqu'à *Requiem for a Dream* en passant par *Scarface* où un personnage était entraîné dans une descente aux enfers. Jusqu'où ce divorce l'emmènerait-il ? Était-ce le début de la fin de toute sa vie patiemment construite ? Un Negroni accompagnerait parfaitement sa méditation. Pas de chance, le barman en qui Stephen reconnut le garçon de la réception ne savait pas faire de Negroni. Il commanda un scotch. Changeant de thème de réflexions pour préserver son humeur, il commença à s'interroger sur le programme du soir en sirotant son apéritif. Il jeta un coup d'œil par la baie vitrée ; dehors, la grande avenue était déserte. Il était temps d'appeler Ludovic pour prendre la température. Celui-ci sortait de sa douche. Stephen lui proposa de le rejoindre au bar. Quelques minutes plus tard, Ludo vint s'asseoir dans le fauteuil qui lui faisait face. Sans surprise, il arborait son look habituel : baskets, treillis informe et sweat-shirt Mystreamy à capuche. Il semblait ravi de voir Stephen et de partager avec lui un moment de convivialité qui le sortait du cadre habituel de leurs interactions. Il commanda un whisky coca. Comme un chien dépose son os devant son maître en frétillant de la queue, il lui livra son rapport sur ses premières heures marseillaises. L'installation à la villa s'était bien passée dans l'ensemble. Il avait fait procéder à quelques changements sur le *set*, une histoire de gros bacs à fleurs, crut comprendre Stephen qui l'écoutait d'une oreille distraite.

— Randy t'a-t-il communiqué des instructions pour ce soir ? demanda Stephen, notant que son producteur s'était tu.

— Aucune, lui répondit Ludovic, embêté.

D'ailleurs, il était sans nouvelles de lui depuis le début d'après-midi, ce qui commençait à l'inquiéter car il n'avait toujours pas reçu les feuilles de service pour le lendemain. Quoi qu'il en soit, comme il s'était déjà levé tôt le matin même et que la nuit s'annonçait courte car on tournait dès le lever du soleil, il n'allait pas faire long feu. Il pensait commander un room service.

Super ambiance, se dit Stephen en voyant Ludo disparaître dans l'ascenseur. Il décida de prolonger l'apéritif au coin bar, se contentant de son atmosphère indécise. Les murs tapissés de glaces brunes, les fauteuils en skaï noir, l'éclairage aux spots fichés dans un faux plafond métallique ainsi que quelques appliques en verre soufflé et laiton amorçaient quelque chose qui n'avait pas été abouti. Il voulut commander un deuxième scotch. Le barman-réceptionniste le pria de l'excuser une vingtaine de minutes, il devait d'abord envoyer un burger poulet pour la 201. Il était donc aussi de permanence à la cuisine. Ludo allait se régaler. Un bruit de porte automatique attira son attention vers le porche de l'hôtel. Il reconnut Nathalie, chignon épanoui, accompagnée du chef Alex dont il se rappelait la photo illustrant sa fiche présentée lors d'une réunion chez Disli. Il leur fit signe alors qu'ils se dirigeaient rapidement vers l'ascenseur. Nathalie parut enchantée de faire les présentations. Le chef Alex, solide gaillard aux yeux bleus rieurs et à l'accent du midi toulousain, broya chaleureusement la main de Stephen. Comme ils étaient arrivés en fin d'après-midi et qu'il n'y avait personne de l'équipe à l'hôtel, ils étaient allés dîner, expliqua Nathalie. Ils avaient dû marcher assez longtemps pour trouver quelque chose d'ouvert. À croire qu'il n'y avait pas grand-chose dans le quartier. Mais ça leur avait permis de faire connaissance, pouffa Nathalie en glissant un clin d'œil au chef Alex.

— Est-ce qu'on est venu vous chercher à la gare ? s'enquit Stephen, pris d'un doute.

— Pas du tout. Mais comme on était dans le même train, le chef Alex et moi, on s'est très bien débrouillés tous les deux à l'arrivée. Il y a une station de métro pas trop loin.

Nathalie dans le métro marseillais avec ses valises. Cette révélation consterna Stephen, tout à coup très gêné vis-à-vis de sa cliente. On n'assurait pas du tout ! Avec un budget d'un million d'euros, le minimum aurait été d'envoyer une voiture pour les clients. Au pire un pousse-pousse, ou même un mulet.

Et pour lui aussi, au passage. Car, après tout, le client direct de Randy, c'était bibi. Et s'il voulait d'autres contrats, il devait apprendre à soigner ses commanditaires. C'était le b.a. ba. Il allait avoir une petite conversation avec son producteur. Visiblement pressés de regagner leurs chambres après une journée de voyage et de marche, le chef Alex et Nathalie souhaitèrent une bonne soirée à Stephen. De nouveau seul dans le hall, découragé à l'idée de devoir marcher longtemps pour ne trouver qu'un restaurant du type Anatolie Grill, et même si c'était le thème de la semaine, il se dit qu'il allait imiter Ludo et dîner dans sa chambre.

Stephen terminait une salade Caesar très passable sur fond de chaîne d'information en continu. Il s'interdisait d'imaginer comment le préposé qui, à cette heure-ci pouvait très bien nettoyer les toilettes du rez-de-chaussée, l'avait préparée. Son téléphone vibra. Ludo avait eu Randy. Un van viendrait les chercher devant l'hôtel à six heures quarante-cinq précises. Il lui souhaitait bonne nuit. Six heures quarante-cinq, c'était tôt. Stephen se dit qu'il n'allait pas prolonger les festivités. Après un petit moment passé dans la salle de bains, il traversa la chambre en caleçon et t-shirt pour se glisser sous la couette. À l'Ibis, il n'y avait pas de draps, nota-t-il au passage. La lumière éteinte, il réfléchit à ce qui devait être tourné. De mémoire, on commencerait par enquiller tous les tutoriels de recettes qui accompagneraient les épisodes de la websérie. N'empêche, cinq tutos en une journée, c'était pas évident. Il allait falloir que le chef Alex soit bon.

XI

Une aurore rose poignait au-dessus de l'avenue du Prado. Stephen, encore mal réveillé, s'efforça de saluer avec le sourire le petit groupe indistinct qui stationnait à côté du minibus garé devant l'hôtel. Il était frustré de ne pas avoir pu prendre son café du matin. Il lui avait manqué la pièce d'un euro pour obtenir la capsule de Nespresso à la machine du coin petit-déjeuner. Fichu hôtel, pensa-t-il.

— Est-ce qu'on peut y aller ? lança de sa voix fluette le jeune homme à qui il avait dit bonjour sans faire attention.

Ludo, efficace dès le matin, confirma que tout le monde était là. Chacun fut invité à monter dans le Renault Trafic.

Aussitôt calé dans son siège, Stephen voulut tirer l'affaire des transports de la veille au clair. Il tenait sans doute le responsable. Les autres passagers se réveillaient doucement, hormis Ludo qui ronchonnait en manipulant son téléphone et alternait envoi de messages et tentatives d'appels qui tombaient sur messagerie. Visiblement, quelque chose ne tournait pas rond.

— C'est vous le chauffeur ? attaqua-t-il frontalement.

— Je suis surtout preneur de son et je m'appelle Thomas, indiqua le jeune homme qui tenait le volant. Vous, c'est comment ? demanda-t-il de sa voix chantante et amicale.

— Stephen Berger.

— Vous faites quoi ici ?

— Je supervise le tournage. Je suis le directeur de création de Mystreamy.

— Ah oui ! On m'avait dit que c'était pas pour la télé. Et c'est pas trop dur avec YouTube ?

On s'éloignait du sujet. De plus cette question, qui revenait inlassablement à la bouche des gens qu'il croisait quand il évoquait Mystreamy, l'épuisait. Il botta en touche aussitôt.

— Ça va. Donc c'est vous qui faites le son sur le plateau ?

— Non. J'aurais bien voulu, mais non. Vous savez, à Marseille, si vous voulez travailler dans le cinéma, vaut mieux avoir plusieurs cordes à votre arc. Celle de chauffeur, en l'occurrence. Ou plongeur. C'est selon. Mais bon, je suis content. Je suis sur un tournage ; même si c'est côté parking, c'est déjà pas mal. Et puis, si votre ingénieur du son a un problème, je suis là ! dit-il avec une candeur qui ne pensait pas à mal.

Stephen, que le récit du jeune Thomas avait ému, décida de ne pas insister. Mais Ludo, qui avait compris le thème de la conversation en écoute flottante, rebondit.

— Tu as eu un problème de transports hier ?

— Enfin, surtout le chef Alex et Nathalie. Personne n'est venu les chercher à la gare. Moi non plus, mais c'est du détail.

— Il commence à me chauffer, Randy ! Je n'ai toujours pas reçu les feuilles de service ! Il m'a promis hier soir au téléphone de me les envoyer dans la nuit, et ce matin que dalle ! Je voulais les transférer à Nathalie et au chef pour qu'ils aient le programme ! C'est pas sérieux ! C'est quoi cette organisation ? Y'a Antoine Rodrigues qui arrive tout à l'heure à Marignane et j'arrive pas à savoir si quelqu'un sera foutu d'aller le chercher. Je vais devoir m'y pointer en taxi si ça continue, conclut-il avec cette exaspération contenue s'extériorisant en rougeurs diverses et tremblements de son épaisse masse chevelue qui évoquait le piton de la Fournaise au bord de l'éruption.

Pendant la demi-heure qui suivit, Ludo harcela Randy et Malika sur leurs téléphones. Tout ce ramdam avait achevé de réveiller l'ensemble des passagers du minibus. Sur la banquette arrière, Nathalie s'étirait à côté du chef Alex. Stephen regardait par la fenêtre défiler cette ville qui excitait sa curiosité. Finalement, c'est Malika qui décrocha. Que Ludo se rassure, elle avait bien prévu d'envoyer une voiture chercher Antoine. Tout était prêt à la villa, il ne manquait plus qu'eux. Le temps était superbe, la vue splendide, on avait préparé du café et des panisses sur la terrasse. Ludo raccrocha en grommelant qu'il lui manquait toujours les feuilles de service.

Le chef Alex s'accouda au dossier de la banquette du milieu et engagea un brin de causette avec Stephen. Il le remerciait de lui avoir fait signe. Il était ravi de jouer la comédie, même s'il n'en avait jamais fait auparavant. C'est d'ailleurs pour ça qu'il avait accepté. Il aimait les défis. Ça le changerait de ce qu'il faisait d'habitude devant une caméra avec ses tutos. Il en était déjà à sa vingtième recette de navarin d'agneau.

— Un coup tu le fais au bouquet garni, un coup tu mets des épices à couscous, un coup tu l'accompagnes d'une sauce vigneronne, mais ça reste toujours de l'agneau et des petits pois dans de la sauce tomate.

Pourquoi fallait-il que les chefs cuisiniers aient tous un accent du Sud-Ouest ? se demandait Stephen en l'écoutant parler. Certainement une question de crédibilité. Il avait surtout envie de croissants. Cette évocation du navarin d'agneau dans le minibus qui tricotait comme un beau diable parmi les petites rues du centre-ville lui tournait un peu l'estomac.

Quarante minutes plus tard, après avoir traversé la ville en direction de la Côte Bleue, quelques kilomètres au-delà de la frontière ouest du 16e arrondissement, le Renault Trafic fit crisser le gravier de la cour arrière de la villa où il se gara. C'était une vaste maison méditerranéenne contemporaine construite au bout d'une impasse privée, entourée d'un jardin qui débordait de lauriers roses, de pins et de succulentes. Elle faisait face à l'anse de Carry-le-Rouet, commune paisible et cossue de la banlieue de Marseille. L'équipe était à pied d'œuvre, des techniciens rentraient et sortaient de la maison en rapportant ou en allant chercher du matériel dans les deux gros camions noirs qui stationnaient en contrebas. En franchissant la noble porte en bois de la demeure,

Stephen découvrit un immense séjour qui donnait sur la mer à travers de non moins immenses baies vitrées. Nathalie émit un waouh de bon augure. À gauche, Randy avait installé son équipe autour d'une grande table qui servait de bureau de production. Deux assistantes et Malika s'affairaient sur des ordinateurs portables tandis qu'une imprimante crachait des feuilles de façon ininterrompue. Malika se tourna vers les nouveaux arrivants.

— Bienvenue à la villa ! On règle quelques détails et je vous fais visiter. Allez sur la terrasse, il y a le petit déj' !

Ludo, guidé par une intuition, fit un détour par l'imprimante et empoigna une feuille fraîchement tirée. C'était la feuille de service du jour.

— C'est pas trop tôt, Randy ! hurla-t-il.

Randy, qui était dans la cuisine à l'américaine au bout du salon en train de rire avec Fabrice, le propriétaire des lieux, avala sa gorgée de café de travers. Il reposa sa tasse et s'excusa en expliquant que, visiblement, ses invités étaient arrivés.

Il y avait beaucoup de monde qui séparait Stephen du petit-déjeuner. Sa progression vers le bout de la terrasse était constamment interrompue par une nouvelle personne de l'équipe qu'il croisait et à qui il devait dire bonjour. En début de tournage, il était important de saluer chacun chaleureusement. D'autant plus quand on était le commanditaire. C'était primordial pour l'ambiance, afin que chacun se sente à l'aise dans son travail, car on allait se côtoyer non-stop pendant plus d'une semaine. Il croisa Marc Tabouret, une optique à la main, il allait bien, et souhaitait faire un test au 24-105 car il trouvait le 16-35 un peu juste. Fort bien. Il salua une jeune femme pleine d'énergie dont le visage mutin et le corsage généreux lui inspiraient un rôle de courtisane du XVIIIe siècle. Elle se présenta comme la directrice de production et était ravie d'être sur le projet. Elle répondait au prénom harmonieux de Mélody. Excellent. Il fit la connaissance de Léo, l'ingénieur du son officiel, à qui il demanda s'il lui arrivait de faire chauffeur. Il ne comprit pas, ce qui jeta un froid. Stephen se dit qu'il se rattraperait. Bon. De toute façon, les preneurs de son étaient tous un peu autistes, planqués sous leur casque audio. Il serra encore la main de machinos qui portaient des gueuses ou des pieds, ce qui permit de raccourcir opportunément les présentations, et salua plusieurs autres petites mains. Les thermos étaient enfin à sa portée. Tout un petit déjeuner avait été installé sur une table recouverte d'une charmante nappe fleurie collée contre la balustrade qui donnait sur la baie. Il n'y avait pas à dire, le décor était splendide. Stephen y retrouva le chef Alex et Nathalie qui s'étaient déjà préparés des assiettes de fruits frais et de viennoiseries.

— Ah, Stephen, goûte-moi ça, tiens, fit le chef Alex en désignant une assiette remplie de petits palets luisants. Ce sont des panisses, des galettes de pois chiches, la spécialité de Marseille, une merveille !

Mélody intervint sur ces entrefaites pour annoncer la couleur de la journée. Elle était parfaitement dans son rôle. On allait devoir rentrer cinq recettes d'ici le coucher du soleil, donc on pouvait parler de grosse journée. Avec un grand sourire et sans le presser, elle demanda au chef Alex de rejoindre le maquillage qui avait été installé dans un coin du salon, transformé en salon de beauté. Nathalie, qui avait repéré l'endroit, proposa aussitôt de l'y conduire.

« C'est quand même un peu fade », se dit Stephen en mastiquant son panisse face à la mer.

— Mais il est gourmand, mon Stéphouuuu ! cria Randy de l'autre côté de la piscine. Alors elle te plaît, ma villa ? lui lança-t-il, pas peu fier, en le rejoignant. Oh, mon Stéphouuuu, il faut absolument que je te présente le propriétaire de ce fabuleuuuuux endroit. Tu sais, on a eu de la chance. Quand je l'ai appelé, il était sur le point de partir en vacances pendant deux mois et de laisser la villa à des Américains. Je l'ai tellement supplié qu'il a tout décalé pour nous. Tu comprends, cette maison, dès que je l'ai vue sur Internet, j'ai su que c'était elle et pas une autre.

Il était naturel et de bon ton de saluer le maître des lieux, se dit Stephen en suivant Randy à l'intérieur de la villa. Ils le trouvèrent dans le bureau attenant au salon qui offrait une splendide vue sur la baie grâce à une sorte de bow-window géant. On aurait dit un temple dédié à la marine. Les murs étaient recouverts de drapeaux tricolores, photographies de bâtiments militaires, estampes maritimes, baromètres en laiton et devises martiales frappées sur des écussons en bronze comme « Honneur, Patrie, Valeur, Discipline ». Une très belle commande de poussée trônait au centre de la fenêtre qui faisait du coup penser à la passerelle d'un bâtiment. Le propriétaire vint à leur rencontre tout sourire. C'était un colosse de presque deux mètres.

— Moi, c'est Fabrice, dit-il en serrant vigoureusement la main de Stephen.

Randy introduisit Stephen en tant que grand ponte de la création sur Internet, ce qui était légèrement exagéré et manquait de précision. Fabrice ne lui laissa pas le temps de finir son panégyrique ; il lui appliqua une accolade brusque et le présenta à son tour à Stephen comme son fils adoptif. Un fils adoptif qui, surpris de cette attaque affectueuse, manqua de perdre l'équilibre.

— Je l'adore, ce petit, dit-il avec son accent coloré de Marseille. Malin comme un singe, un baragouineur de tous les diables ! Il faut s'en méfier, peuchère. Il m'a convaincu de décaler mes vacances en me promettant que les stars allaient venir au bord de ma piscine. C'est vrai ?

Stephen confirma les dires de Randy. Fabrice était aux anges. Si ça n'ennuyait pas Randy et Stephen, comme il était coincé à Marseille, il resterait dans les parages le premier jour pour voir les célébrités.

— Tu comprends, expliqua Randy à Stephen en ressortant sur la terrasse pour aller jeter un œil à la mise en place du décor de la cuisine d'extérieur, ça lui fait très plaisir. Et ça a joué dans le deal. Il est vraiment adoraaaable, non ?

Guettant la réaction de Stephen, il remarqua son teint pâle de Parisien sorti du train, et sans lui laisser le temps de répondre :

— Oh là là, mon Stéphouuu, faut pas avoir peur du soleil comme ça ! Je suis sûûûr que tu serais encore plus beau si tu étais plus bronzé ! Tu ne me demandes pas comment je fais pour avoir un aussi beau teint de pêche alors que je suis arrivé en même temps que toi ? La crème pour hémorroïdes, pardi. Si, si, je t'assure !

Stephen avait du mal à concevoir qu'on puisse s'étaler de la crème pour hémorroïdes sur le visage par souci esthétique. Les joues roses et luisantes de Randy commençaient à le dégoûter et le panisse lui pesait sur l'estomac.

— Mais tu dois avoir une peau de blond, toi, enchaîna le producteur, filant une conversation qui le passionnait. Tu étais blond quand tu avais des cheveux, hein ? Ne t'inquiète pas, mon Stéphou, Randy a pensé à touuut ! Aux plus grandes comme aux plus petites choses ! C'est ça le talent d'un producteur, asséna-t-il en bombant son torse replet. Tiens, j'ai de la crème indice 30, fit-il en brandissant un tube qu'il sortit de sa poche de pantalon en lin rose. Parfait pour démarrer un bronzage en toute sécurité. Tu vas me bénir ! Allez, je vais t'en étaler partout, ouh ouh ouh ! gloussa-t-il, content de sa blague. Zou, sur le transat ! fit-il en indiquant une chaise longue au bord de la piscine.

Stephen commençait à être passablement gêné par cette familiarité qui ne montrait aucun signe d'affaiblissement, bien au contraire. Randy semblait décidé à toujours faire précéder son prénom de l'adjectif possessif « mon » qui devenait de plus en plus étouffant. Sans parler de la terminaison en « ou » qu'il lui appliquait par la même occasion depuis leur trajet retour de chez Disli. Stéphou. L'époque des sobriquets disgracieux aurait dû être derrière lui. Il avait traversé l'école, le collège et le lycée sans trop de dommages. Mais là, c'était le summum. Stephen s'inquiétait de l'impression négative que pourrait causer cette proximité louche dans laquelle Randy essayait de l'attirer. Disli en déduirait-il que Stephen avait favorisé un ami, ou pire, un amant ? Qu'il retirait de cette manœuvre un bénéfice ? C'était vraiment tout ce qu'il détestait.

Quand Randy et Stephen arrivèrent à la cuisine, tout était en place. Mélody annonça qu'on allait démarrer. Elle les invita à rejoindre le coin « retour vidéo » installé à quelques pas de la caméra, sous une tente faite de lés de Borniol tendus entre des pieds lumières, censés protéger le visionnage de la forte luminosité ambiante. C'était à l'abri de cette construction éphémère que Stephen et Randy pourraient suivre les opérations, assis sur deux chaises côte à côte en compagnie du réalisateur, de la scripte et de l'ingénieur du son.

— T'as vu comment on va être bien ? s'extasia Randy en piochant dans un assortiment de mini-sandwiches préparés par l'équipe de la régie qui veillait à ce que le plateau soit toujours pourvu en nourriture – les techniciens avaient souvent des petits creux. C'est un avant-goût du lodge qu'on louera toi et moi dans la savane ! s'esclaffa-t-il en pianotant sur son téléphone pour répondre aux nombreux messages qu'il recevait en permanence.

Soudain, il devint plus grave, se releva et annonça qu'il avait des affaires à régler en ville. Stephen se sentit soulagé de ce départ inopiné.

— Allez, Alex, tu es prêt ? Moteur demandé ! cria Marc à travers la tente vidéo en direction du plateau.

Pour les tutoriels, il avait été convenu que le chef opérateur serait aussi réalisateur. Il s'agissait moins de faire rire que d'obtenir de sublimes images des produits Disli. Et puis comme ça, on économisait une journée des deux loustics, s'était réjoui Randy, obsédé par les finances.

— Ça tourne à la caméra ! répondit le premier assistant réalisateur.

— Ça tourne au son ! enchaîna l'ingénieur du son.

— Et action ! lança Marc.

Le chef Alex, dans son habit noir de chef, filmé en plan américain, lança droit à la caméra :

— Dans l'épisode 2 de *Braises de stars*, j'ai aidé Vince Leclerc à réaliser un barbecue poisson. Lui, son truc, c'est plutôt le *Bigfish Burger*, mais on va essayer de faire quelque chose de plus sérieux : une daurade royale au barbecue. C'est parti ! fit-il en adressant un clin d'œil à la caméra, accompagné d'un index pointé vers l'objectif.

C'était assez convaincant, se dit Stephen.

— Coupez ! cria Marc.

Il y avait un problème de grésillement au son. Le micro dissimulé sous le tablier du chef frottait contre son habit. Léo, l'ingé son, bondit hors de la tente pour régler le problème d'un coup de scotch supplémentaire appliqué sur le micro. Le tournage reprit aussitôt.

— Ici, on a une daurade royale entière, d'accord? On va l'ébarber, expliqua le chef Alex en montrant le poisson posé sur son plan de travail. On va lui enlever les petites écailles et les petites nageoires, d'accord? fit-il en saisissant le poisson et en commençant à le frotter avec un couteau. Voilà. Ensuite on va la tremper dans la farine. Le fait de la fariner sur les deux faces va empêcher que la peau de notre poisson accroche pendant la grillade, expliqua-t-il en exécutant l'enfarinement. Les indications du chef étaient claires et les images illustraient parfaitement le propos, se dit Stephen en se levant de sa chaise pour aller prendre la température côté clients. En sortant de la tente, il gratifia Marc d'un pouce levé. Le tournage démarrait bien, l'équipe assurait.

Deux canapés face à la mer, véranda ouverte, un écran posé sur une table basse, des boissons, des mini-sandwiches et des brochettes de tomates cerises à profusion, les clients n'étaient pas mal installés. Nathalie et Antoine Rodrigues, qui venait d'arriver à la villa, étaient même ravis. C'était justement ce qu'ils disaient à Ludo avant que Stephen ne les rejoigne. Le chargé de production s'était assigné une mission de sherpa de tournage et ne les quittait pas d'un pouce. Ils trouvaient le décor parfait.

— Et puis le chef Alex qui se détache sur la mer scintillante… L'effet est splendide, jugea Nathalie. On ne pouvait pas imaginer un plateau qui transpire plus la qualité que celui-là, s'exclama-t-elle, lyrique, approuvée d'un hochement de tête de son supérieur.

— Tant mieux, dit Stephen qui s'excusa de ne pas pouvoir rester avec eux pendant le tournage.

Il devait se tenir au plus près de l'équipe de réalisation pour s'assurer de la qualité de chaque séquence. Ce qu'ils trouvèrent très professionnel. Évidemment, cela l'arrangeait bien. Les papotages avec les clients n'étaient pas son fort. Il leur enjoignit de regarder chaque séquence attentivement et de solliciter Ludo si quelque chose ne leur convenait pas. On pouvait toujours refaire une prise tant qu'un plan était installé. Quand on passait au suivant, ça devenait compliqué. Après tout, ils étaient là pour travailler ! fit-il en riant. Nathalie et Antoine en convinrent en riant à leur tour. En repartant vers la tente vidéo, il décida de faire un détour par « l'office en plein air » que l'assistant du chef Alex, Cyril, avait installé à proximité immédiate du plateau. C'était une véritable cuisine où une petite brigade de commis s'activait pour décomposer chaque recette en plusieurs étapes qui se succédaient ensuite sur le plan de travail du chef, sublimées par une styliste culinaire, qui rajoutait ce qu'il fallait de graisse alimentaire pour que le poisson brille, de colorant pour que le poulet ait bonne mine, etc.

« Question logistique, ça roule », se dit Stephen, impressionné par les tombereaux de marchandises Disli qui débordaient des grands frigos en inox et s'étalaient sur les plans de travail, par toutes les assiettes en rang d'oignons et repérées par des numéros qui attendaient de rejoindre la cuisine du décor. Une brise tiède parcourait le plateau, le doux soleil d'avril frôlait sa peau. Stephen se sentait bien. Évidemment, il ne tournait pas le dernier Rohmer, mais c'était quand même un tournage, non ? Tout y était. Les caméras, les projecteurs, les techniciens et bientôt les comédiens. C'était déjà une chance d'en être arrivé là, se dit-il, décidé pour une fois à regarder la vie à travers le verre à moitié plein. Et puis pour sa famille, ça faisait parfaitement illusion. On le disait cinéaste ou artiste avec des regards pleins d'admiration.

On avait terminé le tutoriel « poisson entier au barbecue » et on se préparait à attaquer le tutoriel « côte de bœuf au barbecue ». On avait renvoyé le chef Alex au maquillage pour un raccord, le temps que Bérénice et son équipe modifient le décor du plan de travail pour adapter ustensiles et accessoires à la thématique de la recette : exit les plats en faïence garnis de légumes méditerranéens grillés, les saladiers de sauce vierge, les bols d'agrumes découpés. Place aux plats rustiques remplis de belles pommes de terre rôties, aux pots à moutarde géants et autres bocaux de condiments.

Les tutoriels s'enchaînaient avec souplesse, servis par la logistique huilée que Stephen avait appréciée tout à l'heure et la réactivité de l'équipe technique. Ensemble, ils permettaient d'absorber les quelques ratés du chef Alex sans dommages pour le planning. N'étant pas comédien professionnel, il s'emmêlait régulièrement les spatules dans les recettes retravaillées par un auteur qu'il avait apprises par cœur.

— Merde ! Moi d'habitude, je les raconte en les faisant. Là, ça me stresse de me planter sur un mot ou un morceau de phrase, et résultat, je me plante.

— Bah raconte-les au lieu de te prendre le chou, dédramatisait Mélody qui, soucieuse du timing de la journée, voulait éviter le classique « blocage » du comédien.

— Nan, t'inquiète, je vais y arriver, lui répondait ce caractère fier et opiniâtre de self-made chef avant de lancer un « action » tonitruant qui prenait tout le monde de court.

Il reprenait de plus belle avant de s'arrêter quelques phrases plus loin, au beau milieu d'une explication, saisi d'un doute concernant son interprétation.

— J'ai pas été convaincant sur mon lancement de fin : « Bleu, saignant ou bien cuit, maintenant, c'est à vous ! » C'était mou.

— Mais non, t'arrête pas ! criait Mélody depuis la tente vidéo, assise aux côtés de Stephen qui observait sa poitrine se tendre à chacune de ses exclamations. Tant qu'on ne coupe pas la scène, c'est que c'est bien !

— Ok ok. Je te la refais moins mou quand même.

Ce grand gaillard, si à l'aise dans son studio de Re7.com, était quand même un peu intimidé par la taille de l'équipe technique qui s'affairait autour de lui. Évidemment, il ne l'aurait avoué à personne, pas même sous la menace d'une cuiller de confiture d'orange dans un cassoulet toulousain.

— …Je vais rajouter un p'tit filet d'huile… frotter délicatement la viande pour bien répartir l'huile… Il en faut très peu parce que la côte de bœuf, vous voyez, elle est suffisamment persillée et… et… merde ! J'ai buggé ! J'ai regardé la perche qui se rapprochait de moi et j'ai buggé !

— Oublie ce qui se passe autour de toi, tu regardes la caméra, point ! cria Mélody.

Autoritaire en plus, songea Stephen. Évidemment, l'interprétation du chef Alex était parfois un peu poussive, jugeait-il. Dans sa bouche, les morceaux de phrases se collaient les uns aux autres avec un léger décalage, comme les laps de chargement qui entrecoupaient une vidéo sur Mystreamy les jours de surcharge sur les serveurs. Il se raccrochait, le temps que la suite arrive, à des expressions faciales soulignées au charbon et une gestuelle très appuyée qui faisait osciller son jeu entre les premières heures du cinéma muet et les transcriptions pour les sourds. Mais, après tout, ce qui comptait, c'étaient les recettes et la beauté des ingrédients. Et de ce côté-là, on y était à 100 %.

Après le tutoriel « côte de bœuf » on passa au tutoriel « poulet entier cuit au barbecue ». On avait eu quelques problèmes avec la fumée de cuisson. On ne la voyait pas à la caméra, ce qui manquait de réalisme. Un assistant de Bérénice eut l'idée de jeter une poignée d'aiguilles de pin mouillées sur les braises, technique qui avait plutôt bien marché, déclenchant au passage quelques quintes de toux parmi l'équipe technique. Ce qui n'avait pas plu à Léo qui avait dû recommencer ses prises. Mais on n'avait rien sans rien.

Les clients, cantonnés derrière leur moniteur s'extasiaient :

— Disli, ça met l'eau à la bouche.

D'ailleurs, après trois premiers tutoriels, il était temps de déjeuner. C'est le moment que choisirent Farid et Trouqueville pour arriver à la villa. Ils étaient venus de Paris pour saluer les clients, histoire de voir si « tout se passait bien ».

Ma foi, ça n'allait pas trop mal, les rassura Nathalie qui se dit ravie de cette première matinée et impressionnée par l'organisation. Pour sa part, Antoine, qui ne voulait pas passer pour un pisse-froid ou s'enfermer dans le rôle du client sourcilleux craignant toujours qu'on la lui fasse à l'envers, vanta le professionnalisme de l'équipe. Bientôt rejoint par Stephen, tout ce petit monde s'installa autour d'une table dressée sous une pergola avec vue sur la piscine. Rien que pour ce cadre, ça valait le coup de venir à Marseille, assura Farid. Trouqueville s'excusa un instant pour faire un saut côté barbecue dans l'idée d'améliorer le pique-nique à base de mini-sandwiches préparé par l'équipe régie. On ne savait jamais, se disait ce commercial qui avait l'optimisation des situations comme sixième sens. Le sens du grattage, disaient les jaloux.

— Euh, fit-il avec sa bouche en cul-de-poule en rejoignant la tablée, c'est dommage, y'a un poisson et une entrecôte grillés abandonnés à côté du barbeuc'. En plus, c'est le chef Alex qui les a faits, ça vous tente ?

— Si tu avais vu toute la graisse qu'on leur a collée dessus, plus les traces de cuisson faites à la peinture, tu laisserais ces grillades là où elles sont, intervint Stephen, soucieux d'éviter une intoxication alimentaire.

— Ah bon ? fit Trouqueville, sincèrement déçu. C'est dommage quand même, ils avaient l'air trop bons, dit-il en saisissant par dépit une brochette de tomates cerises et boulettes de mozza.

Il profita néanmoins de l'occasion que lui offrait ce déjeuner dans un cadre exceptionnel pour amadouer Antoine Rodrigues, somme toute très content de raconter sa carrière démarrée chez Xerox comme installateur de copieurs. Le chef Alex les rejoignit pour le café, à la grande satisfaction de Nathalie qui commençait à s'inquiéter. Il avait déjeuné avec ses gars. C'était important de ne pas se la jouer star. Ils avaient assuré en cuisine ; les vrais cuistots, c'étaient eux !

— Ça, c'est du management ! s'exclama Farid en lui tapant dans le dos.

Mélody sonna bientôt le rappel. Il fallait enchaîner avec le tutoriel « keftas à base de chair à saucisse ». On s'y remit. Le chef Alex, après un raccord coiff' maq', retrouva sa cuisine sur la mer. Les clients et Ludo reprirent leur surveillance-canapé en compagnie de Farid et Trouqueville. Et Stephen regagna son poste de contrôle sous la tente.

— La saucisse, il en existe plein de variétés et pour tous les goûts, dit avec conviction le chef Alex. C'est un ingrédient qui se transforme très bien. La preuve ? Je vais vous montrer comment réaliser des keftas à base de chair à saucisse. Allez, on y va ! lança-t-il en décochant un clin d'œil à la caméra.

Pas d'éclats de rire hystériques, pas de blagues douteuses à tout bout de champ… Mais où était Randy ? s'interrogea un instant Stephen, presque troublé par le calme et la concentration qui régnaient sur le plateau. Il avait disparu depuis le milieu de la matinée sans que personne ne s'en inquiète, pas même son équipe rapprochée. Malika et ses assistantes ne quittaient pas leur espace de travail, accaparées par les ultimes détails à régler qu'engendrait l'arrivée imminente du reste du casting. En attendant, Stephen savourait ces conditions de travail idéales. Il avait toute latitude pour discuter des prises avec Marc et Mélody, demandant parfois qu'on en refasse certaines quand le jeu du chef Alex était vraiment trop bizarre. Globalement, l'après-midi se passait à merveille. Côté clients, l'atmosphère était très détendue. Nathalie comme Antoine n'étaient pas obsédés par le retour vidéo ; ils y jetaient un œil distrait de temps à autre. Il faut dire que les différentes interventions de Stephen s'étaient toutes révélées pertinentes, ils avaient vu qu'ils pouvaient avoir confiance en lui. Et s'ils étaient pris d'un doute, ils le partageaient avec Ludo qui allait porter le message à l'équipe sous tente et revenait avec la réponse. Ils avaient donc tout le loisir de discuter business avec Farid et Trouqueville en grignotant les friandises ou en sirotant les jus que proposait continuellement l'équipe de la régie. On passa bientôt au tuto « légumes grillés », le dernier tutoriel de la journée.

— Je vous propose de réaliser des brochettes de légumes marinés, vous allez voir, c'est très simple. On y va ? Allez, c'est parti, go ! (Clin d'œil caméra.)

— Coupé ! cria Marc.

— Tu t'es un peu répété sur la fin, dit Mélody.

— Meeeerde ! Ok. Je te refais le lancement. Allez. Action !

— C'est pas à toi de dire action, on n'est pas prêts de toute façon, redit Mélody pour la énième fois.

— Je sais, je sais. Allez, c'est quand vous voulez.

Derrière le moniteur, chaque fois que le chef trébuchait, Nathalie encaissait. Elle n'aimait pas le voir publiquement en difficulté. Souffrant pour lui intérieurement, elle l'encourageait en silence. Elle éprouva néanmoins le besoin d'attirer l'attention du canapé sur son opiniâtreté exceptionnelle. Cinq tutoriels en une journée, c'était proprement herculéen. Ce chef Alex avait un mérite fou. N'ayant rien remarqué, chacun acquiesça en se demandant s'il y avait un quelconque problème avec le cuisinier.

— Et si c'est beau, ça sera bon ! conclut le chef Alex, éclairé par une chaude lumière de fin d'après-midi.

Derrière lui, la baie scintillait de reflets orangés.

— C'est magnifique à l'image, s'extasia Nathalie.

— C'est la bonne ! cria Marc depuis la tente en direction de l'équipe caméra et son. On a tout !

— Et c'est une fin de journée, lança Mélody avant de dresser un rapide bilan de ce premier jour de tournage : il est dix-neuf heures trente et on a rentré cinq tutoriels. On n'a pas chômé ! estima-t-elle avant d'inviter tout le monde à applaudir le chef.

Sincèrement ému, Alex remercia toute l'équipe. C'était la première fois qu'il faisait un tournage aussi « pro ». Il s'excusait d'avoir souvent buté, ce qui avait obligé l'équipe à multiplier les prises. Mais en tout cas, il était super heureux d'être là et adorait cette expérience.

Nathalie, qui assistait à la scène par écran interposé, battit des mains pour elle seule, parce que ça lui faisait plaisir.

La lumière baissait rapidement, les machinos attaquèrent le démontage du plateau, repliant les pieds, décrochant les réflecteurs et les énormes projecteurs de contre. Trouqueville et Farid saluèrent les clients, le taxi qui devait les conduire à la gare les attendait à l'arrière de la maison. Antoine et Nathalie les remercièrent d'être venus, tout se passait pour le mieux, ils se reverraient à Paris pour la présentation des épisodes et fignoler la stratégie de lancement.

— On serait bien restés autour de la piscine avec vous ! Mais faut bien qu'il y en ait qui bossent chez Mystreamy ! lança Farid en tapant dans le dos de Ludo qui les avait rejoints avec Stephen.

Cela fit rire tout le monde, même Ludo qui répondit qu'en même temps, il n'était jamais arrivé aussi tôt au boulot que depuis le début du tournage.

— Bah à Paris, on fera comme si t'étais en tournage tous les jours ! lui répondit Farid, avant d'en remettre une couche auprès des clients. Parce que lui, c'est un bon dormeur ! fit-il en mimant un ronfleur.

Ludo riait jaune même s'il était tout rouge. Antoine Rodrigues dit qu'il aurait bien voulu prolonger un peu lui aussi, mais il était contraint de prendre un vol pour Paris le soir même. Par chance, il reviendrait en fin de semaine avec Marek et René Bitero. D'ici là, il serait remplacé par Bastien qui arrivait dès le lendemain. Ludo nota ces menus changements de planning. Il faudrait en informer Malika au plus vite si on voulait éviter les « trous dans la raquette » question transports et hébergements.

Avant de monter dans la voiture, Farid et Éloi échangèrent quelques mots avec Stephen et Ludo qui les avaient raccompagnés à l'arrière de la maison.

— Franchement, c'est top, dit Farid. Les clients sont aux petits oignons, c'est beau, tout roule, on ne pouvait pas rêver mieux, fit-il en levant les yeux au ciel et en baisant ses doigts.

Éloi serra chaleureusement et longuement la main de Stephen. Dans son regard passaient à la fois le plus fervent soutien, une estime pleine d'affection qui pouvait ressembler à de l'amour et aussi un léger voile de crainte.

Dans la voiture, regardant défiler la côte depuis la corniche, Trouqueville se frottait les mains. Le million était bien gardé.

À la maison, chacun se sépara en se disant à demain. Stephen, Ludo, le chef Alex et Nathalie rentraient à Marseille en minibus. L'équipe technique et la prod, elles, restaient sur place. Elles se partageaient deux grandes maisons de location à quelques ruelles de la villa pour être à pied d'œuvre facilement. Randy y logeait également par commodité. Il consacrait une partie de ses soirées à organiser le tournage avec Malika et Nathalie. Et puis, avait-il dit à Stephen, il voulait veiller personnellement au coucher et au réveil des deux réalisateurs afin qu'ils arrivent sur le *set* plutôt en avance qu'en retard. C'étaient des joyeux drilles, ces deux-là. Et avec une piscine, une équipe technique composée de jeunes techniciennes et techniciens, plus les inévitables guitares et bières fraîches, ça pouvait les emmener loin. Sans parler des joints.

XII

Aux environs de vingt et une heures, Thomas gara le minibus devant l'Ibis Prado et tira ses passagers de leur somnolence collective en leur indiquant qu'ils étaient arrivés. Il les retrouverait le lendemain à six heures quarante-cinq et, d'ici là, leur souhaitait une bonne soirée et une bonne nuit.

L'arrivée du petit groupe dans le hall de l'hôtel n'échappa pas à deux jeunes gens qui patientaient au coin bar. Stephen, encore légèrement étourdi, les vit fondre sur lui avec leurs mines renfrognées.

— C'est vous, Mystreamy ? lui demanda hargneusement une jeune femme brune aux cheveux courts et aux traits nerveux.

La colère lui ajoutait un je-ne-sais-quoi de panache que Stephen trouva sexy. Il répondit par l'affirmative et leur expliqua qu'il était le directeur de création en charge du projet.

— Ah bah vous tombez bien. Qu'est-ce que c'est que cette organisation ? On est arrivés à la gare à dix-sept heures comme prévu et personne n'est venu nous chercher alors qu'on devait être conduits à la villa pour une séance de travail avec les réalisateurs. On poireaute dans nos chambres depuis dix-huit heures !

Malgré son esprit encore brumeux, il ne fallut pas longtemps à Stephen pour comprendre que cette petite bourgeoise accompagnée d'un jeune beur très au fait du projet *Braises de stars* étaient les deux youtubeurs du casting – enfin les Mystreamers.

Afin d'être tout à fait honnête dans cette histoire, c'étaient bien des youtubeurs qu'Éloi, Stephen et Ludo avaient vendus sous la bannière des Mystreamers. Mais ça n'était pas une falsification complète, puisqu'au démarrage, comme beaucoup de leurs congénères, les actuels youtubeurs avaient ouvert leur première chaîne sur Mystreamy. Sauf que la montée en puissance de YouTube, conjuguée au manque d'investissement de la plateforme française dans son programme de talents, avait incité les Mystreamers à tourner casaque, emmenant leurs communautés. Il aurait été inutile d'expliquer ce contexte peu flatteur à Disli, puisque *in fine*, deux talents digitaux célèbres, et momentanément fâchés, participaient à leur websérie.

Ludo arriva sur ces entrefaites, suivi de Nathalie, et tira Stephen du mauvais pas dans lequel il se trouvait, puisqu'il était incapable de se souvenir de leurs noms.

— Vous êtes Armelle Joubert-Bréjac et Will Ahmed, n'est-ce pas ?

— Oui, et on a la dalle, dit Will Ahmed, soulignant que quand il avait faim, il n'avait aucun humour.

Stephen s'étonna à part lui de cette séance de travail avec les réalisateurs puisqu'ils devaient arriver à la villa dans la nuit. Certainement une incompréhension.

— C'est quoi le programme de la soirée? renchérit Armelle.

Nathalie, qui, en tant que commanditaire, se sentait responsable des célébrités présentes sur le projet sans distinction de pedigree ni de carrière, demanda à son tour à Ludo et Stephen si un dîner avait bien été prévu quelque part.

— Forcément, forcément, la rassura Ludo qui entreprit de joindre Randy au téléphone.

En attendant les informations, Stephen offrit l'apéritif au bar.

— Allez, troisième jus de tomate de l'après-midi! lança Will Ahmed.

Le chef Alex, qui était resté à l'écart de la conversation, se rapprocha du petit groupe qui se dirigeait vers le bar pour annoncer que sa première journée l'avait éreinté et qu'il allait se reposer dans sa chambre.

— T'as raison, les soirées Ibis, c'est ce qu'il y a de mieux, lâcha Will Ahmed. C'est pour ça que je suis venu. Tiens, j'vais p't'être rester avec toi! On pourrait mater un *Joséphine ange gardien* en se faisant des massages de pieds. Le kiff!

Le chef Alex, ne sachant si c'était du lard de Quimper ou du cochon noir de Bigorre, s'apprêtait à décliner poliment.

— J'déconne! s'esclaffa le youtubeur avant de lui souhaiter une bonne nuit, frère.

Nathalie sembla un peu déçue de la défection du chef, mais l'arrivée des deux vedettes du Net l'occupait ; elle était désireuse de les connaître et de sympathiser avec eux. Ils verraient qu'il y avait des meufs cool dans la grande distribution.

Ludo les rejoignit bientôt, visiblement aussi ennuyé que courroucé. Ni Malika ni Randy ne répondaient.

— Bon, laisse tomber, Ludo, on va se débrouiller, déclara Stephen, décidé à prendre les choses en main et que la faim commençait à tirailler.

Tant pis pour la douche, il ne remonterait pas non plus dans sa chambre pour déposer son sac à dos. À vingt et une heures passées, sans réservation, Marseille avait beau être la deuxième ville de France, ça restait la province. Il valait mieux se mettre en quête d'une table rapidos si on ne voulait pas rentrer bredouilles et créer un embouteillage au room service. Il se lança sur l'avenue déserte et peu éclairée du Prado, entraînant Ludovic, Nathalie, Armelle et Will Ahmed à sa suite. Il se fiait à ses souvenirs du trajet du matin même pour tenter de trouver quelque chose. À peine étaient-ils partis qu'Armelle déclara qu'elle avait mal à son pied droit et que ça l'ennuyait de marcher. Elle avait déjà trop crapahuté depuis la gare et son gros orteil avait vachement gonflé. On aurait pu prendre des taxis. Mais pour aller où ? pensa Stephen. Il se dit que le livret de tournage habituel faisait cruellement défaut. Ce fascicule, traditionnellement préparé par la production et remis à chaque participant, recensait toutes les informations utiles dont ils pourraient avoir besoin sur place : numéros de l'équipe, planning des journées, renseignements pratiques et indications touristiques, notamment les bonnes adresses. Il en avait toujours eu, même sur des budgets jusqu'à trois fois inférieurs. Qu'est-ce qu'ils foutaient chez Despérados ?!

L'avenue du Prado était désespérément déserte et les restaurants aperçus le matin même fermés. Sûrement des sandwicheries ou des brasseries qui ne faisaient que le service du midi. Merde. Stephen s'engouffra dans une rue perpendiculaire. Comme il avait l'air sûr de lui, les autres le suivirent dans sa déambulation par les rues latérales de la grande avenue sans poser de question. Armelle tenta bien de rappeler l'état de son pied une ou deux fois entre deux réponses à Nathalie qui, elle, ne voyait pas les centaines de mètres défiler, passionnée par la conversation avec les deux célébrités des réseaux sociaux. Ludo, sentant le poids de sa grappe de dreadlocks qui commençait à tirer sur sa nuque, n'était pas loin de regretter le room service de l'hôtel. Mais on ne sortait pas tous les soirs avec deux youtubeurs, se dit-il pour se redonner du courage. Au bout d'une rue, à un carrefour, Stephen finit par aviser un îlot de lumière et d'animation. Ce restaurant, quel qu'il fût, était celui qu'il cherchait. Après un bref coup d'œil jeté à la carte et à la clientèle du lieu qui s'étalait dans une superbe cour débordant de végétation, Stephen en déduisit que la Villa était une des adresses chics de la ville. « Si ça peut remonter le moral des troupes, allons-y », se dit le créatif, en dépassant les deux colonnes de pierre du portail. Le restaurant était pris d'assaut à l'intérieur comme à l'extérieur. Un bel échantillon de la bonne société marseillaise s'égaillait en tables animées sous des parasols blancs. Par chance, il restait une table ronde côté pergola.

— On est toujours sans nouvelles de la production? demanda Stephen à Ludo une fois que tout le monde fut assis.

— Aucune.

En croisant son regard, Stephen comprit qu'ils étaient sur la même longueur d'onde. Despérados manquait à tous ses devoirs envers eux. Enfin quoi! On les payait aussi pour organiser le séjour!

Avant même qu'on leur apporte les cartes, Stephen commanda des bouteilles d'eau gazeuses et plates. La marche avait été longue, et les gorges étaient sèches.

— Et une bonne bouteille de rouge! lança Armelle, rattrapant le serveur au vol. Enfin moi je suis plutôt rouge, mais si certains préfèrent du blanc, on prend les deux.

— C'est *haram*! répliqua Will Ahmed, avant de demander un coca.

Les plats étaient chers, le cadre agréable, les deux comédiens se détendirent. Au moins Mystreamy ne se foutait pas de leur gueule. Ils subissaient la situation comme eux et essayaient de l'améliorer. Stephen en profita pour faire connaissance avec Armelle. Il l'avait trouvée un peu pète-sec au premier abord; il commençait à se méfier des femmes de caractère bien qu'elles fussent son penchant naturel. Au final, elle était très sympa. Et mignonne en plus. Une sorte de Valérie Lemercier du digital. Elle était fille de notaire et nourrissait une vraie passion pour l'équitation. Elle aimait le web, mais ne s'y cantonnait pas. Elle venait de jouer dans une production à l'Odéon. C'était une comédienne moderne, voilà tout. Will Ahmed, quant à lui, était monté à Paris grâce « à son petit business de vidéos » qui se développait pas mal.

— Dans la mifa, on est des commerçants. Mon père, y vend des boîtes de conserve, moi je fais des vidéos pour les marques de boîtes de conserve, wesh.

Le youtubeur s'était tout de suite senti à l'aise dans ce cadre cossu. Il adorait ça. La France bourge et coincée était une source d'inspiration inépuisable pour ses vidéos. Il emprunta un ton très distingué pour indiquer sa commande au serveur, « avec un *tantinet* de jus de citron sur la sole, s'il vous plaît », tout en levant le petit doigt.

— Je m'adapte, j'ai compris qu'on n'était pas au McDo, wesh, conclut-il, une fois le garçon parti.

Ça amusait tout le monde. Mais ce qui l'amusait lui, c'était le côté guindé de Stephen.

— T'es à côté d'un lascar, je te préviens. Tu prends des risques, dit-il en faisant mine d'embarquer l'argenterie dans sa sacoche.

Le dîner allait bon train quand Ludo reçut un coup de fil de Malika. C'était pas trop tôt. Elle voulait savoir où ils se trouvaient pour les rejoindre.

Vingt minutes plus tard, Malika garait le 4X4 noir de la production en double file, en face du restaurant. Elle fit irruption à la table, au moment où, à l'invitation de Stephen, chacun commandait son dessert. Elle paraissait très agitée, ses longs cheveux noirs en pagaille. Elle demanda à Ludo si tout allait bien. Poliment, il commença par dire oui, comptant développer, mais la réponse parut lui suffire. Elle tourna les talons et repartit en trombe. Ludo crut un instant à un mirage avant de dire, incrédule :

— C'est une blague ?!

Il fallait croire que non. Malika ne s'était même pas posé la question de savoir qui paierait le dîner. Stephen serait bon pour faire une belle note de frais. Heureusement qu'il avait la carte affaires de la boîte, parce qu'avec ce qu'il lui restait sur son compte en banque, il fallait faire attention.

Quelques minutes plus tard, il reçut un coup de téléphone de Randy.

— Ça va, mon Stéphou ?

Sa voix était étonnamment pâteuse et traînante.

— On s'en sort. À défaut d'avoir une prod qui s'occupe de ses clients et des comédiens qu'elle emploie dans une ville qu'ils ne connaissent pas, je dois dire qu'on se débrouille plutôt bien.

— Je suis désolééé, mon Stéphou. Mais on a un gros problème.

Il avait bu ou quoi ?

— Ah bon ?

— Brigitte Montana annule sa participation à la websérie.

Stephen eut l'impression de se prendre un lave-linge en pleine poitrine.

— Mais c'est impossible, Randy, on tourne demain matin première heure avec elle !

— Je saaaaais tout zaaaa, mais mon Stéphou, va falloir être combatif.

Stephen exigea des explications. Parce qu'il avait changé de couleur, toute la table tendit l'oreille. Brigitte était malade. Elle avait attrapé une infection intestinale. Elle se tordait de douleur et se vidait. C'était affreux.

— Et tu imagines sur le marbre blanc de la piscine ? Ça serait horrible, ajouta Randy. Ce qui est perdu est perdu, dit-il avec une sagesse d'ivrogne. Il faut tourner la page et trouver une solution de remplacement d'urgence. Tu peux pas te rendre compte, Stéphou, de ze qui se paaasse. Z'est incroyable, dit-il, plus pâteux que jamais. (L'alcool aggravait sérieusement son zozotement.) Ze suis avec Vince Leclerc et Odalie dans za zuite. Ils zont en train d'appeler tout le zhow-biz pour nous trouver quelqu'un. Z'ai zamais vu une telle zolidarité sur un projet, za me donne envie de pleurer. Z'est à za qu'on reconnaît les grands zartistes, dit-il des sanglots dans la voix. Za zerait bien que tu passes à l'Intercontinental pour les remercier tous les deux. Zi tu voyais ze qu'ils font pour nous !

Stephen, encore sous le coup de la nouvelle, avait du mal à comprendre ce qu'il se passait. Il lui paraissait inconcevable que la cinquième personne du casting ne soit pas au rendez-vous demain matin. Il se raccrochait à ce qu'il avait prévu de dire à Randy quand il avait vu son nom s'afficher sur son téléphone, lui parler de la soirée en cours où il se retrouvait à faire la prod à la place de la prod. Mais peu à peu, l'idée de la catastrophe et de ses conséquences se fit plus nette dans son esprit. Ça n'était pas le moment de pinailler. Le monde avait basculé. Cependant, qu'irait-il faire dans la suite d'Odalie Summer à minuit passé ? Il ne serait d'aucune aide, protesta-t-il. Il fallait les laisser travailler. Randy lui passa Odalie. Stephen était décontenancé. D'elle, il ne connaissait que le monstre de la pop des années 1990, le personnage de femme fatale, la créature éminemment sexuelle et sulfureuse. Sa longue silhouette gainée, ses fesses et sa poitrine splendides, sa voix grave et ses yeux bleus avaient toujours exercé sur la gent masculine un étrange pouvoir de domination.

— Bonsoir, Stephen, vous allez bien ? lui demanda-t-elle très aimablement.

— Bonsoir, euh oui, un peu sonné…

— Écoutez, Stephen, cela me ferait très plaisir que vous me rejoigniez dans ma suite. J'ai une ou deux solutions dont je voudrais vous parler qui pourraient tous nous tirer d'affaire.

— Euh, oui, bien sûr. Laissez-moi le temps de raccompagner mon équipe à l'hôtel et je vous retrouve.

— Alors c'est parfait, à tout à l'heure, Stephen, susurra-t-elle avant de raccrocher.

Que se passait-il ? demandèrent les compagnons de tablée de Stephen. Il leur raconterait sur le chemin du retour, on ne pouvait pas traîner à la Villa. Il régla l'addition et emmena le petit groupe à sa suite, espérant rebrousser chemin facilement. Comment allait-il annoncer ça à Nathalie ? se demandait-il en s'engageant dans la rue qui faisait face au restaurant. De toute façon, ils étaient tous dans le même bateau ; il n'y avait plus les clients d'un côté et Mystreamy de l'autre. Il lâcha donc la nouvelle qu'il venait d'apprendre, expliquant qu'il était attendu à l'Intercontinental chez Odalie pour trouver une solution avec Randy. Il pria Ludovic de l'accompagner puisqu'on allait parler prod et casting de rechange. Passé un léger moment de stupeur générale, Armelle, qui semblait avoir beaucoup moins mal au pied, exprima son désir de les accompagner. S'inviter dans la suite d'Odalie à une heure du matin, ça ne se loupait pas. Nathalie, dont l'inquiétude était gommée par l'excitation de ce rendez-vous nocturne dans l'intimité d'une star, ne voulait pas être en reste. En tant que cliente, elle expliqua qu'elle se devait de participer à cette réunion de travail qui engagerait la suite de la production. Stephen remercia intérieurement Armelle d'avoir créé une émulation autour de ce moment unique qui faisait passer la catastrophe au second plan. Will Ahmed, quant à lui, était complètement naze. Il rentrerait direct à l'hôtel. Et puis son truc, c'était plus le rap que la pop commerciale, même si Odalie restait bien gaulée, là-dessus, y'avait rien à dire.

Quand l'Ibis Prado fut en vue, on laissa Will Ahmed faire les derniers mètres seul pour prendre le chemin de l'Intercontinental. N'empêche qu'il était gentil Randy avec son invitation à presque une heure du matin. Comment allait-on trouver une voiture ? L'avenue était déserte, les taxis plus que rares, et tous les chauffeurs Uber visiblement accaparés par un match au stade Vélodrome. Et on ne pouvait pas non plus compter sur les voitures de la production, puisqu'on n'en avait toujours pas vu la couleur…

Stephen, à cause du stress et de la précipitation, ressentit une forte envie d'uriner. Pourquoi n'avait-il pas pissé au restaurant ? Quel con. Il était incapable de trouver une solution tant qu'il ne soulagerait pas l'intense pression qui s'exerçait sur son bas-ventre. Il dut s'excuser auprès de Ludo et des deux femmes avant d'aviser un bosquet municipal en bordure de l'avenue. Une troisième femme, dissimulée par un buisson, lui demanda avec une voix très grave s'il avait besoin de quelque chose. A priori, cette Africaine à la pomme d'Adam nettement dessinée n'était pas taxi.

Quand il sortit rasséréné de son bosquet, goûtant à nouveau la tiédeur de l'air du soir et la lumière laiteuse de l'avenue, il vit les filles lui faire de grands gestes. Elles avaient trouvé un taxi, en l'espèce une Renault Laguna tunée équipée d'un aileron sport. On n'allait pas faire les difficiles. Trois derrière et un devant. À l'intérieur, la décoration était à l'avenant. Volant doublé en léopard, housses synthétiques de couleur orange recouvrant les sièges baquets, miniboule à facettes suspendue au rétroviseur. Le chauffeur, un jeune gars volubile, se prénommait Carou. Il était très curieux de savoir ce que ses passagers allaient faire à une heure si tardive à l'Intercontinental. Stephen, qui était assis à sa droite, fit les frais de la conversation. Quand Carou comprit que ses clients avaient plus ou moins à voir avec le cinéma, il se lança dans une revue des acteurs célèbres qui avaient séjourné à Marseille. De toute façon, les stars adoraient la ville. D'où l'ouverture récente de l'Intercontinental. Ça avait quand même manqué un palace de ce genre. On n'était plus dans les années 1960 où une Bardot se contentait d'une maison de pêcheur ! Et dire qu'avant, c't'hôtel c'était pour les pauvres et que maintenant c'était pour les riches ! Avant d'être transformé en palace cinq étoiles, le bâtiment qu'occupait l'Intercontinental avait abrité l'ancien hôtel-Dieu, leur apprit-il.

— Ils ont tout refait luxe de luxe. De toute façon, y pouvaient pas avoir un meilleur emplacement : en hauteur, avec vue sur le Vieux-Port !

Une quinzaine de minutes plus tard, la Laguna s'engagea sur la rampe de l'imposante bâtisse et déposa ses passagers devant le porche. Les chasseurs, dévisageant le carrosse et son équipage hétéroclite, doutèrent un instant du succès du plan marketing de l'hôtel, se demandant si la réalité marseillaise ne serait pas toujours plus forte que les fantasmes de gentrification des édiles.

En bon commerçant, Carou tendit sa carte à Stephen. On y lisait Carou Taxi avec un numéro de téléphone mobile qui se détachait sur une silhouette de Laguna. Stephen, conscient des défaillances de la production en matière de transport, jugea bon de la glisser dans son portefeuille. À la réception, derrière les lourds comptoirs d'ébène à pattes de lion, on accueillit le petit groupe. À peine tiqua-t-on quand on apprit que ces messieurs dames demandaient Mme Summer. Avec ces artistes, il ne fallait s'étonner de rien. Après confirmation téléphonique, on les pria de se diriger vers les ascenseurs. Deuxième étage, suite 210. Ils traversèrent rapidement le hall contemporain au décor de bois sombre éclairé par d'impressionnants abat-jour noirs suspendus. Stephen, qui fréquentait régulièrement les bars de palace car il appréciait leur raffinement luxueux et désert, déplora un décor froid et tape-à-l'œil qui ne rendait pas hommage à la splendide architecture du bâtiment. Un barnum de nouveaux riches, rien de plus.

Randy les attendait sur le seuil de la suite.

— Bonzoir bonzoir ! Mais ki zont beaux ! Bienvenue chez Mme Zummer ! fit-il avec emphase tout en s'effaçant maladroitement pour laisser ses invités entrer.

Les yeux exorbités, il saisit Stephen et l'embrassa de sa bouche humide. Celui-ci se dégagea et essuya sa joue d'un revers de manche.

— Oh, mon Stéphou, ze zuis zi heureux de te voir ze zoir, oh là là, quelle histoire ! Mais tu es venu accompagné ? Ze zont tes bodyguards ? Tu as bien fait, hi hi hi ! Moi qui comptais pazzer une zoirée en tête-à-tête avec toi, tu t'es méfié ! hi hi hi.

Décidément, ce soir, l'énergie et le phrasé de Randy étaient très particuliers, se dit Stephen en le voyant empoigner Nathalie et lui coller ses lèvres sur la joue.

— Bienvenue à Mazziliaaaa, ma chérie ! lui lança le producteur.

Nathalie sourit sans comprendre. Ils s'étaient pourtant vus le jour même. Puis il embrassa Ludo et Armelle en leur demandant si tout s'était bien passé. Le faisait-il exprès ? se demanda le bras droit de Stephen. Il leur fit traverser la vaste suite d'Odalie qui les attendait en petite doudoune blanche sur la terrasse. Fin avril, les nuits étaient encore fraîches à Marseille. Adossée contre la balustrade, elle fumait une cigarette.

— Bonsoir, vous allez bien ? lança-t-elle en venant à la rencontre de ses invités.

Elle semblait en pleine forme et embrassa chacun avec chaleur, redonnant son nom à chaque nouvel arrivant qui se présentait, faisant comme s'il ignorait qui elle était. Vraie élégance ou fausse simplicité ? se demanda Stephen qui par ailleurs la trouvait extrêmement bien conservée, même sacrément sexy. Et quelle poitrine !

En véritable maîtresse de maison, elle les invita à s'asseoir sur les chaises longues et fauteuils qui meublaient élégamment la terrasse logée sous les arcades monumentales qui ceinturaient le bâtiment. Il y avait des plaids, il ne fallait pas hésiter à les utiliser. Tandis qu'il prenait un fauteuil, Stephen nota une ribambelle de cadavres de bouteilles de champagne alignées contre la balustrade. Il y avait eu une bamboche dès quatre heures de l'après-midi ou quoi ? Difficile de croire qu'on avait eu besoin d'autant de champagne pour gérer la crise ou trouver une solution. Il comprenait mieux l'état de Randy.

Odalie excusa Vince Leclerc qui était allé se coucher afin d'être prêt le lendemain. Ce qui fit dire à Stephen, soucieux du sommeil de la diva, que lui et sa troupe partiraient aussitôt le problème réglé. Oui, mais pas avant d'avoir bu un verre, assura Odalie qui appela la réception pour commander des cocktails.

En attendant les boissons, on fit un petit tour de table pour préciser qui était qui. Armelle dit à Odalie toute l'excitation qui avait été la sienne quand elle avait appris qu'elles joueraient ensemble. Elle lui avoua que son tube *J'ai vu la lumière* avait été la bande-son de ses années collège et qu'elle l'avait longtemps considérée comme une personne inaccessible, ne faisant pas partie du monde des humains normaux, jusqu'à aujourd'hui. Odalie accueillit ce petit compliment avec plaisir et humilité. Elle était ravie de travailler avec de jeunes espoirs d'Internet, ça la rajeunissait davantage qu'un lifting, dit-elle en riant, dévoilant un sourire aussi blanc que sa doudoune. Le bonheur d'être là, dans la suite d'une star, pour boire un verre, s'affichait de façon flagrante sur le visage de Nathalie, dont le chignon ondulait extatique au-dessus de son crâne. Pour sa part, elle était « totalement fan » et considérait Odalie comme une grande dame de la chanson française. Elle ferait en sorte qu'on passe plus d'Odalie Summer dans les supermarchés Disli pendant la diffusion de la websérie car ça ferait un lien évident avec la campagne, conclut-elle, fière de son idée.

Odalie montra un vif intérêt pour les paroles de la représentante du client et accueillit sa dernière proposition avec un sourire que Stephen trouva légèrement crispé. Ludo, quant à lui, bafouilla quelques mots et rougit aussi fort que le Bloody Mary que le serveur lui tendait. De toute façon, il n'avait jamais réussi à obtenir d'autographes de stars dans sa jeunesse, car il s'évanouissait systématiquement à leur passage.

Quant à Stephen, ils s'étaient parlé tout à l'heure au téléphone, n'est-ce pas, les présentations étaient donc faites.

Odalie était néanmoins enchantée de le rencontrer. Le directeur de création, dans un premier temps légèrement déstabilisé par son irruption imprévue dans l'intimité d'une célébrité, fut très vite rattrapé par l'urgence de la situation. Comme chacun avait un verre à la main, il estima qu'il était plus que temps de rentrer dans le vif du sujet.

— Que se passe-t-il au juste ?

Randy se lança, plein de fougue, dans une explication difficile à décrypter. Son articulation devenait problématique – qu'avait-il eu besoin de commander un Sex on the Beach après l'orgie de champagne à laquelle il semblait s'être livré ? –, et il parlait néanmoins très vite. Il y avait de la cocaïne là-dedans, se dit Stephen, constatant que le bougre n'arrêtait pas de renifler, ce qui troublait encore davantage son élocution. De ce que chacun comprenait de sa tentative d'éclaircissements, Brigitte Montana avait accepté au dernier moment un projet pour la chaîne X de Marc Dorcel, Dorcel TV. Odalie opinait à chaque morceau de phrase qui sortait de la bouche de Randy sous la forme d'une pâte visqueuse, marquant son approbation et son soutien au producteur dans une situation délicate. Stephen lui rétorqua qu'aux dernières et récentes nouvelles, Brigitte Montana était censée être malade, frappée par une dysenterie carabinée. Randy répliqua qu'il préférait lui dévoiler le vrai motif – assez délicat, chacun en conviendrait – *de visu*. Comme le projet Dorcel TV était mieux payé, elle avait annulé sa participation à *Braises de stars*. Stephen était abasourdi. Ça n'était pas professionnel du tout.

Odalie répliqua que si, justement, Brigitte était une professionnelle, avec un sourire entendu, qui fit glousser Randy.

Ludo s'étonna en son for intérieur qu'une télé privée de la TNT et du câble ait consenti à lui offrir un cachet supérieur aux 50 000 euros que Mystreamy s'était engagé à lui verser. Mais surtout, il n'avait échappé à personne (du moins à ses admirateurs) qu'elle avait tiré un trait sur sa carrière de hardeuse pour entamer un métier de comédienne classique, d'où son premier spot de pub pour les cornichons et sa présence au casting de *Braises de stars*…

— Maiiiis duuu zaiiis, Ludoooo, annnd on aaaa édéééé unnnne uuuute on eesteee unnee uuute.

« Quand on a été une pute, on reste une pute », voilà qui était dit et élégamment dit, jugea Stephen. En fait de White Russian, Armelle buvait du petit-lait. Nathalie, elle, restait interdite, n'étant pas sûre d'avoir correctement interprété les sons que le producteur exécutif de sa websérie avait émis. Stephen balaya la remarque de Randy, la mettant sur le compte d'une ébriété passagère, même s'il la trouvait totalement inappropriée. Plutôt que de gloser sur la moralité de Brigitte Montana, la question était de savoir qui pouvait la remplacer au pied levé et sauter dans un avion le lendemain matin à l'aube. Randy expliqua laborieusement qu'ils avaient deux possibilités grâce à Odalie d'amour. La première, Tama Tonnerre, une ancienne finaliste de *Pop Stars* qui avait réussi à sortir un disque qui avait plutôt bien marché. Randy dégaina son iPhone équipé d'une coque Hello Kitty pour montrer quelques photos de l'artiste trouvées sur Internet. Stephen n'avait jamais entendu parler d'elle. À sa décharge, il ne regardait pas assez les émissions de télé-crochet. Mais il fallait reconnaître que c'était un beau brin de fille, avec son visage espiègle et sa longue chevelure brune et lisse. Nathalie voyait qui elle était, c'était déjà un bon point. Ou sinon, deuxième possibilité, Adam Le Pape. C'était le danseur gagnant de l'émission *Danse avec les people* à laquelle il avait participé avec Odalie quelques mois auparavant. Il était beau comme un dieu, il sortait d'une actualité et ses réseaux sociaux étaient au top, s'enflamma le producteur qui se lança dans une plaidoirie interminable pour le jeune danseur. Tout y passa. Sa gentillesse, son humilité, son sens de la comédie et du collectif, son enfance douloureuse, son formidable appétit de vivre, etc. Et puis les photos parlaient d'elles-mêmes. Adam torse nu à la plage, Adam souriant, Adam portant sa partenaire sur le plateau de *Danse avec les people*, Adam en costume à une soirée de gala…

— Zé un anze tombééé du zieelll ze garzon…

— Il est si touchant, vous ne trouvez pas ? s'enthousiasma Odalie en désignant Randy qui s'était levé et chancelait en agitant son cocktail à bout de bras, aspergeant au passage ses voisins. Ça pourrait être mon fils ! conclut-elle, visiblement attendrie par l'énergie amoureuse que mettait le producteur pour convaincre ses clients.

Stephen était moyennement convaincu, mais acquiesça pour ne pas froisser la star. Décidément, Randy avait beaucoup de parents adoptifs potentiels.

Nathalie était séduite et rejoignait Randy. Adam était vraiment trop beau. Elle avait le *crush* et voulait le voir en maillot de bain dans la scène de la piscine. Elle commençait à être un peu partie à cause du cocktail. Stephen était sur le point de perdre patience. Le rôle pour lequel on cherchait un remplaçant était écrit pour un personnage de bimbo, pas un danseur masculin. À moins d'inclure une séquence de drague gay entre Will Ahmed et Adam. Or, on ne connaissait pas la sensibilité de Will à cette question, l'étendue de sa palette. À la base c'était un youtu… Mystreamer, pas un comédien classique. On n'allait pas prendre le risque d'aller au clash avec lui, de le braquer pendant les cinq jours de tournage, voire de le perdre lui aussi. Ça commencerait à faire beaucoup. De même, Disli, malgré son changement de positionnement en cours, n'était peut-être pas prêt à tous les changements de position. Au moins, ça se discutait, et là, on n'avait pas le temps de discuter, puisque, pour rappel, on tournait demain à huit heures.

Dernier point et non des moindres, Stephen n'avait pas d'auteur sous la main. Il ne se sentait pas de reprendre toute l'intrigue dans la nuit ou ce qu'il en restait. C'était de la folie. Il trancha la question en disant que c'était non. Randy s'insurgea de plus belle en disant qu'il commettait une grave erreur. Il manquait une occasion historique d'améliorer le casting, d'offrir à Disli un niveau de glamour jamais atteint dans une websérie de marque.

Randy avait-il seulement lu les scripts ? Ou bien croyait-il qu'on improviserait au fil de l'eau en se fichant comme d'une guigne de tout le travail de préparation et de validation effectué avec le client ? Que son producteur se permette, dans l'état où il se trouvait, de contester sa décision devant sa cliente mettait Stephen hors de lui. Nathalie, visiblement grisée par l'alcool et le plaisir euphorique qu'elle prenait à ce happening mondain, s'était rangée du côté de Randy. Ce qui devenait compliqué à gérer. Elle perdait de vue les enjeux qu'impliquait ce choix de casting qui dépassait de loin un simple choix de personne. Il fallait sauver le projet. Sauver l'opération barbecue. Sauver le million. Mais cela n'avait pas l'air d'effleurer la conscience de deux des principaux intéressés, qui préféraient mettre en péril tout un dispositif pour une simple question d'yeux bleus et d'abdominaux.

— Nathalie, demain à la première heure, il faudra faire valider le changement du casting à Antoine et Marek. Ils vont tomber de leurs chaises. Alors autant faire simple, Ok ?

L'évocation du nom de ses patrons sembla dégriser instantanément Nathalie, dont le visage devint blême.

— C'est donc Tama qui remplacera Brigitte, continua Stephen.

Nathalie hocha la tête gravement en tirant une dernière lampée sur la paille de son cocktail.

Odalie appela aussitôt Tama.

— Salut, ma belle, c'est moi, je te rappelle comme prévu. Ouais, on est tous sur mon balcon, l'équipe Mystreamy, Disli et Randy. On voudrait que tu remplaces Brigitte (*rires*).

Mais non, on ne va pas te demander de faire la même chose ! (*Nouveaux rires*) Génial, ma belle ! (Odalie fit un clin d'œil à Stephen, c'était ok pour elle.) Tu pourrais arriver quand ? Demain en début d'après-midi ?

Odalie se tourna vers Stephen pour savoir si cela lui convenait. Il opina de la tête énergiquement. Bien sûr que ça lui convenait. On décalerait un peu le plan de tournage, voilà tout.

— Pour nous c'est bon, reprit-elle. Ça me fera super plaisir de te retrouver. Tiens, je te passe Randy qui va te donner tous les détails pratiques pour ton arrivée.

Le producteur empoigna le téléphone avec fougue.

— Ça vaaa, ma petite Tamaaaa ? Oh, tu es une amouuur, tu nous sauves touuus, on est sur la teraze d'Odalie, on porte le prozet à bout de braaas, postillonna-t-il. Tu es notre anze tombé du zieeeel ! Tu ferais ça pour 20 000 euros ? Za t'irait ? Oui ? Oh, tu es zun anze…

Un peu de bave lui coulait à la commissure des lèvres.

Ludo vit Armelle tiquer à l'annonce de la somme que percevrait Tama pour le rôle. Il était con ou quoi de balancer les cachets devant tout le monde ? Et surtout devant Nathalie ? On les refacturait à Disli en prenant une bonne marge dessus. Maintenant, elle savait tout. Mais Nathalie semblait ailleurs, elle affichait un sourire béat, posant tour à tour son regard vague sur Odalie et sur Randy, qui lui souriaient en retour.

— Oui, bien zûûûr, on t'enverra un tacziii chez toi, Malika organizera tout zaaaa, t'inquiète pas, ma Tamaaaa… Oh, zai envie de te faire un cadeauuu tellement tu nous sauves… Za te dirait un zac Guzziiii? D'accord, ze te trouverai zaaaa.

— Il est tellement touchant! Je l'adore, c'est mon bébé, insista Odalie, couvant Randy d'un regard plein d'affection maternelle. Il se donne tellement de mal pour vous! Vous avez tellement de chance de l'avoir!

Ludo était sceptique. Il ne digérait pas le coup des cachets. Le producteur n'avait même pas essayé de jouer petit, quitte à négocier un peu ensuite. Ça aurait permis d'économiser de la trésorerie en cas de nouvel imprévu…

— Oui, ze t'embrazze, ma Tamaaa, à demainnn! (Randy appliqua un bisou humide sur le micro du téléphone avant de raccrocher, triomphant.) Alors mon Ztéphouuu, on n'azzure pas Odalie et moi? fit-il en tentant un check maladroit avec la star dont il frappa mollement la main. Allez, on va zélébrer zaaaa! Ze vais faire remonter une caizze de zampagaaane!

Il était plus de deux heures maintenant. Stephen pensa à sa négociation du lendemain avec un Antoine et un Marek en pleine forme après une bonne nuit de repos. Le changement de casting ne passerait pas tout seul. La perspective de cette journée l'épuisait déjà. Il regarda Odalie qui faisait mine d'applaudir à la dernière proposition de Randy. Ses traits étaient tirés. Il fallait absolument qu'elle se repose. Au cas où chacun l'avait oublié, la chanteuse était attendue sur le plateau à neuf heures, putain. On avait suffisamment joué avec le casting comme ça ce soir. Et on avait assez bu. Alors tant pis pour le champagne.

— La soirée est terminée, déclara Stephen, enjoignant à chacun de laisser Odalie se reposer. On a déjà par trop abusé de votre accueil.

Odalie, par politesse, assura qu'il n'en était rien. Randy s'insurgea. Ztévvvouuu cassait toute l'ambiance. Mais Ztévvvouuu ne voulut rien savoir et entraîna tout le monde vers la sortie, Randy compris, qui gémissait en lui balançant qu'il ne comprenait rien au zhow-bizzzz.

En bas, on demanda à la réception d'appeler des taxis. Une hôtesse pleine de morgue s'exécuta. Avec tout le fric qu'on avait laissé au bar, elle aurait pu être plus jouasse, se dit Stephen. Mais on se la jouait palace premier degré. On forçait le snobisme glacé pour faire luxe comme dans une pub Armani. Tellement provincial. Stephen regretta l'affabilité des concierges du Meurice. Une dizaine de minutes plus tard, les voitures s'avançaient devant le porche désert. Un chasseur sortit de sa léthargie pour leur ouvrir les portières. On se sépara en se souhaitant bonne nuit. Le groupe Prado monta dans le premier véhicule. Avant de refermer la porte sur lui, Stephen entendit Randy donner à son chauffeur une adresse dans le 6e arrondissement. Qu'est-ce qu'il fabriquait encore ? Voilà qu'il confondait le 6e avec le 16e. Il ne savait plus où il habitait, le zouave. Tant pis. Il se débrouillerait.

En contrebas, l'eau du Vieux-Port scintillait. Dans la voiture, Armelle éclata de rire. Elle remercia Stephen pour la soirée. Odalie, la négociation de Randy, Adam Le Pape, le sac Gucci, les zamouuurs qui revenaient toutes les deux phrases… non, vraiment, elle s'était sentie au spectacle. Il faudrait quand même dire à Randy de taper un peu moins dans la coke. Ou alors de boire moins. « Mais là, c'était pas possible », s'esclaffa-t-elle, avec son énergie coutumière de fille plutôt forte en gueule. Un sourire las éclaira faiblement le visage de Stephen tourné vers la vitre. Il pensait que demain, il serait fatigué. Et que Randy allait le gonfler. Un producteur exécutif, on l'engageait pour qu'il tienne un projet et le livre en temps et en heure. Randy jonglait avec, sur un fil, totalement défoncé. On n'avait pas tourné une scène et on n'était pas loin de se prendre le décor. On rentrerait sans doute plus tôt que prévu à Paris. Rien ne disait que les Disli valideraient Tama Tonnerre. Il réfléchissait à sa stratégie pour expliquer ce changement aux « Allemands ». Chez Disli, on n'aimait pas l'improvisation, même en France.

XIII

Le ciel rosissait au-dessus des toits qui bordaient l'avenue du Prado. Ponctuel, Thomas avait garé son minibus devant l'Ibis à six heures quarante-cinq pétantes. Le groupe en partance pour la villa ne tarda pas à être au complet. Quelques courageux avaient eu le temps de prendre un petit dej' à l'hôtel. Stephen n'y avait même pas songé. Pour ce que ça valait, de toute manière, le petit déjeuner de l'Ibis… il attendrait les excellentes viennoiseries et le café de la production. Il avait étiré au maximum son temps de sommeil, passant de son lit au minibus en un temps record, douche et boxer propre compris. Et il comptait prolonger un peu en somnolant durant le trajet. Il se cala à sa place en bougonnant. Les sièges étaient tout à fait raides. Un van n'aurait pas été du luxe, avec tout le fric qu'on filait à Despérados… Après quelques centaines de mètres, il dut se rendre à l'évidence. Il n'avait pas anticipé les roucoulades du chef Alex avec Nathalie. Mais il pouvait pas la fermer, ce con, avec sa voix au piment d'Espelette ? Il avait l'impression d'entendre une pub du père Ducros. Et le pire, c'est qu'il parlait d'épices.

— Tu vois, mes apprentis, je les adore. C'est mes gosses. J'ai envie de leur transmettre mon savoir, de les aider à apprendre un métier traditionnel. C'est mon côté papa, dit-il en accompagnant ses paroles d'un regard profond et généreux auquel Nathalie fut sensible. Mais y'en a qui me gonflent, poursuivit-il en adoptant un ton soudainement plus dur.

Nathalie frémit à cette marque d'autorité masculine tout à fait différente de celle de ses patrons. Ils cachaient leur veulerie derrière leur supériorité hiérarchique. Enfin un vrai mec.

— Par exemple, la semaine dernière, j'ai failli en tuer un. Il a mis un tour de poivre du moulin sur son hachis avant de l'enfourner. C'est une hérésie de poivrer avant la cuisson ! Et ils le savent, je leur ai dit cent fois ! Ça tue l'arôme ! Le poivre, c'est la dernière touche avant de servir. Je l'aurais enfilé sur une broche, je t'assure !

Nathalie buvait littéralement ses paroles. Will Ahmed, de son côté, voulut savoir comment la ré-soi d'Odalie s'était passée. Armelle lui raconta les événements par le menu. Will Ahmed « hallucinait grave ». Il regrettait presque d'être rentré « seul tou ». Mais il avait bien kiffé sa pizza quatre-fromages devant son porno des familles.

— J'tai choquée, hein ? s'esclaffa-t-il. Y'avait Brigitte Montana dedans. Finalement, je suis le seul qui l'aura vue, wesh ! Mais nan, j'déconne, dit-il en partant d'un nouvel éclat de rire.

Le trajet se passait bien, en somme. La lumière devint plus vive. Stephen fit une croix sur sa sieste. À côté de lui,

Ludo grommelait en tapotant sur son téléphone. Certainement un problème de feuilles de service qui n'étaient pas arrivées, se dit-il en découvrant le bleu profond de la mer qui noyait l'horizon par-delà la corniche. Sa pulpe veloutée scintillait de milliers de paillettes. On aurait pu tailler la veste de Michou dedans, pensa-t-il en plissant les yeux.

En arrivant à la villa, Thomas, avec son alacrité coutumière, s'enquit de la bonne santé de l'ingénieur du son.

— Juste pour savoir, précisa-t-il.

— De ce côté, tout va bien, lui répondit Stephen, plus préoccupé par son souci du jour, qu'il devrait régler sitôt arrivé.

Côté table de production, c'était toujours autant le désordre et la même agitation. Il n'y avait plus d'encre dans l'imprimante, s'affolait Sonia qui demandait à Malika avec insistance où étaient les cartouches de rechange. Sa collègue, elle-même très occupée, mit du temps à lui répondre. Il n'y en avait plus, il faudrait aller en chercher en ville. C'était un problème, puisqu'il manquerait des jeux de script, répliqua Sonia dont le stress ne cessait d'augmenter. On ferait avec les trois qui avaient été tirés, lui répondit sèchement Malika, qui avait d'autres chats à fouetter.

Le propriétaire de la villa vint à la rencontre de Stephen avec sa bonhomie habituelle en lui tendant les bras, prêt à lui faire la bise.

— Comment allez-vous ce matin, mon cher Stephen ?

Stephen préféra lui tendre la main. Même s'il aimait se sentir chez lui sur un tournage, la présence du colosse marseillais jovial ne le dérangeait pas plus que ça. Son hôte l'emmena aussitôt à la cuisine pour lui offrir un café. Il agrémenta la dégustation d'un point complet sur la météo marine du jour. Au vu de la direction du vent, de sa force, de la forme des nuages qu'il désignait le doigt tendu, RAS ; il ferait encore très beau aujourd'hui. Une journée idéale pour faire un barbecue ! rit-il, content de sa blague. Stephen lui demanda l'autorisation d'utiliser son bureau pour passer un coup de fil important. Cela ne posait évidemment aucun problème. En retraversant le salon, Stephen proposa à Nathalie qui papotait avec le chef Alex au maquillage de le suivre pour le *call*. Il croisa Mélody suivie de Will et d'Armelle. Elle s'arrêta pour lui dire bonjour. Il la trouva très chaleureuse. Elle emmenait les deux comédiens à la séance de travail avec les réalisateurs. Il en profita pour lui demander des précisions sur le plan de travail de la journée.

— Tu n'as pas eu la feuille de service ? demanda-t-elle, sincèrement inquiète.

— Il n'y a plus d'encre dans l'imprimante…

— Je te passe la mienne, si tu veux ! lui proposa-t-elle aussitôt avec un sourire dont l'éclat créait par contraste une ombre portée sous sa poitrine dont le volume semblait par conséquent augmenté.

Stephen eut une pensée impure. Et cela le jeta dans un trouble certain, l'obligeant à couper court à la conversation en refusant un peu brusquement la proposition éminemment chaste de la directrice de production. Échaudé par la violence dont la Femme pouvait faire preuve (le syndrome du bouddha), ne touchant plus la sienne depuis des mois, il fallait croire qu'avec le soleil sa libido se réveillait pour de bon. Oui, il avait encore goût au beau sexe, se dit-il réconforté en entrant dans le bureau de Fabrice suivi de Nathalie. Il allait refermer la porte, quand le producteur qui traversait le salon en direction de la table de production, le regard dissimulé par de grosses lunettes noires qui tombaient un peu sur son nez, s'exclama d'une voix vaseuse :

— Ne faites pas de bêtiiiises, les chéris !

Puis, à Nathalie :

— Tu m'le piques pas, hein ? Hi hi hi.

— À tout à l'heure, Randy, répondit Stephen en rabattant la porte. Ne fais pas attention, dit-il à Nathalie visiblement interloquée par cette allusion.

Le chef Alex aurait certainement un avis, se dit-elle.

Avant de composer le numéro, elle informa Stephen qu'elle avait déjà sensibilisé sa direction en envoyant des mails dans la nuit. Ils n'aimaient pas être pris en otage et sommés de réagir sur-le-champ à une situation imprévue, expliqua-t-elle.

Le *call* se passa beaucoup mieux que Stephen l'avait espéré. Mettant à profit les quelques heures de sommeil de sa courte nuit, il avait opté pour la stratégie de la franchise. Et ça avait marché, expliquant tout simplement qu'on était dans la merde, avec ce « on » inclusif qui mettait les clients dedans et qui les obligeait à s'associer à la recherche d'une solution collective pour en sortir dignement. Antoine, témoignant de l'organisation parfaite constatée pendant la journée « tutoriels », argua qu'effectivement c'était un coup du sort. Marek et lui validèrent sans hésiter la solution de remplacement, une remplaçante en l'occurrence, qu'ils s'accordèrent à trouver tout à fait charmante. Cela ne nuirait pas au casting. Et après tout, cela valait peut-être mieux. Reprenant à leur compte les arguments que Nathalie avait exposés dans son propos liminaire, Marek et Antoine jugeaient que Tama Tonnerre dissipait le doute que la présence de Brigitte Montana aurait pu faire peser sur l'aspect classieux du casting. Sa reconversion n'était peut-être pas encore suffisamment installée dans les esprits de chacun. Il y avait un risque certain de blagues de mauvais goût sur les réseaux sociaux, associant les produits Disli à Brigitte première époque, ce qui n'était pas du tout le but recherché. Le seul bémol était politique. René Bitero, informé du Montanagate et du changement de comédienne, s'était soudainement désintéressé du projet. Il avait annulé sa venue sur le tournage.

Nathalie et Stephen sortirent soulagés du *call*. Le tournage continuait, annonça-t-elle radieuse à Ludo qui pianotait sur son ordinateur portable, assis dans un canapé devant le retour vidéo qui ne retransmettait aucune image pour le moment. Il accueillit la nouvelle avec prudence et replongea dans son travail non sans avoir marmonné un vague « tant mieux » qui se voulait optimiste. Nathalie s'installa à côté de lui. Stephen souhaita prendre la température de la séance de travail qui se déroulait sur une terrasse annexe, derrière l'aile gauche de la villa. À mesure qu'il se rapprochait, il distinguait de plus en plus nettement de grands éclats de rire qui fusaient. C'était bon signe. Autour d'une grande table de jardin à l'ombre des pins entourée de gros pots de fleurs, les comédiens faisaient une lecture du premier épisode, animée par Ben & Youri qui les interrompaient régulièrement pour préciser une intention ou leur suggérer un changement qu'ils jugeaient plus drôle. Les rires diminuèrent à l'approche de Stephen. Il salua la compagnie en leur demandant si tout allait bien. Les deux réalisateurs, tout sourire, se levèrent pour le saluer. Leur dégaine d'adolescents surprit à nouveau le créatif. Ils dégageaient une impression de prime jeunesse que renforçait leur accoutrement à base de bermudas à poches, t-shirts XL, baskets défoncées, mèches en bataille et barbes de trois jours. Et dire qu'on leur confiait les manettes d'un projet à plus d'un million… Ben était sensiblement plus grand et costaud que son comparse. Stephen reconnut immédiatement en Youri certains traits caractéristiques du président de la République. Sa voix nasale était la confirmation flagrante de son ascendance bardée du plus haut grade dans l'ordre de la Légion d'honneur. Il tenta de refouler l'émotion qui le gagnait en serrant la main du jeune homme ; toute une mythologie républicaine avec ses ors et ses trompettes le prenait par surprise. Dans ce pays à l'inconscient monarchique, c'était quand même quelque chose de se présenter au Dauphin. Mais, Révolution oblige, il ne voulut pas paraître impressionné ou déférent à l'égard de ces deux mioches, d'autant plus qu'il discerna dans leurs regards un je-ne-sais-quoi de narquois et d'effronté. Il espéra qu'ils ne seraient pas trop « sales gosses » et s'interrogea sur la meilleure façon d'agir avec eux. Tenter de devenir leur « pote » était voué à l'échec et au ridicule. Mieux valait garder une certaine distance pour le moment. Il verrait bien. Il fit le tour de la table pour saluer Vince Leclerc qui faisait connaissance avec Will Ahmed et Armelle. Le chanteur s'excusa de ne pas l'avoir salué chez Odalie la veille au soir, mais il avait préféré « recharger ses batteries », ce dont Stephen le félicita. Mélody passa une tête pour annoncer que le *set* était prêt.

— C'est quand vous voulez, les garçons.

Pour ce second jour de tournage, selon l'un des plans de travail qui circulaient sur le plateau, on avait prévu de tourner les séquences « ingrédients mystères ». Afin d'ajouter de l'enjeu aux recettes des candidats, les scénaristes avaient eu l'idée amusante de les obliger à utiliser dans leur préparation un objet qu'ils découvriraient au dernier moment. Évidemment, tout cela était écrit, chaque ingrédient entrait en résonance avec la personnalité du participant et donnait lieu à des rebondissements. L'ordre de passage des candidats avait été chamboulé pour pallier le désistement de Brigitte Montana, censée passer en premier derrière les fourneaux. Odalie Summer ouvrirait donc le bal, suivie des autres membres du casting afin de laisser le temps à Tama Tonnerre d'arriver. La jeune chanteuse clôturerait la journée.

Le plan moyen « barbecue face à la mer » était installé. Le chef Alex patientait dans son bel habit noir, assis sur une chaise au soleil. Un peu de sueur commençait à perler sur son front. Les deux réalisateurs, casquette à l'envers vissée sur le crâne, peaufinaient les derniers détails de cadrage et de lumière, les yeux rivés sur le retour vidéo installé sous la tente habituelle à quelques mètres du plateau. À leurs côtés, la scripte achevait de renseigner les feuilles qu'elle utiliserait au cours de la journée. Stephen, muni d'une chaise pliante, leur demanda s'il pouvait se joindre à eux, ce qu'ils acceptèrent volontiers. Il n'y avait plus qu'à.

Mais voilà, Odalie n'était toujours pas sur le plateau. Le tournage aurait dû commencer depuis quinze minutes déjà. Malgré les appels pressants que Mélody envoyait à l'équipe de la maison via son talkie-walkie, personne n'était capable de lui dire où était la chanteuse. À bout de patience, et ne voulant pas retarder davantage le démarrage d'une journée qui s'annonçait chargée, elle alla voir de quoi il retournait du côté de la table de la production. Elle trouva un Randy dans tous ses états. Odalie ne s'était pas réveillée. Éric, l'un des chauffeurs de la production, était à l'Intercontinental et essayait de gérer la situation.

— Putain, c'est pas vrai! s'exclama la directrice de production. Je fais comment? Le plateau est prêt, toute la déco « Odalie » est en place.

— C'est pour gérer ce genre de situations que je te paie! répliqua sèchement Randy devant une Malika interdite, avant de répondre à Éric qui le rappelait.

— Alors, c'est bon ? Elle s'habille ? haleta le producteur en tournant les talons pour se diriger vers la cour arrière.

Mélody revint et annonça à la surprise générale qu'on changeait à nouveau le plan de travail. On démarrerait avec Vince Leclerc.

— Que se passe-t-il encore ? lui demanda Stephen en l'alpaguant au passage.

— Attends, je t'explique dans cinq minutes, mais je dois briefer Vince, faut qu'on démarre, là, lui lança-t-elle en filant à l'autre bout de la terrasse.

Le chanteur était en train de prendre le soleil, allongé sur une chaise longue à bonne distance du plateau. Il discutait avec sa fille, Lisa, une petite rousse de treize ans affublée d'un t-shirt imprimé à motif de têtes de Tortues Ninja. Elle l'accompagnait pendant la semaine de tournage. Mélody l'envoya au maquillage illico avant de revenir vers l'équipe, donnant quinze minutes à la déco pour adapter l'accessoirisation du décor à son personnage. Il fallait suivre, se dit Bérénice qui avait déjà remballé tout ce qu'elle avait préparé pour Brigitte la veille au soir. Une vingtaine de minutes plus tard, un Vince Leclerc, fringant dans un pantalon de toile et une chemise en lin, prit place derrière le barbecue. Le tournage pouvait enfin commencer.

Nathalie et Ludovic n'avaient pas prêté attention à l'engueulade entre Randy et Mélody, occupés à accueillir le grand et taciturne Bastien, le N + 1 de Nathalie. Il était content d'être arrivé, le taxi qui l'avait conduit depuis l'aéroport s'était un peu perdu sur la fin du trajet. Cette information agaça le chargé de production qui s'était assuré la veille que Despérados enverrait une voiture chercher Bastien. Ça commençait à bien faire. Il voulut demander des comptes à Randy. Le producteur l'envoya sur les roses. C'était Éric, l'un des deux chauffeurs de la production, qui aurait dû aller chercher Bastien après avoir déposé Odalie sur le plateau. Mais voilà, il se trouvait encore à l'Intercontinental en train de réveiller la star.

— Je gère les priorités, ok? lui lança-t-il, passablement excédé.

Ludovic ne s'attendait pas à se faire recevoir de la sorte par Randy, d'ordinaire si mielleux et arrangeant.

Malgré l'exemplaire du script quasi transparent qu'il avait entre les mains, Stephen comprit dès les premières répliques que les réalisateurs ne respecteraient pas les dialogues mot à mot. Ils proposaient sans cesse des variantes aux comédiens, testaient des alternatives. Ce qui donnait du fil à retordre à sa voisine, la scripte, qui annotait sans cesse son scénario pour indiquer les changements opérés. Le directeur de création voulait néanmoins s'assurer que l'intrigue et le déroulé des épisodes seraient respectés dans les grandes lignes.

Leclerc était drôle. Il souleva la cloche qui recouvrait son ingrédient mystère en adressant à la caméra un regard angoissé. En lieu d'ingrédient, c'était une conque qui le rendit extatique. Il expliqua qu'il s'agissait d'un coquillage traditionnel du Vanuatu que les habitants utilisaient pour faire de la musique. Il se mit aussitôt à souffler dedans et réussit à en extraire quelques sons qu'il accompagna de bribes jazzy tout en se trémoussant. Le chef Alex arriva sur ses entrefaites pour lui annoncer le thème de son barbecue : la mer. Quelle recette cela lui inspirait-il ? Leclerc opta spontanément pour un burger au poisson qu'il nomma le *Bigfish Burger*. Le chef était dépité.

— Coupez ! cria Ben, on l'a.

Les réalisateurs étaient ravis, le personnage de Vince « fonctionnait hyper bien ».

Maintenant, Leclerc tournait le dos à la caméra et pivotait sur lui-même dès que les réalisateurs lançaient l'action. On le découvrait, un poisson à la main, qu'il tenait comme un micro dans lequel il hurlait : « Bonjour, Marseille ! » Ben & Youri étaient hilares. Lisa, beaucoup moins. En bonne ado, son père la consternait.

L'énergie et la drôlerie de Vince Leclerc lancèrent la journée sur de bons rails. Toute l'équipe avait pris plaisir à le voir effectuer ses pitreries, aiguillonné par les deux réalisateurs qui le poussaient dans ses retranchements. Chacun avait été surpris que ce personnage public fût à ce point un cabot et montrât un tel sens de l'autodérision. Le ciel était bleu, la lumière inondait la villa, une brise optimiste parcourait le plateau. Ce n'était pas l'absence insistante d'Odalie qui allait envoyer le plan de travail dans un platane. On enchaîna donc avec Will Ahmed pour son barbecue viande rouge.

En soulevant la cloche qui scintillait au soleil de midi, Will découvrit deux cailloux étranges qui étaient en fait des pierres de lave, comme l'expliquerait plus tard le chef Alex. Leur propriété réfractaire emmagasinait la chaleur et la restituait doucement, permettant une cuisson homogène. Pour l'heure, le candidat se pensait victime d'une allusion raciste. L'avait-on pris pour un singe ? lança-t-il au chef Alex que cette apostrophe laissa interdit. Attendait-on de lui qu'il allume le barbecue en tapant les cailloux l'un contre l'autre tout en sautant et en poussant des cris ? Stephen jugea la blague limite et s'en ouvrit à Ben. Les deux réalisateurs lui dirent que c'était cool, qu'il ne fallait pas s'inquiéter. Il n'eut pas le temps de creuser la question. Randy le tira par la manche, fébrile. Odalie venait d'arriver.

— Eh bien, c'est une très bonne nouvelle, estima le créatif, tout rentre dans l'ordre, lança-t-il soulagé.

— Pas tout à fait, nuança le producteur. Il y a un problème.

— Lequel ?

— Elle ne veut pas descendre de son van climatisé…

— Comment ça ? On ne va pas tourner l'épisode à l'intérieur avec un barbecue branché sur l'allume-cigare !

— Viens, lui dit Randy en l'entraînant vers la cour, à l'arrière de la maison.

— Qu'est-ce que c'est encore que cette histoire ? s'agaça Stephen tout en forçant l'allure pour rester dans les pas du producteur qui trottinait à petites foulées.

Ce tournage lui laisserait-il l'occasion de faire son travail correctement ? Il aurait bien voulu garder un œil sur le moniteur vidéo. Après la blague du singe, Dieu sait ce que les réalisateurs inventeraient avec Will Ahmed. Et quand une scène était tournée, elle était tournée, on passait à la suivante sans possibilité de revenir en arrière. Il s'agissait d'éviter les mauvaises surprises au montage. Il comptait sur la vigilance de Ludo et Nathalie.

Un van noir aux vitres teintées stationnait dans la cour arrière, le moteur tournant au ralenti. Qu'est-ce que c'était que ce cirque ? Pourquoi Odalie ne voulait-elle pas descendre ? demanda Stephen au producteur.

— Je ne sais pas, mon Stéphouuuu. J'ai tout essayé, lui répondit Randy qui sanglotait derrière ses lunettes noires. Maintenant, c'est à toi de lui parler. Tu es le seul à pouvoir débloquer la situation. Tu représentes le client et Mystreamy, tu auras plus de poids.

Il allait bien falloir que la star se décide à mettre un pied hors du van, se dit Stephen en s'approchant de l'aile du véhicule. On ne pouvait pas perdre une journée de tournage à cause d'une bouderie d'arrière-cour. On était sans filet. Putain de vedettes à caprices, fulminait-il intérieurement en toquant contre la vitre.

La portière latérale glissa lentement. On aurait dit le caveau d'un temple qui s'ouvrait. Il découvrit une Odalie les traits tirés derrière ses lunettes noires, enveloppée d'une tenue street-wear très ample, comme si elle n'avait pas quitté son pyjama.

— Bonjour, Odalie, comment-allez-vous? demanda-t-il prudemment.

— Je m'excuse, mais je ne vais pas pouvoir tourner aujourd'hui, dit la chanteuse sans lui répondre.

Sa voix trahissait un profond abattement. La soirée d'hier l'avait mise K.-O. Elle fondit en larmes. Toute la tension autour du désistement de Brigitte, l'énergie qu'elle avait déployée pour trouver une remplaçante jusqu'à une heure avancée de la nuit l'avaient épuisée. Elle en avait trop fait. Le désemparement de la chanteuse toucha Stephen. Il comprit qu'il avait affaire à une urgence; son courroux tomba d'un coup. Il demanda à Odalie s'il pouvait se faire une place à côté d'elle pour discuter. Elle accepta. La portière coulissante se referma sur lui. Il était dans le temple, assis aux côtés de sa prêtresse lessivée. Randy, caché derrière un des piliers du péristyle de la villa, épiait la scène avec angoisse. Il allait falloir jouer une partition délicate, se dit Stephen. Odalie Summer, recroquevillée contre la porte opposée avait l'air d'une biche désorientée et paniquée. L'image qu'elle donnait dans l'intimité de ce van contrastait dramatiquement avec celle que la star s'était construite : une femme de combat, dominatrice, dotée d'un mental d'acier et d'un corps super entraîné qu'elle mettait en scène dans des clips où elle accomplissait des mouvements ultraphysiques. Il commença par la remercier de tout ce qu'elle avait fait la veille au soir. Elle avait été épatante. Elle avait sauvé le projet, le mot n'était pas trop fort. Elle balbutia qu'elle n'avait fait que son devoir. Pour l'équipe, pour cette websérie qui l'enthousiasmait. Un faible sourire éclaira son visage. Stephen renouvela ses remerciements. Il fallait maintenant la tranquilliser. Il lui raconta que le tournage se passait bien, que l'ambiance sur le plateau était excellente. Sa scène du jour était d'ailleurs très simple, ça irait tout seul. Elle soupira en hochant la tête de façon négative. Elle ne pourrait pas. Stephen l'encouragea. On prendrait le temps qu'il faudrait, il l'accompagnerait personnellement. Dans un sursaut, elle s'exclama en hoquetant qu'elle ne pourrait pas, parce qu'avec tout le stress qu'elle avait absorbé, doublé d'une allergie au champagne, son ventre avait triplé de volume. Pour prouver ses dires, elle dézipa son sweat à capuche XXL et releva son t-shirt qui dévoila un ventre extrêmement gonflé. Merde ! Elle était enceinte de dix-sept mois ou quoi ? Stephen était abasourdi. Tant par l'impudeur de la star en larmes que par la proéminence de son ventre. Le réel semblait lui échapper, remplacé par l'absurde le plus épais. Odalie gémissait. De quoi aurait-elle l'air avec ce gros bide à l'image ? Elle n'avait pas d'autre choix que de rentrer à l'hôtel se reposer. Elle était désolée, elle se sentait nulle, elle avait bien conscience de tous les problèmes que son désistement engendrerait. Elle baissa la tête et pleura de plus belle. Ses larmes roulaient sur son ventre à l'air. Stephen essaya de rassembler ses esprits et d'accepter le nouvel ordre des choses pour y faire face, aussi aberrant fût-il. La situation était devenue extrêmement délicate, on était sur le point de perdre la star numéro un du casting, et par conséquent de planter le projet. Stephen, instinctivement, sentit qu'il n'y avait qu'une chose à faire. Pour l'avoir vu dans les coulisses de shows télé ou de remises de prix de festivals, il allait devoir sortir de sa réserve coutumière, de sa déférence pour les personnes qui l'impressionnaient et donner de la tendresse à un être fragilisé qui en avait besoin pour reprendre pied. Il enlaça la chanteuse qui se blottit contre lui. Elle n'attendait que ça en fait, se dit-il, sentant la poitrine 95C de l'artiste palpiter contre son corps. Les rôles étaient totalement inversés. Il était devenu le protecteur de la femme invincible. Des paroles apaisantes se présentèrent spontanément à son esprit qu'il lui susurra à l'oreille. Tout le monde l'aimait et l'attendait. Sa loge était splendide. Elle pourrait s'y reposer tant qu'elle voudrait. Elle s'y trouverait beaucoup mieux que dans le van. On tournerait sa séquence en fin de journée, à la *magic hour*, quand la lumière serait la plus belle. D'ici là, on irait chercher un docteur qui lui donnerait ce qu'il fallait pour que son ventre retrouve sa taille normale. Est-ce qu'elle aimait les lys ? Oui ? On lui apporterait un magnifique bouquet dans sa loge. Il lui parlait comme à sa fille de quatre ans et lui passait la main dans les cheveux. Il s'interdit la moindre pensée réflexive qui lui aurait présenté toute l'incongruité de la scène, risquant de lui faire perdre ses moyens. Elle se laissa convaincre. On termina le gros câlin en douceur. Il baissa délicatement le t-shirt de la star sur son ventre puis fit signe à Éric, le chauffeur, d'ouvrir la porte coulissante. Au moment de poser un pied dans la cour, dans un mouvement de recul, Odalie s'inquiéta de croiser quelqu'un dans son état. Stephen la rassura, ils étaient tous sur le plateau.

Ils avancèrent cahin-caha vers la maison. Stephen soutenait la chanteuse par les épaules. Il la conduisit jusque dans sa loge où il la confia à Éléonore, une des filles de la régie qui passait par là. Puis il sortit retrouver Randy qui se dégagea de sa colonne, penaud, comme un garçonnet dépassé par les événements.

— Alors ? C'est réglé ?

Il ne manquait pas de culot, celui-là, se dit Stephen. Un producteur par temps calme, le Randy.

— Non, ça n'est pas réglé ! répondit-il sèchement, avant de lui expliquer que le ventre de la star était devenu énorme.

— Hein ?

— Ouais ! Vous n'auriez pas bu autant de champagne hier, on n'en serait pas là ! (Il planta ses yeux dans ceux du producteur.) Elle dit qu'elle fait une allergie à l'alcool ! Cumulée au stress d'hier et à son angoisse de tourner, son ventre a gonflé.

— Mince… On fait comment, Stéphou ?

— On la tranquillise et on neutralise son allergie.

Randy semblait hébété, attendant que Stephen indique la suite des opérations.

— Donc, il faut faire venir un médecin dare-dare.

— Mais j'en connais pas moi, ici ! s'alarma le producteur.

Si la production avait fait un livret de tournage, on aurait eu une chance d'avoir cette information.

— Écoute, Randy, il y a un grand hôpital au-dessus des quartiers nord, la Timone. On a du cul, c'est pas très loin. Ils doivent avoir des spécialistes, donc tu leur expliques la situation. Moi, je suis responsable de la création, donc je retourne sur le plateau. Et tu lui apportes un grand bouquet de lys dans sa loge.

— Des lys ?

— Oui ! confirma Stephen en tournant les talons.

Tandis qu'il contournait la villa pour rejoindre le tournage par l'extérieur, il entendit crier dans la maison :

— Malika ! Appelle-moi l'hôpital de la Simone !

Il allait falloir songer à prendre un producteur intérimaire, se dit Stephen, extrêmement préoccupé par la suite des événements. Tout le projet *Braises de stars* était désormais suspendu au dégonflement d'un abdomen célèbre. Il était partagé entre son désir de prendre les choses en main pour régler le problème au plus vite et celui de faire son travail auprès des réalisateurs. Il éprouvait une indéniable sympathie pour Ben & Youri, doublée d'une solide méfiance à l'encontre de leurs embardées créatives. D'ailleurs, mieux valait ne pas déresponsabiliser un producteur chez qui la notion même de responsabilité semblait moins prégnante que chez certains confrères. Il y avait encore plusieurs jours à tenir et le pauvre Ludo ne ferait pas face tout seul. Convaincu par son auto-argumentation, Stephen rejoignit l'équipe, l'esprit au clair sur sa mission.

Will Ahmed accoudé à la balustrade, était en pleine déclamation, face caméra.

— Moi quand je vois cette mer bleue, il y a des mots qui se bousculent dans ma tête… Veau… brochettes… poulet… côtelettes… Vas-y laisse-moi, j'ai envie de créer, wesh !

Ça riait fort derrière le retour vidéo. On avait donc lancé la séquence préparation. Au moins ici, la sécurisation du projet semblait un enjeu lointain, voire inexistant. L'objectif affiché était plutôt de trouver comment se poiler encore plus. À chacun sa part, se dit Stephen. Les réalisateurs continuaient d'improviser les dialogues des épisodes en pratiquant une sorte de ping-pong avec les comédiens, leur lançant des idées sur lesquelles ils rebondissaient. Dans l'ensemble, ça fonctionnait bien. Ça le détendit. Au moins, de ce côté, ça roulait, dans une ambiance potache, certes, mais ça roulait. Et la belle Mélody veillait au grain, toujours prompte à indiquer un problème de cadre, de son, rappelant aux « garçons » le nombre de scènes à tourner, anticipant avec eux la préparation des plans suivants.

Une vingtaine de minutes plus tard, Stephen, assis à son poste, se faisait à nouveau tirer la manche par Randy dont le stress n'avait pas diminué. Le médecin était arrivé et il fallait le briefer. On remonta vers la villa. Le Dr Monié, médecin interniste des hôpitaux de Marseille, attendait sous le porche.

— Vous êtes notre sauveur, lui dit Randy en préambule avant de lui serrer énergiquement et longuement sa main tout en s'inclinant vers elle, au point que le médecin se demanda s'il n'allait pas la baiser.

Stephen attendit que ces démonstrations de reconnaissance prennent fin pour expliquer la situation.

— Vous allez soigner une star, compléta Randy, cherchant peut-être par là à faire valoir au spécialiste qu'il ne s'était pas déplacé pour rien, à le rembourser de la gêne occasionnée.

On l'introduisit dans la loge d'Odalie. Veillée par Éléonore, la chanteuse gisait allongée dans un demi-sommeil sur une longue banquette de cuir. Stephen s'approcha d'elle et lui parla doucement pour l'aider à reprendre ses esprits. Quelques minutes plus tard, il lui présenta le médecin. Elle balbutia un « bonjour, docteur » presque inaudible en tendant une main molle que le praticien saisit délicatement. Nullement impressionné, il lui demanda l'autorisation de palper son ventre. Après un rapide examen, il expliqua très doucement à la star qu'on allait l'allonger sur l'abdomen pour lui administrer une piqûre d'antihistaminique doublée d'une piqûre de valium. Il se redressa pour dire à Stephen qu'il allait traiter les deux causes potentielles du gonflement : l'allergie et le stress. Il se voulait rassurant, tout rentrerait dans l'ordre rapidement. La tension dans la pièce baissa d'un cran. Le projet gagnait un nouveau sursis. Après avoir vu le ventre, Stephen vit la fesse. L'intimité d'Odalie se dévoilait peu à peu sans qu'il n'ait rien demandé, à la différence de certaines pratiques ayant cours dans le métier. Malgré toute la délicatesse dont avait fait preuve le Dr Monié en manipulant la chanteuse pour l'allonger sur le ventre, Stephen ne put s'empêcher de penser à un steak qu'on retournait sur une grille brûlante. Était-il le seul à avoir perçu l'indécence tragique de ce moment ? Odalie Summer lui avait semblé réduite à un morceau de barbaque qu'on préparait à la hâte pour son immolation sur l'autel du Commerce. Personne n'était épargné. C'était dans ce genre de situation qu'on voyait que les stars étaient des humains comme les autres. Bons à consommer.

La piqûre terminée, la star reculottée, Randy approcha d'elle un bocal en terre cuite. Il était rempli du cannabis qu'elle avait réclamé. Son Randy d'amour s'était bien décarcassé pour elle. Grâce à Éric, il avait trouvé un fournisseur dans les quartiers nord. C'était de l'herbe bio de Provence. De la super qualité, hyper locale.

— On n'avait pas dit des lys ? demanda Stephen, agacé de cette nouvelle initiative.

Ça achèverait de la relaxer, en plus du valium, rétorqua le producteur. Le Dr Monié prit un air tout à fait désapprobateur. Visiblement, on retombait dans l'opposition habituelle entre médecine douce et médecine classique. Mais il comprit que ça n'était pas le moment. On le remercia avant de l'accompagner vers la table de la production où Malika lui régla la consultation.

Une vingtaine de minutes plus tard, le traitement du clinicien avait fait effet. À moins que ce ne fût l'herbe, si l'on en jugeait par la forte odeur végétale qui se répandait dans le salon depuis la loge d'Odalie. Quoi qu'il en soit, on réussit à l'envoyer au maquillage, ce que les témoins de son arrivée considérèrent comme une victoire. Elle démarrerait comme prévu l'après-midi. Mélody était ravie, on terminerait donc bien la journée avec Tama. Mise au courant de l'enchaînement des événements par Stephen, elle convint que cela tenait du miracle. Elle admira l'équanimité du directeur de création. Ce grand chauve flegmatique dégageait une impression de maîtrise et de gentillesse plutôt inhabituelle dans le métier. Grâce à la complicité de Ludo mis dans la confidence au détour d'un aparté au moment de l'introduction de la star dans sa loge, les clients ne s'étaient rendu compte de rien. Le bras droit de Stephen avait mobilisé toute leur attention sur les subtilités de jeu qui différaient d'une prise à l'autre, donnant beaucoup d'importance à leurs commentaires qu'il transmettait à Mélody quand il le jugeait nécessaire.

Pendant que la star se préparait, on envoya le gros de l'équipe en pause déjeuner. Stephen invita ses clients à suivre le mouvement. La production avait installé la cantine sur le parking de l'école de voile attenante au petit port de plaisance en contrebas de la villa. On y descendit à pied, c'était l'affaire de quelques minutes et l'occasion d'une petite promenade. Le dispositif était simple mais bien fichu, remarqua Stephen. Une grande tente blanche, des tables rondes nappées de blanc, un buffet froid et un buffet chaud. On se serait presque cru à un dîner de mariage, si ce n'était la lumière aveuglante de treize heures. Le chef italien et son équipe, joviale, accueillaient les convives en leur décrivant les plats du jour avant de les servir. Sur un tournage, la restauration était un poste clé. Comme les techniciens se levaient tôt et passaient leur temps à vagabonder d'un boulot à un autre, il était important pour l'ambiance de travail de créer des conditions de vie à rebours de leur existence itinérante et souvent précaire, bref d'installer un climat de confort et de normalité. Si l'on faisait abstraction de la localisation originale en bout de quai, la production avait recréé l'ambiance d'une belle cantine d'entreprise. C'était la magie du cinéma.

Nathalie proposa au chef Alex de s'installer à la table Disli-Mystreamy. Stephen, qui avait retrouvé Mélody devant le plat de suprême de poulet sauce basquaise, l'invita à se joindre à eux. L'ambiance du repas était excellente. Nathalie et Bastien, surpris de la qualité des mets, redirent à quel point ils trouvaient le tournage bien organisé. Et ce malgré l'annulation de Brigitte qui aurait pu tout déstabiliser. Les événements tenus secrets de la matinée avaient créé une complicité entre Mélody et Stephen, unis dans cette gestion « sous-marine » de la production. De temps à autre, une déflagration de rires en provenance de la table des réalisateurs et des Mystreamers venait interrompre la conversation. Vince Leclerc, lui, déjeunait en tête-à-tête avec sa fille. Lisa avait la conversation d'une fille de treize ans. C'est-à-dire qu'elle ne lâchait pas un mot. Non pas qu'elle n'eût rien à dire, elle était plutôt en avance pour son âge. Mais adolescence oblige, parler avec son père était au-dessus de ses forces. Ça lui passerait. En attendant, le chanteur méditait sur les hasards de la vie, l'ironie du destin. En tant que musicien, il avait longtemps souffert de son nom qui faisait dire aux mauvaises langues (dont l'humour n'était généralement pas meilleur) qu'il faisait de la musique de supermarché. Il est vrai que son hit *Donne-moi ton feeling* avait été classé en tête des ventes de CD 2 titres dans tous les Leclerc de France pendant plusieurs mois. Et voilà qu'il jouait du coquillage pour Disli… Tout à l'heure, il n'avait pas lésiné, pour donner le change. Parce que ça n'était pas son genre de se pincer le nez dans les projets qu'il acceptait pour l'argent. Un hit, ça ne payait pas une vie. Encore moins avec une gamine de treize ans à charge. Lisa, étrangère aux considérations de son père, terminait de sucer l'os de sa cuisse de poulet basquaise.

Quand on remonta, Odalie était encore au maquillage. Il fallait effacer les traces de la soirée de la veille et elles étaient nombreuses, expliqua Walter, le directeur artistique-visagiste de la chanteuse. Lui seul savait composer le visage public de la star. Il aurait encore besoin d'une trentaine de minutes. Stephen fusilla Randy du regard. On attendit en prenant un énième café. Quand Odalie arriva sur le plateau, toute l'équipe trouva qu'elle avait beaucoup d'allure dans sa combinaison de soie mauve qui flottait au vent. On la félicita et chacun redoubla d'encouragements. Nathalie avait quitté son poste habituel au salon pour manifester son soutien à la chanteuse en se tenant au plus près d'elle. La star se déplaçait sur le plateau avec souplesse et lenteur, sa démarche lui donnait une sorte de majesté fragile. Stephen croyait voir une séquence de clip tournée au ralenti.

En fait, dès la première prise, il fallut bien se rendre à l'évidence. Tout était au ralenti. Ses gestes comme sa diction. Le valium semblait avoir un effet puissant. Après deux prises où on demanda à Odalie d'être un peu plus nerveuse, chacun comprit que c'était peine perdue. Le plan qui devait rentrer en 30 secondes frôlait 1 min 10. La séquence d'introduction avec le chef Alex ressemblait à une bande jouée à la moitié de sa vitesse normale, où les gestes et les voix deviennent monstrueux. Le chef essayait de compenser la lenteur de la star en accélérant ses répliques. C'était un carnage. Et merde ! pensa Stephen. Il fallait à nouveau trouver une solution. Derrière le retour vidéo, sous le tipi en Borniol noir, on se concerta. Ça n'était pas la peine d'insister, avec le risque de faire à nouveau craquer Odalie dont l'état psychique du jour était plus que précaire. On décida de diviser la scène de la chanteuse par deux. On tournerait la première partie un autre jour en réaménageant le plan de travail. Mélody dit qu'elle s'en occuperait cette nuit, que ça ne lui posait pas de problème. Heureusement que cette nana était là, pensa Stephen. Aujourd'hui, on se concentrerait sur la découverte de l'ingrédient mystère, basta. Le plan arrêté, on félicita la star. Ce qu'elle venait de faire était fantastique. On pouvait passer à la suite ! lui expliqua-t-on avec enthousiasme et sourires feints. Elle se sentit rassurée. Elle avait eu peur de ne pas jouer tout à fait juste. On installa le plan moyen sur le barbecue. Ça tournait au son, ça tournait à l'image. Action. Odalie souleva mollement le couvercle du barbecue et découvrit un yaourt nature. On serra sur son visage pour saisir son regard pénétré avant qu'elle ne lance un « j'ai une idée » des plus flagadas. Puis, elle reposa le couvercle – qu'elle lâcha pour être honnête, faisant sursauter Léo, le preneur de son, agressé par le bruit de casserole qui explosa dans son casque – avant de se traîner hors du champ, tentant de jouer une sortie qui se voulait énergique. Car Odalie incarnait ce personnage prêt à tout pour gagner le concours. Pour le moment, tout laissait croire qu'elle se ferait doubler très vite. On refit la prise deux ou trois fois avant de juger qu'on avait ce qu'il fallait. En accélérant un peu la vitesse de lecture et en refaisant le doublage, on aurait un truc qui fonctionnerait, estimèrent les deux réalisateurs. Restait à tourner la séquence de préparation où l'on voyait Odalie débiter un concombre en fines lamelles à toute vitesse. Quand on la vit saisir l'énorme couteau de cuisine et faire des moulinets peu sûrs avec, on comprit qu'avec le valium, c'était vraiment dangereux. On avait encore besoin de ses bras. On se concerta à nouveau. Il fallait bricoler. Le chef Alex proposa le concours de Cyril, son assistant, qui était un préparateur expert. La supercherie serait grosse, mais ça pouvait passer. On l'envoya au HMC (habillage, maquillage, coiffure) dans la villa se faire épiler les mains et peindre les ongles avec le vernis mauve utilisé par la chanteuse. Une dizaine de minutes plus tard, de gros doigts aux ongles violacés découpaient un concombre en gros plan à toute vitesse. On voyait bien qu'Odalie n'était pas là pour rigoler. La prise terminée, Stephen, très inquiet pour la star qui comatait au soleil, affalée sur une chaise pliante, demanda instamment à Randy de l'envoyer à l'hôtel se reposer avant qu'elle ne soit brûlée au troisième degré. La chanteuse quitta le plateau à regret, escortée de Walter et d'Éric. Elle aimait l'ambiance joyeuse et bienveillante qui régnait sur le *set*. Elle angoissait de retrouver la solitude de sa suite.

Odalie envolée, on enchaîna avec Armelle et son ingrédient mystère. Bizarrement, c'était un ustensile. Un cul de poule. La découverte ne l'amusa pas du tout. Elle partit au quart de tour en prenant à partie la caméra. Parce que c'était une fille, on lui donnait comme ingrédient mystère un cul de poule, c'est ça ? Ah ah, très drôle. C'était d'une lourdeur ! Du gros humour de mec préhistorique. Le chef Alex intervint pour la calmer. Il ne fallait pas y voir malice, l'ustensile allait lui permettre de réaliser de belles boulettes pour son barbecue keftas à la chair à saucisse. Après un moment de stupeur plus vraie que nature, elle fondit en larmes. Non, c'était impossible. En plus de puer le graillon, Vince Leclerc, dont elle était secrètement amoureuse, allait se moquer d'elle avec ses saucisses. Totalement *love killer*. Le chef Alex ne pouvait-il pas lui confier un thème plus raffiné, plus arty, un truc qui lui ressemblait ? Tiens, un thème sushis, tout petits, tout mimi ! Nathalie pouffa derrière le moniteur. C'était déjà ça. Le chef rétorqua que barbecue et sushis, ça ne collait pas. Armelle était au comble de l'abattement. Il passa son bras autour de son épaule et l'emmena vers le plan de travail en lui expliquant que tout se passerait bien. Elle se laissa faire, totalement anesthésiée par la catastrophe à venir, la ruine de l'idylle dont elle rêvait.

On terminait avec Armelle quand Malika accourut de la villa pour annoncer que l'avion de Tama était retardé. On ne pourrait pas tourner avec elle aujourd'hui. Ça continuait, se dit Stephen en s'en remettant à Mélody, à son intelligence retorse, à ses hanches, à ses seins et à tout ce qu'elle dégageait d'indicible et de charmant, pour gérer ce nouveau contretemps. Ça n'était pas plus mal, annonça-t-elle dans un grand sourire après avoir consulté ses feuilles de planning. On allait boucler la journée avec Vince qui devait refaire la scène du poisson. Il avait oublié de le laisser tomber par terre tout à l'heure. La scripte, qui était partie faire pipi à ce moment-là, n'avait découvert le problème qu'à la pause déjeuner, en descendant au poste de montage « de campagne » installé au sous-sol de la villa pour donner ses notes techniques de la matinée à Ornella, la chef monteuse. On réinstalla donc Vince derrière le barbecue.

— Bon, Vince, tu continues à jouer avec le poisson. Genre tu lui chantes une ballade romantique en le regardant amoureusement. T'as le droit de danser. Et là, il te glisse entre les mains. Il s'étale sur le faux gazon. T'es super gêné. Tu le ramasses en jetant un œil à la caméra pour voir si tu t'es pas fait griller. Ça peut être éliminatoire et ça te fait flipper. Après, tu le mets sur le grill, ni vu ni connu. Ok pour toi ?

Le brief de Youri était limpide, bien plus que les allocutions télévisées de son père. Vince s'en donna à cœur joie, provoquant l'hilarité générale. Le voir miauler un standard de Frank Sinatra à une daurade dépassait de loin ce que l'équipe pouvait supporter pour garder son calme. Nathalie avait du mal à reprendre son souffle entre les prises. Chaque fois, Vince proposait de nouvelles pitreries.

— Et maintenant, je vous la fais à la Elvis ! Allez, les poissons ! Bloup bloup a lula, she's my baby…

Évidemment, on ne refaisait pas la scène pour le plaisir, quoique. Lors du repas de dégustation qui clôturait chaque épisode, quand Vince proposerait son burger au jugement de ses camarades, Will Ahmed tomberait sur une « herbe chelou » fourrée dans le poisson. Ça serait le prétexte pour démolir la recette de son grand rival. La mécanique narrative était bien huilée. À l'huile d'olive, évidemment.

On avait plus de matière que ce qui était nécessaire pour la scène, mais Vince ne voulait plus s'arrêter. « Allez, j'en fais encore une dernière », lançait-il à l'adresse des réalisateurs qui continuaient à tourner parce que c'était follement drôle. À la fin, Mélody qui avait autant pitié de la daurade que des techniciens, se sentit obligée de siffler la fin de la récréation. Les gars avaient encore du travail pour tout démonter. C'était une nouvelle fin de journée. Un superbe disque orange s'abîmait au fond de la baie. Will et Armelle voulurent rentrer avec Vince, le héros du jour. Ils avaient aussi très envie de faire un tour de van Mercedes noir climatisé. Pour se sentir un peu plus « stars » que dans le Renault Trafic blanc, qui « n'envoyait pas des masses en termes de style ». Ce caprice de jeunes comédiens amusa Stephen. Autant qu'ils en profitent. Ils n'étaient pas chiants et donnaient beaucoup.

Le minibus convenait très bien au chef Alex, ravi de partager la banquette arrière avec Nathalie. Bastien n'y trouva rien à redire, content de discuter films de science-fiction avec Ludo. On était à nouveau sans nouvelles de Randy. Et on avait oublié de demander à Malika le programme du soir avant de partir. On pouvait néanmoins se douter que Despérados n'avait rien prévu ; on commençait à les connaître. On allait devoir improviser comme la veille.

Dans le hall de l'hôtel, Stephen proposa à ses clients un dîner au restaurant. Bastien déclina poliment, prétextant qu'il devait appeler sa femme et ses deux enfants. C'était touchant. Le directeur de création le soupçonna de vouloir respecter à la lettre les consignes Disli en matière de relations avec les fournisseurs. Si la direction de l'entreprise pensait qu'une bavette-frites pouvait corrompre ses employés, ça voulait dire qu'ils étaient franchement très mal payés, se dit-il en plaignant ses deux interlocuteurs.

Nathalie n'eut pas ce scrupule. Elle attendit que Bastien disparaisse dans l'ascenseur pour accepter la proposition. Stephen respira. Il évitait le tête-à-tête avec son fidèle chargé de production. Ludo, certainement gagné par l'atmosphère grisante du tournage, était cette fois de la partie.

En s'engageant prestement sur l'avenue du Prado avec Nathalie et Ludo à sa suite, Stephen se dit que, lui aussi, il aurait bien aimé parler à ses enfants. À condition qu'Erika ne lui raccroche pas immédiatement au nez ou ne prenne la parole de Greta et Niels en otage pour lui réclamer il ne savait quoi ou l'accabler de reproches. Mais voilà, il devait s'occuper de ses clients et de son équipe puisque personne d'autre ne s'en souciait. Il se retrouvait dans un présent sans bornes, une longue journée dépourvue de trêves où il passait d'une action à une autre sans pouvoir dégager un seul instant pour lui. Comment allaient-ils ? Que comprenaient-ils de son absence ?

Quelle version de la situation Erika leur donnait-elle? Il voulait juste qu'ils sachent que Papa allait bien, qu'il pensait à eux très fort, qu'il les aimait de tout son cœur, qu'il allait revenir. Là, il faisait son travail. C'était important. Ça lui permettrait de rester proche d'eux, de continuer à payer l'appartement et tout ce dont ils avaient besoin. On louerait une super maison cet été rien que tous les trois. En Corse, tiens. Ça nous ferait du bien.

Dépourvus de véhicule, éreintés par leur journée, renonçant à arpenter l'avenue du Prado sur toute sa longueur, ils échouèrent dans un sushi au glauque acceptable à quelques minutes de l'Ibis. Aussitôt assise, Nathalie attaqua une grande Asahi en guise d'apéritif. La journée avait été particulièrement chaude et sa gorge était sèche. Sa bière vidée, elle en recommanda une aussi sec. Et ainsi de suite. Stephen n'eut pas à se soucier de la conversation. Nathalie ressentait le besoin de vider son sac. Elle avait tout fait sur *Braises de stars*. Au début, personne n'y croyait. Elle se décrivait en chevalière : elle avait empoigné sa lance et coiffé son heaume pour batailler avec ses boss et les convaincre. Ils étaient navrants. Ils n'y connaissaient rien en digital. Si elle n'avait pas été là, ils auraient reçu tous les stocks barbecue sans avoir le début d'une idée pour lancer l'opération. Pfff. Et maintenant, ils se gargarisaient du probable succès… C'était à gerber. Que des mecs. De gros machos bornés. Ils ne la reconnaissaient pas à sa juste valeur. Et puis cette éthique à la con! C'était plus facile de refuser des cadeaux quand on était blindé comme eux! Mais les petites mains, celles qui faisaient tout, qui tenaient la boîte, elles étaient payées au lance-pierres. Et résultat, elles étaient obligées de faire leurs courses chez Disli ! Nan mais est-ce qu'ils voyaient ce truc de ouf ? Tu trimais pour recevoir un demi-salaire et tu le réinjectais dans la boîte ! Une vie *low cost*, une vie Disli. Heureusement qu'il y avait le tournage, soupira-t-elle avant de descendre le fond d'une Asahi au goulot.

Stephen adopta la posture de l'écoute compatissante. Il comprenait Nathalie, mais il ne voulait rien dire qui pût le mettre en porte-à-faux avec ses patrons qui n'en demeuraient pas moins les vrais bailleurs du projet. Il fut cependant très heureux de lui offrir le dîner. Avec son chignon de guingois, sa figure enflammée et son verbe haut perché, elle était touchante.

On rentra à l'hôtel en soutenant Nathalie, saisie d'une soudaine torpeur en sortant du restaurant. Elle avait tout donné et les Asahi avaient fait le reste. En se glissant dans son lit, Stephen n'eut pas la force de tourner la moindre page des *Paravents* de Jean Genet qu'il avait prévu de lire à Marseille. Il avait imaginé ce tournage comme une sorte de parenthèse dans sa vie très occupée de directeur de création pendant laquelle il se reposerait sur une équipe compétente et donnerait quelques directives tout au plus. Sa vision certainement idéalisée s'était fracassée contre la réalité des deux derniers jours. Cependant, il voulait croire que le plus gros des événements était passé. Ce tournage n'avait pas été simple à mettre sur des rails certes, mais avec un surcroît d'efforts de sa part et des quelques personnes valables de l'équipe, on y était arrivé. Sur le point d'éteindre la lumière, il put reconnaître le son assourdi de la voix de Ludovic qui filtrait à travers la cloison. Il hurlait sur Randy parce qu'il n'avait toujours pas reçu les feuilles de service pour la journée du lendemain. Il ne fallait pas être trop optimiste tout de même. Il se réfugia dans les seins de Mélody, se blottit contre son ventre, embrassa sa bouche pulpeuse d'où jaillissait son rire cristallin bienfaisant. C'était le moment où toutes les pensées refoulées de la journée faisaient irruption dans son esprit et y dansaient de façon impudique. Nathalie se tapait-elle le chef Alex? Oui, c'était plus que probable. Elle se faisait peut-être démonter en ce moment même par ce bellâtre télégénique et musclé. C'était assez excitant à imaginer. Et Malika flirtait-elle avec Will Ahmed? Il avait observé qu'ils se tournaient un peu autour. Il avait aussi noté le manège de techniciennes auprès des deux jeunes réalisateurs. Il devait y avoir de bonnes soirées à la villa de la production. Et le ballet des corps en t-shirts ou torse nu de l'équipe qui allait et venait autour de la piscine sous le soleil au plus chaud de la journée… Son téléphone vibra. C'était un message d'Erika. Il avait suffi que ses pensées s'égarent un peu pour qu'elle se manifeste. Comme pour lui rappeler que tant que le divorce n'était pas prononcé, on restait marié. Il était intitulé « prestations compensatoires ». Cela lui coupa toute envie de poursuivre son batifolage intérieur ainsi que son début d'érection. Il se voyait privé de récréation jusqu'au fond de son propre lit. Parfois dans la vie, le sommeil était la seule issue.

XIV

Quand son réveil sonna, Stephen se leva immédiatement, sans chercher à négocier un répit supplémentaire avec l'alarme. Il se sentait frais, reposé, excité par la nouvelle journée qui s'annonçait. Il n'aspirait qu'à retrouver le soleil, l'eau et Mélody. Pas forcément dans cet ordre d'ailleurs. Sourdes à la sonnerie, ses angoisses de la veille liées à l'avancement chaotique du tournage ne s'étaient pas encore réveillées. Elles s'offraient une grasse matinée. C'était le pouvoir du matin de présenter le monde sous un visage neuf, désirable, lavé de son histoire. Comme il était en avance, il descendit prendre un café et un croissant au bar de l'hôtel. Tandis qu'il était en train de lire les nouvelles, le bruit de la porte coulissante attira machinalement son regard vers l'entrée de l'établissement. Il fut surpris de voir Nathalie et le chef Alex en tenue de sport qui rentraient d'un footing. Ils reprenaient leur souffle en riant. Sentant un regard posé sur eux, ils se retournèrent vers le bar et le saluèrent.

— On prend une douche et on arrive ! lança Nathalie.

— Vous avez le temps ! répondit le créatif, qui voyait dans ce jogging matinal la confirmation de ses suppositions.

Une vingtaine de minutes plus tard, le Renault Trafic se mettait en route avec sa bande habituelle. En arrivant à la villa, le vent de panique qui chahutait la table de production n'avait pas cessé, pareil au mistral qui s'installait pour plusieurs jours avant de s'essouffler. On n'avait pas changé les cartouches de l'imprimante et Sonia se lamentait de ne pouvoir sortir les scripts du jour. Randy, qui pianotait sur le clavier de son ordinateur au milieu de ses assistantes, suggéra d'aller en chercher chez Disli. Il rit très fort de sa blague. Malika, qui n'avait pas eu le temps de se coiffer ou déjà échevelée à cause du stress du matin, poussa un profond soupir. Le producteur aperçut Stephen qui rentrait dans le salon.

— Salut, mon Stéphou, c'était bien la camionnette ?

Le patron de la création de Mystreamy lui lança un regard noir.

— Te fâche pas ! En plus ça doit être bien plus rigolo, ce taxi-brousse ! Moi je suis à deux doigts d'attraper une bronchite avec tout cet air froid dans mon van, hi hi hi.

Mais de quel van parlait-il ? Randy n'en avait pas l'usage puisqu'il logeait à deux pas de la villa… Il affabulait complètement.

— Oh là là, mais tu es de plus en plus sexy ! continua le producteur sur sa lancée.

Il fallait bien reconnaître que Stephen était crédible dans son look de quadra branché façon bûcheron apprivoisé, qui faisait fureur en ville : barbe rase, jean slim avec ourlets aux chevilles, chemise en chambray cintrée avec lunettes de soleil glissées dans la pochette et baskets Nike blanches flambant neuves aux pieds. Son crâne chauve hâlé achevait de donner à son physique une séduction virile à laquelle Randy était visiblement sensible. Avec un tatouage, il aurait été parfait.

— Au fait, Tama est arrivée ! Viens, je vais te présenter notre sauveuuuuse !

Le producteur entraîna Stephen vers l'espace HMC où la jeune chanteuse était en train de se faire coiffer. Randy déboula en criant :

— Ma Tama d'amouuuur, je veux te présenter un très grand créatif, le patron de Mystreamy, c'est lui qui a convaincu tout le monde de te choisir !

Stephen n'eut pas le temps de réajuster l'introduction emphatique de son producteur (il détestait ce genre de procédé qui heurtait de front sa modestie et créait un soufflé inutile qui dégonflait quand on était obligé de préciser la réalité pour éviter les malentendus). La jeune chanteuse se leva aussitôt de son siège pour enlacer Stephen. La sensation de ses seins contre son poitrail fut comme une décharge qui acheva de lancer sa journée. Il avait l'énergie nécessaire pour tenir la barre de ce tournage et parer aux éventualités de toutes sortes. Tama Tonnerre le remercia chaleureusement, elle était ravie d'être là, elle savait les circonstances dramatiques qui avaient précipité son arrivée, elle allait tout faire pour se montrer à la hauteur. Stephen ne doutait pas qu'elle s'en tirerait à merveille. Will Ahmed arriva sur ces entrefaites.

Les deux jeunes gens tombèrent dans les bras l'un de l'autre. Ils étaient donc très amis. C'était une bonne chose, ça allait l'aider à se mettre dans le bain, pensa Stephen. Ne voulant pas gêner ces retrouvailles, il salua le petit groupe pour aller chercher un café à la table régie. Il proposa à Randy de l'accompagner, ça serait l'occasion de faire un point sur la journée.

— C'est inutile, mon Stéphouuu, moi, le café, ça fait longtemps que ça me fait plus rien ! Je prends d'autres trucs qui marchent beaucoup mieux. Tu voudras essayer ?

Stephen tourna les talons sans répondre. En sortant sur la terrasse, il tomba sur Fabrice qui le gratifia d'une solide bourrade amicale. Décidément, le propriétaire avait du mal à quitter la villa qu'il avait mise en location. Sans doute un grand sentimental. Contrairement aux jours précédents, son air jovial et débonnaire avait laissé place à une mine préoccupée.

— Dis-moi, Stephen, j'ai quelque chose qui me tracasse un peu…

Avait-on cassé quelque chose ? se demanda le créatif, inquiet d'être associé à des problèmes d'ordre matériel qui concernaient avant tout la production.

— Que puis-je faire pour toi ?

— Voilà, je t'en parle à toi parce que ça me gêne d'en parler comme ça à Randy. Je voudrais avoir ton avis. Bon. J'ai accepté de louer ma maison, de décaler mes vacances et tout et tout parce qu'on m'a dit que ça serait un tournage convenable…

Où donc voulait-il en venir ? On n'avait pas encore assisté à des scènes de partouze au bord de la piscine ayant pu heurter le voisinage, se dit Stephen en faisant l'inventaire de tout ce dont il avait été témoin jusqu'ici.

— Donc quand je vois cet Ahmed qui fait comme chez lui, qui s'assied dans mes canapés, qui se sert des cafés, qui parle à tort et à travers, ça me dérange. Tu sais, Stephen, les bicots, chez nous, on les tolère, mais faut qu'ils restent discrets, tu vois…

Stephen était estomaqué. Il ne manquait plus que ça. Non seulement le propriétaire de la villa dûment louée squattait le plateau, mais il se permettait de formuler des remarques à caractère raciste. Ça devenait intolérable. Il entraîna Fabrice dans son bureau en prenant soin de refermer la double porte derrière eux.

— Écoute, Fabrice, cet Ahmed s'appelle Kamel, et je t'interdis de parler de lui de cette façon. Je vais être très clair, tes remarques, tu te les gardes, on te demande pas d'intervenir dans le casting ! On a déjà perdu Brigitte Montana, on a failli perdre Odalie Summer, ça suffit. Compris ?

Fabrice ne s'attendait pas à se prendre une telle volée de bois vert. Il battit en retraite, bredouillant des excuses, mais Stephen n'avait pas fini :

— Et on avait dit que tu pouvais rester à la villa la première journée… c'est déjà la troisième…

— Je sais, je sais, mais je me suis dit que c'était l'occasion de faire signe aux amis. Tu comprends, c'est pas tous les jours que j'ai des stars à la maison… Et puis le premier jour, c'est vrai qu'elles n'étaient pas toutes là, avoua-t-il avec un sourire contrit. Alors j'ai demandé à Randy qui m'a dit oui… Tiens, je vais te présenter mes amis, ils sont très sympas, dit-il en rouvrant la porte du bureau.

Tout allait trop vite décidément ; rien ne se déroulait avec un semblant de cohérence ou de normalité. Stephen se retrouva à saluer un couple de retraités et un ami du yachting club qu'il avait pris pour des figurants sans réfléchir. Il fallait couper court à cette sortie de maison de retraite.

— Fabrice, je peux dire à Sonia d'utiliser l'imprimante de ton bureau ? La sienne n'a plus d'encre et on a besoin de sortir les scripts…

On n'allait plus se gêner maintenant. Mais où donc était Randy ?! s'interrogea Stephen qui souhaitait demander des comptes à son producteur pour tout ce cirque. Il fallait se rendre à l'évidence, l'énergumène s'était encore envolé.

Le ressentiment de Stephen à l'encontre de Randy s'envola dès l'entrée de Tama Tonnerre sur le plateau. La comparaison avec Brigitte Montana tenait la route, se dit-il. La chanteuse renouvelait le genre bimbo en plus jeune et plus espiègle. Elle était magnifique dans sa robe longue noire fendue au décolleté plongeant. Il retrouva une complète sérénité. C'était la magie du cinéma encore une fois. La tenue de Tama, qui aurait pu paraître incongrue dans une émission culinaire, faisait partie du plan de la chanteuse, qui avait tout misé sur sa capacité à charmer le chef Alex pour obtenir son aide. La jeune fille se révélait être une stratège redoutable. Les autres candidats étaient prévenus.

En soulevant la cloche, elle découvrit un épluche-légumes. Elle sembla perplexe, façon poule de luxe tombant sur un couteau.

— Qu'est-ce que c'est ? Une arme blanche ? Attention, chef Alex, je pourrais me faire mal, dit-elle au cuisinier d'un air mutin, avec une voix traînante en caressant la pointe de l'ustensile.

Le chef lui prit l'épluche-légumes des mains et lui annonça que sa recette, c'était le barbecue légumes. Et son défi serait d'aller les récolter elle-même chez un maraîcher Disli. Car elle ne le savait peut-être pas, mais les légumes étaient livrés tous les jours dans les magasins de l'enseigne, expliqua-t-il.

— Je vais aller dans la boue, mettre les mains dans la terre, chef ? Il paraît que c'est bon pour la peau, mais quand même ! dit-elle en minaudant un maximum.

Au salon, devant le moniteur, coincée entre Ludo et Bastien, Nathalie tiqua en visionnant la scène. Bien sûr, ça n'était que de la fiction, mais il faudrait surveiller ça de près. Quitte à demander de nouvelles prises, plus distantes. Les réalisateurs, de leur côté, se bidonnaient devant le jeu ingénu et lascif de Tama, façon film érotique nouvelle vague. Stephen les observa et se sentit vieux. Youri portait un t-shirt qui arborait un logo de la RATP détourné figurant un visage fumant un gros pétard surmonté de la marque « Tealer ». Ce visuel intriguait Stephen depuis le début de la matinée. Au moins autant que le décolleté de Tama. Il devait bien y avoir un jeu de mots avec dealer, mais lequel ? Avec leurs éternels bermudas à poches, leurs t-shirts, leurs baskets noires de poussière et leurs barbes à trous, c'étaient vraiment des gamins. Qui se la jouaient cool. C'était le digital qui voulait ça, se rassura-t-il. Mais était-ce encore de son âge ? Ne devait-il pas dès maintenant songer à la dernière phase de sa carrière ? Chercher un job « d'atterrissage », plus calme et moins exposé, avant qu'on ne lui fasse comprendre qu'il était temps qu'il s'en aille ?

Ah, Mélody ! Comment avait-il pu l'oublier ? La directrice de production les rejoignit pour demander aux réalisateurs s'ils avaient ce qu'ils voulaient. Stephen se sentit presque coupable de l'attention appuyée qu'il avait portée aux premières prises de Tama. Regarder, était-ce trahir ? Cela dépendait du regard évidemment. La jeune femme, la poitrine chargée d'une vitalité matinale estima que puisque « les garçons » étaient contents, on pouvait passer à la fin de la recette de Will. On enchaînerait ensuite avec la séquence de la piscine qui nécessiterait un certain temps d'installation. Cette dernière phrase sembla agir sur Stephen comme un charme. Mélody le tira de sa rêverie pour lui demander s'il savait où se trouvait Randy.

Justement non, il n'en avait pas la moindre idée.

— Ah mince, fit-elle en se pinçant la lèvre.

— Y a-t-il un problème ? s'enquit-il aussitôt, presque tenté de lui prendre les mains comme au cinéma.

— En fait, Odalie n'est toujours pas arrivée au maquillage et comme pour elle ça prend au moins deux heures, on est déjà en train de prendre du retard sur sa scène. Ça risque de décaler à nouveau tout le plan de tournage. Je commence à en avoir l'habitude, mais du coup, je passe mes nuits à le réorganiser, et j'ai mieux à faire, non ? conclut-elle dans un grand sourire avant de tourner les talons pour repartir en direction du plateau.

Stephen crut y lire de la malice. Avait-elle voulu sous-entendre quelque chose ? Il était perplexe. Il sentit néanmoins qu'on lui tirait sur le pan de sa chemise. C'était Randy. Il avait l'air extrêmement préoccupé et reniflait de façon saccadée. Il avait manifestement un problème de narine encombrée qui accentuait la sonorité nasillarde de sa voix.

— Suis-moi, il faut que je te parle, souffla-t-il à Stephen avant de filer vers la villa.

Le directeur de création lui emboîta le pas.

— Que se passe-t-il encore ?

— On a un problème avec Odalie.

— Comment ça ?

— Elle est dans son van à l'arrière de la maison, mais elle ne veut pas en sortir…

L'histoire se répétait à vingt-quatre heures d'intervalle. Il en résultait une sensation assez déstabilisante de faille dans l'écoulement du temps. Une impression d'avoir déjà vécu la même scène.

— Je ne comprends pas. Son ventre a dégonflé, non ?… Et elle a eu tout le temps de se reposer…

— Justemeeeent, t'étais pas là quand on l'a raccompagnée hier, mais elle a très mal pris qu'on la renvoie à l'hôtel ! C'était vraiment pas une super idée, mon Stéphou. Elle a vécu ça comme une mise au ban de l'équipe, une os-tra-ci-sa-tion, hou là, c'est compliqué ce mot. Alors, moi, j'ai voulu la raisonner, la réconforter, j'ai fait monter du champagne dans sa suite pour réparer ta bêtise. Et à force de boire, on s'est embrouillés…

— Hein ?

— Ben, je lui ai dit ses quatre vérités, qu'elle nous cassait les pieds avec ses chichis de starlette *has been*, que c'était pas notre faute si elle était obligée de cachetonner pour se payer ses liftings et sa taxe d'habitation à Neuilly, qu'elle avait déjà de la chance qu'on pense à elle… Et maintenant, on est fâchés à mort. Je ne sais plus quoi faire, Stéphou.

Ce type était-il totalement stupide ? Sans parler de l'allergie… Stephen était consterné. Son impression de malaise s'accroissait. Avait-il franchi, en arrivant à Marseille, le seuil invisible d'un monde totalement dysfonctionnel ? Tout son système de références semblait se fracasser. On employait un producteur exécutif pour régler les problèmes, mais Randy, lui, semblait les multiplier.

— Toi seul peux lui parler, mon Stéphouuuu, implora Randy. Je me cache pour vous regarder.

Stephen haussa les épaules et prit un air consterné pour exprimer sa désapprobation silencieuse. Mieux valait rester maître de ses nerfs. Tout *Braises de stars* se jouait là une nouvelle fois, dans la cour arrière de la villa. Ils avaient contourné la maison par la droite. À quelques mètres du van, Randy jeta un regard comme une bénédiction à Stephen avant de bifurquer en direction des colonnes du porche.

Le créatif, le crâne luisant sous le soleil de midi, s'approcha du véhicule. Il toqua à la vitre. La porte latérale s'ouvrit doucement. Odalie, la tête recouverte par la capuche de son sweat et les yeux barricadés derrière de grandes lunettes noires, reniflait péniblement.

— Je peux ? demanda Stephen qui souhaitait s'asseoir à côté d'elle.

Pour la forme, elle émit un petit couinement accompagné d'un léger signe de tête. Elle était d'accord. En fait, elle n'attendait que ça. Elle avait besoin d'un tronc, d'un roc, d'un menhir, bref de quelque chose de solide auquel amarrer sa dérive. À peine avait-il pris place qu'elle s'effondra sur lui. Réceptionnant une poitrine en pleine dépressurisation, Stephen se dit qu'il fallait à nouveau faire face. Entre deux sanglots, elle expliqua qu'elle ne pouvait plus revenir sur le plateau. Tout le monde allait la détester à cause de ses problèmes. Et elle le comprenait parfaitement. Stephen l'enlaça et lui parla comme il parlait à son petit garçon quand il le retrouvait en larmes dans son lit parce qu'il avait fait un cauchemar. Mais non, elle n'était pas rejetée. Au contraire, tout le monde l'aimait beaucoup. Chacun serait triste si elle devait renoncer. Les larmes d'Odalie trempaient sa chemise. Elle repartait de plus belle. Elle était chanteuse, pas comédienne. Elle voyait bien qu'elle était nulle, qu'elle n'y arrivait pas. Tout le monde se moquerait d'elle. Elle n'aurait pas dû accepter, son agent l'avait mal conseillée. Nouvelle crise de sanglots. Au contraire, elle avait été formidable, reprit avec chaleur et douceur Stephen. Les réalisateurs étaient impatients de retourner avec elle. Et puis son public voulait la voir. Elle n'avait pas fait de clip depuis longtemps. Elle allait réapparaître dans une comédie, entourée de plein de jeunes gens très populaires sur le web. Ça allait lui donner un coup de jeune. D'ailleurs, Tama était arrivée à la villa et mourait d'envie de retrouver celle qu'elle considérait comme sa marraine dans le show-biz. Odalie renifla.

— Oh, Tama, mon bébé, dit-elle, avant de pousser un profond soupir.

Elle s'était calmée. Stephen sentait ses seins parfaitement refaits vivre contre lui. Ça n'était pas le moment de bander. Typiquement le cadre d'un abus de faiblesse, se dit-il. Combien de médecins, de curés, de politiques, de patrons s'étaient retrouvés dans une situation de huis clos avec un être déboussolé à leur merci ? C'étaient les drames sur le drame. Sans parler des pratiques dans le show-biz. Tout simplement répugnant.

— Bon d'accord, susurra Odalie. Je veux bien sortir du van. À une condition.

— Bien sûr, laquelle ? demanda Stephen, sentant que la situation était sur le point de se débloquer.

— Je ne veux plus croiser cet enfoiré de Randy. Je le déteste.

— Il sera invisible, ne t'inquiète pas.

Comme la veille, la porte latérale du van se rouvrit. Se rappelant sa semaine de brancardier bénévole à Lourdes quand il était adolescent, le publicitaire se dit qu'il avait repris du service. Il accompagna la chanteuse dans sa loge du mieux qu'il put. Quand il sortit, Randy se précipita sur lui, impatient de connaître les nouvelles.

— Alors ? lui demanda-t-il d'une voix suraiguë. Elle veut bien tourner ?

— Oui, à une condition : que tu ne l'approches pas à moins de trente mètres. Le mieux, hein, c'est que tu tiennes compagnie à Ornella au montage.

— Quoiiii ? (Le producteur faillit s'étrangler.) C'est injuuuste ! Et mon bronzage ? Tu as pensé à mon bronzage ? Tu veux que mon mec me quitte quand il retrouvera un mort-vivant ?

— Randy, c'est un ordre.

— Bon ok. Mais c'est quand même moi le producteur, faut pas l'oublier !

Sur cette déclaration, il tourna les talons de façon théâtrale, en forçant un port de tête qu'il voulut dédaigneux.

Odalie était au maquillage, les clients dans leurs canapés et Randy à la cave. Bon. Cette journée finissait par rentrer dans l'ordre, se dit Stephen en traversant le salon pour rejoindre le plateau par la terrasse. Il arriva à la hauteur de Nathalie et Bastien qui semblaient bien s'amuser. Sur l'écran vidéo, Will Ahmed était en train d'expliquer au chef Alex qu'il lui déléguait la cuisson de sa côte de bœuf puisqu'il était si calé. Lui, il allait plutôt discuter avec les filles au bord de la piscine, c'était beaucoup plus intéressant.

— Quelle tête à claques ! s'exclama Nathalie.

Stephen leur demanda de façon rhétorique si tout allait bien. C'était le cas. Voilà qui était parfait, dit-il machinalement en tournant la tête vers la cuisine d'où s'échappaient de grands éclats de voix du Sud. Mais qu'est-ce que faisaient ces deux képis à pulls bleu marine en pleine conversation avec Fabrice, un café à la main ? Encore des figurants ? Le créatif ne se souvenait pas qu'il y ait une scène « Gendarmes à Niolon » dans le script. Qu'est-ce que cela voulait dire ?

— Ah tiens, tu tombes bien, Stephen ! lui lança Fabrice mi-figue mi-raisin après leur dispute du matin. Figure-toi que ces militaires nous font l'honneur d'une visite ! Je te présente le brigadier-chef Rostaing et l'adjudant-chef Despratz. Messieurs, vous avez devant vous Stephen Berger, grand manitou de YouTube.

Ils échangèrent une solide et cordiale poignée de main. Ne prenant pas la peine de corriger la présentation de Fabrice, Stephen s'inquiéta d'un possible problème. Le plus gradé des deux gendarmes expliqua qu'ils étaient en patrouille. Vu que l'un des réalisateurs était le fils du président de la République, ils gardaient un œil sur le périmètre, histoire de s'assurer que tout allait bien. Et visiblement, c'était le cas ! Ah, ils faisaient un beau métier ! La villa de luxe, le soleil et les stars ! D'ailleurs, ils avaient entendu dire qu'Odalie Summer était dans les parages. Parce qu'à la caserne, ils l'aimaient bien, Odalie. On l'avait beaucoup écoutée dans les chambrées. Alors s'ils pouvaient prendre une photo avec elle dans sa loge, les collègues n'en reviendraient pas… Les deux militaires étaient tout sourire. Stephen essaya de chasser de son esprit l'image de l'énorme pot rempli d'herbe bio qui se trouvait dans la pièce où se préparait la chanteuse à quelques mètres à peine.

Par réflexe, il huma l'air ambiant. Est-ce que son odorat lui jouait un tour ou bien ça commençait à sentir le cannabis ? Il se servit immédiatement un café long à la machine, comptant sur l'effluve du nectar pour chasser l'autre. Il était désolé, mais la chanteuse n'était pas au mieux de sa forme, il faudrait repasser. Elle se concentrait dans sa loge et avait demandé à ne pas être dérangée… On leur préparerait une photo dédicacée, ils pourraient passer la prendre demain.

— De toute façon, j'ai vos noms, ajouta opportunément Fabrice.

Les gendarmes, bien qu'un peu déçus, comprenaient la situation. Oui, ils repasseraient avec plaisir. Et le café était très bon !

En regagnant le plateau à vive allure, la frustration de n'être pas assez à son métier étreignit une nouvelle fois Stephen. Il avait renouvelé ses recommandations à Ludo et ses clients : bien rester derrière l'écran, être très attentifs à ce qu'ils voyaient, l'alerter quand quelque chose leur posait problème. Au moins, ils ne pourraient pas protester en redécouvrant les images. C'était une façon de se protéger, mais ça n'était pas satisfaisant. Ralentissant sa foulée pour entrer dans la tente vidéo, il tomba presque dans les seins de Mélody qui remontait du plateau pour annoncer la pause déjeuner. On repartit donc dans l'autre sens pour descendre à la cantine. Stephen proposa à la directrice de production de s'asseoir à sa table comme la veille. Elle déclina à regret, voulant profiter du repas pour préciser quelques intentions de réalisation avec Ben & Youri. Décidément, ces puceaux avaient le beau rôle. Il suffisait de faire deux, trois vidéos pour devenir intéressant. Stephen regrettait d'être né un peu trop tôt.

Néanmoins l'après-midi s'annonçait passionnante. On tournait la scène de la piscine. On avait rapatrié la tente vidéo sur la terrasse, à quelques mètres du bassin. Stephen terminait son café d'après-déjeuner au soleil, assis sur une chaise pliante. Il implorait en son âme la Bonne Mère pour que rien ne vienne troubler le bon déroulement du tournage, ou ne l'en écarte. L'arrivée de Tama et d'Odalie en maillots de bain deux-pièces, les jambes drapées jusqu'à la taille dans des paréos à motifs translucides, déclencha une vague de sifflements approbateurs en provenance de l'équipe technique. Elles étaient ravies de leur effet et rirent abondamment en multipliant les poses faussement provocantes. Pour Odalie, les affres de la matinée semblaient oubliées.

Les filles bientôt rejointes par Vince Leclerc, très élégant avec son short de plage à motif cactus et sa chemise Lacoste, se mirent en place. Action. Tous les trois papotaient, tranquillement allongés sur leurs chaises longues au bord de l'eau. Échanges de banalités et rires, joie simple d'un moment de détente à l'écart des fumées et des giclures de graisse. Une bouffée de paradis au royaume des rôtissoires. Mais il était écrit dans le script que cette parenthèse idéale ne durerait pas. Will Ahmed, attiré par les longues jambes de Tama, déboula avec fracas au milieu des naïades. Il servit aussitôt à sa belle une cour décomplexée façon joli cœur des barres HLM. Ce qui provoqua des pouffements complices d'Odalie et Tama, qui s'amusaient de l'importun sans lui adresser le moindre regard. Will Ahmed, vexé, en remit une couche et se proposa de masser Tama pour la détendre.

— Wow ! Qu'est-ce tu fais, Will Ahmed ? Tu me touches pas, ok ? s'insurgea la jeune artiste, ce qui tira Vince Leclerc de sa léthargie.

Consterné par ce qu'il comprenait de la situation, et fort d'un nombre incalculable de conquêtes, le chanteur s'autorisa à donner à son comparse et rival quelques rudiments de drague. Évidemment, cela mit immédiatement le feu aux poudres. Will Ahmed, ce caractère ombrageux et fier, engagea le chanteur, qu'il disait cantonné aux « collégiennes pré-pubères », à se mesurer à lui dans un combat de boxe thaï. Vince Leclerc, peu impressionné par les moulinets et les mouvements avant-arrière du youtubeur sur la margelle de la piscine, l'invita à retrouver son calme. Il restait une chaise longue, que ne se prélassait-il pas au soleil avec eux sans chercher querelle ni aux femmes, ni aux hommes, ni à Dieu ? Pour Will Ahmed, ce joli discours ne cachait rien d'autre que de la peur. Leclerc avait peur. Le jeune homme en était convaincu et tenait là le moyen d'humilier ce bellâtre qui pérorait un peu trop devant la belle Tama. Mettant ses mains en porte-voix, il hurla à la cantonade :

— Leclerc a peur !

Sur ces entrefaites, une Armelle furibarde rentra dans le champ et projeta le youtubeur dans la piscine en hurlant que Leclerc n'avait peur de rien. Cette action inattendue d'une amoureuse blessée, soucieuse de préserver la réputation de celui qu'elle admirait, déclencha une colère incontrôlable de Will Ahmed, humilié devant Tama dont il convoitait les faveurs. Fulminant et faisant de grands mouvements dans la piscine, il menaça Armelle de sortir de l'eau, de se sécher, de se passer un peu de crème pour éviter les coups de soleil, de se recoiffer, de se couper les ongles…

— Coupez ! cria Youri, hilare.

Décidément, chaque fois que Stephen l'entendait lancer un ordre sur le plateau avec sa voix nasillarde, il avait l'impression d'écouter le message du nouvel an en direct de l'Élysée. Le propriétaire, qui assistait à la scène, s'exclama :

— Qu'il y reste !

Personne ne comprit vraiment ce qu'il voulait dire. En tout cas, Fabrice et ses amis appréciaient le spectacle et levaient leurs pouces en direction de Stephen. Maigre récompense pour toute l'énergie qu'il déployait à maintenir le projet sur les rails, pensa le créatif. Les retraités, qui piochaient sans vergogne dans les plateaux de « sanouiches » destinés aux clients et à l'équipe, s'inquiétèrent de savoir s'il n'y avait pas un peu de pastis tant qu'à faire. Bien sûr, les amis. Fabrice qui était confortablement installé dans son fauteuil, demanda à Sonia qui passait par là, de lui rendre un « petit service ». Elle serait bien gentille d'aller lui chercher une bouteille de Ricard dans le buffet du salon. Ça avait du bon de squatter sa propre maison. Ses invités, la bouche pleine, ne tarissaient pas d'éloges sur ce jeune Will Ahmed qu'ils trouvaient très bon. Fabrice fit un « ouais » peu convaincu. Ses amis auraient aimé en savoir un peu plus.

— Ben c'est une petite star du Maroc, par là-bas, fit-il en désignant distraitement ce qui semblait être l'autre rive de la Méditerranée. Enfin, quand je dis star…

La piscine « dans la boîte », on passa aux séquences de « confessionnal ». C'était un incontournable des programmes de téléréalité, un canon du genre. Les candidats y défilaient à tour de rôle pour s'exprimer sur ce qu'ils vivaient, la façon dont ils percevaient leurs camarades. Tactique, jalousie, mesquinerie étaient le lot de ces « moments de télévision ». Et *Braises de stars* n'y couperait pas. Sur une idée de Stephen, on avait appelé la séquence « Sur le grill ». Les cinq participants allaient devoir donner leur avis sur les recettes concoctées par leurs adversaires. On avait installé un gros fauteuil en cuir entouré de cactus géants en pot contre un mur ocre. C'était très joli. Armelle passa la première. Interrogée sur le barbecue de Tama, elle fit mine d'avoir détesté. En fait, elle la jalousait pour son physique et se méfiait d'elle comme de la peste car elle la soupçonnait de draguer Vince Leclerc. À l'évocation du nom du chanteur, elle fondit en larmes, craignant de s'être ridiculisée auprès du musicien avec ses boulettes de saucisse. Il y avait à peine touché et tout le monde s'était moqué d'elle. Pour se remonter le moral, elle sortit de dessous le fauteuil un Tupperware avec les restes de la recette de Tama. Ses légumes grillés étaient tout bonnement divins, confessa-t-elle pensant que la caméra ne tournait plus. Elle s'en empiffra goulûment.

De toute façon, elle voyait bien qu'elle n'avait aucune chance avec les hommes. Elle allait grossir et prendre un chat. Tant pis.

Ce fut au tour de Leclerc. Il était cramoisi à cause des keftas d'Armelle. Il n'avait pas du tout aimé. Tout était trop fort, sans nuances. Il n'avait pas retrouvé les couleurs, les vibrations de la médina palpitant au son des darboukas et du loutar.

— Non, c'était dégueulasse, conclut-il sèchement.

Odalie et Tama, amies inséparables et alliées dans cette compétition pour gagner la fameuse Brochette d'Or, débriefèrent de concert sur le barbecue d'Armelle. Odalie donna la note de 3/10 à ses keftas. Tama trouva la note un peu sévère. Elle avait pitié de la pauvre Armelle.

— Tu comprends, avec son physique…

Odalie lui demanda quelle note elle aurait mise à sa place. Tama réfléchit quelques secondes avant de répondre 2/10, déclenchant une hilarité complice.

Les séquences « confessions » s'enchaînaient à un bon rythme, provoquant de grands éclats de rire tant chez les réalisateurs que les clients à chaque vacherie lâchée par l'un des membres du casting.

Vince Leclerc se rassit dans le fauteuil pour commenter le barbecue de Will Ahmed. Il avait trouvé l'ensemble immangeable. Aussitôt, le youtubeur s'invita dans le champ de façon subreptice, accoutré d'un peignoir et d'un turban en serviette-éponge depuis sa chute dans la piscine. Il glissa un billet de 500 euros dans la main du chanteur. Leclerc semblait ne pas comprendre. Le youtubeur lui souffla dans l'oreille que c'était le meilleur barbecue du monde. Qu'il n'avait jamais mangé quelque chose d'aussi bon. Le chanteur, saisissant la manœuvre, répéta pour la caméra ce que lui disait Will Ahmed. Mais cela manquait vraiment de conviction.

— Vas-y, dégage, lui intima le youtubeur avant de prendre sa place dans le fauteuil. D'après moi, j'ai réussi le meilleur barbecue de ma vie. C'était tout simplement dé-li-cieux. Je me sacre président des barbecues.

Pour chaque prise, on essayait une vanne, on coupait, on en retentait une autre jusqu'à ce qu'on trouve celle qui fonctionnait le mieux. Quand Stephen proposait quelque chose, il sentait bien que les deux jeunots l'écoutaient par politesse. Mais les rois de la gaudriole digitale, c'étaient eux, point. Ils se poussaient à la vanne avec les comédiens sur la base des situations du script, et dans une sorte de procédé d'écriture instantanée, essayaient immédiatement à la caméra une idée qui les faisait rire.

Will Ahmed, par esprit de revanche, dit qu'il avait exécré le *Bigfish Burger* de Leclerc. En plus, il avait trouvé « une herbe chelou » dedans. Une sorte « d'herbe de pelouse municipale » sur laquelle « un pigeon aurait chié ». Les mimiques de Will en turban rendaient la scène très drôle. Mais la blague fit tiquer Stephen. Quand la scène fut coupée, il dit à Ben qu'on ne pouvait pas dire ça. On parlait de nourriture et il fallait éviter l'amalgame avec les herbes aromatiques que vendait Disli. Si jamais la blague était reprise sur les réseaux sociaux, ça pouvait faire des dégâts. Ben était déçu. De son côté, Stephen était navré de son rôle de censeur qui le ramenait dans le clan des « pas cool ». Il aurait tellement souhaité, cédant comme l'époque au jeunisme généralisé, faire bande avec les réalisateurs et les youtubeurs. Mais il était dans son rôle et s'enorgueillissait de ne pas l'oublier à la différence de certains producteurs. Will, qui adorait sa blague, renchérit cependant en disant que dans sa famille nombreuse, il avait grandi en mangeant du Disli et que, de toute façon, les herbes aromatiques avaient un goût de gazon municipal avec fientes de pigeon, wesh. Tout le monde rit, mais Stephen insista pour qu'on essaye autre chose. Par acquit de conscience, il alla trouver Nathalie au salon pour lui demander son avis. Elle était en train de faire des selfies avec Odalie et Tama sur le canapé, enchantée de montrer à ses nouvelles copines tout un tas de filtres Instagram qui les faisaient beaucoup rire. Du coup, elle n'avait pas suivi. Bastien non plus, qui discutait avec Ludo du rachat de la licence Star Wars par Disney et des épisodes en préparation. Pris en flagrant délit de manquement à ses obligations, il n'était pas très fier. Mais qu'en pensait-il, lui ? Les clients s'en remettaient à son avis expert. Son avis, c'était qu'il fallait trouver autre chose. Ils acquiescèrent. Stephen crut bon de leur répéter encore une fois la consigne : scruter-alerter. Il trouvait qu'ils s'en remettaient un peu trop à sa présence vigilante sur plateau, sauf qu'en réalité, il n'y était pas beaucoup. Le tournage était donc en roue libre. Fallait-il se stresser davantage ? Un infarctus n'arrangerait rien. Chaque problème en son temps, on verrait bien au montage, se dit-il sagement en sortant de la maison.

— On trouve autre chose ! cria-t-il depuis la terrasse en rejoignant la tente vidéo, déclenchant une salve de rires sur le plateau.

Ils avaient bon esprit dans le fond, se dit Stephen, soulagé. Randy, tel un feu follet semblant surgir de la piscine, l'intercepta dans sa course. Il fallait qu'il lui parle toutes affaires cessantes. Putain, mais quoi encore ? pensa Stephen.

— Viens, Stéphou, on va derrière la maison, j'ai besoin de te parler.

Cela ne finirait donc jamais ? Stephen commençait à trouver lassante la répétition de ce dispositif. La cour de la maison était devenue le véritable confessionnal de *Braises de stars*. Qu'allait-on y apprendre cette fois-ci ?

Point de van tournant au ralenti. La cour était déserte. Il n'y avait que le gravier blanc, les gros pots de lauriers roses et de succulentes pour témoins. Une boule de paille aurait pu traverser l'étendue. Randy dégaina immédiatement.

— Odalie va me coller un arrêt maladie dans les dents. Je le sens venir. Je t'assure, Stéphou, elle devient incontrôlable. Il faut qu'on s'en débarrasse au plus vite. Si elle nous plante pour de bon, on sera dans une merde noire. Mieux vaut anticiper. De toute façon, elle joue mal, elle est *has been*, elle va plomber la série.

Stephen était médusé de la façon dont Randy déjugeait son propre casting. C'était la même personne qui avait fait des pieds et des mains pour qu'on prenne la chanteuse, prétextant un « effet come-back » super « vintage » dont tout le monde allait parler, et qui maintenant se proposait de la jeter comme un vulgaire disque de coton démaquillant.

— Comment ça, s'en débarrasser ? Mais c'est hors de question ! On a déjà tourné deux jours avec elle au cas où ça t'aurait échappé.

La colère commençait à lui chauffer les joues.

— Tu sais, depuis ma cave, je ne m'en suis pas rendu compte, lança le producteur avec provocation.

Stephen eut envie de le gifler.

— Écoute, je peux faire revenir Brigitte Montana si tu veux, lâcha-t-il, sûr de son effet.

Stephen n'en croyait pas ses oreilles.

— Comment ça ?

Randy fixa Stephen droit dans les yeux.

— Si tu veux, Stéphou, je peux faire partir Odalie et faire revenir Brigitte. Vous n'aurez qu'à rebidouiller le script avec Ben & Youri, ça fera un rebondissement de plus ! Les Américains sont les rois pour ça ! Un comédien clamse en plein tournage, et hop, il est parti en vacances ou s'est fait larguer par sa gonzesse. Ça passe comme une lettre à la poste ! Et vous aurez un people de plus dans la websérie !

Il exultait.

— Excuse-moi, Randy, mais tu m'as assuré que Brigitte était malade. Soit. Puis tu m'as expliqué qu'elle avait accepté un projet pour Dorcel TV. D'accord. Et maintenant, tu me dis qu'elle peut revenir comme une fleur ? Je n'y comprends plus rien ! Écoute, je veux parler à Paul-Robert !

Randy devint blême. Il ne supportait pas de se sentir acculé. Il était épuisé de stress et d'excès en tout genre. Ce blanc-bec d'Alsacien n'allait pas lui apprendre son métier. D'ailleurs, les grandes personnalités étaient pleines de contradictions. Tout son corps se mit à trembler, il éructa de sa voix nasillarde modulée par un trémolo dû à la colère :

— Brigitte est arrivée à Marignane, mais personne n'est venu la chercher, si tu veux tout savoir ! On l'a fait poireauter une demi-journée avant de lui dire de repartir, la conne ! Odalie et Leclerc m'ont convaincu de virer Brigitte le premier soir dans la suite. Ils étaient super flippés pour leur image, voilà !

Après s'être pris un lave-linge, c'était la laverie tout entière qui venait de sauter à la figure de Stephen. Après quelques instants d'hébétude, il explosa à son tour :

— Randy, tu m'as menti !

Malika, alertée par les cris, passa une tête par la porte d'entrée et demanda si tout allait bien. Sans lui répondre, Stephen la pria d'appeler immédiatement Paul-Robert et de le lui passer quand elle l'aurait.

— Nan, n'appelle pas, tout va très bien, s'exclama Randy. Stephen et moi discutons d'un détail, ne t'inquiète pas, dit-il en feignant un sourire décontracté.

Mais Stephen était déterminé.

— Si, Malika, appelle-le ! Ou donne-moi son numéro, s'il te plaît.

La jeune femme ne savait plus à qui obéir : à son patron ou au client de son entreprise ?

Stephen reprit de plus belle :

— Tu m'as menti, Randy ! C'est grave !

Randy prit un air aussi pénétré que celui de Moundir expliquant dans une séquence confession de *Koh Lanta* que « pour être un aventurier, c'était comme le lait : il ne fallait pas être demi-écrémé, il fallait être entier. »

— J'ai voulu te protéger, Stéphou. Car je tiens à toi, tu sais.

Au lieu des larmes et des embrassades attendues après une telle réplique, le créatif resta de marbre. Décidément, Stéphou était décevant.

À vrai dire, Stephen atteignait les tréfonds de la consternation. Qu'est-ce que c'étaient que toutes ces manœuvres foireuses qui, pour reprendre les mots d'un autre président de la République, volaient en escadrille ?

Malika revint avec Paul-Robert au bout du fil. Si le regard de Randy avait été un fusil automatique, l'assistante de production serait morte sur-le-champ. Fort heureusement pour la sécurité de chacun, c'était plutôt un pistolet à bouchon. Stephen prit la communication en toisant sévèrement son producteur. Paul-Robert commença par demander benoîtement si tout allait bien. Le directeur de création doucha immédiatement ses espoirs. Ça allait très mal. Son orgueil de patron d'une maison de production réputée sérieuse en prit un coup. Comment cela ? Stephen lui raconta le Montanagate par le menu. Il conclut, en plantant son regard dans celui de Randy qui blêmissait au fur et à mesure du déballage, qu'il n'en avait rien à foutre que Despérados estime qu'il valait mieux congédier Odalie. Il avait payé pour un casting, il voulait son casting. Paul-Robert Bricard ne disait pas autre chose. La demande de Mystreamy lui semblait parfaitement légitime. Le casting avait déjà suffisamment changé comme ça, on n'allait pas en rajouter avec un éventuel remplacement de Mme Summer. À vrai dire, concernant l'annulation de Brigitte, on n'y était pour rien. On ne pouvait pas se douter que le client couchait avec et qu'*in fine*, ça le gênait de confier un rôle à sa maîtresse dans la websérie qu'il commandait. Mais bon, de ce côté-là au moins, tout semblait s'arranger puisque Disli assumait la situation et s'était engagé à régler l'intégralité du cachet de la comédienne en plus de celui de sa remplaçante. Randy le lui avait encore certifié au téléphone. Un dédit plein pot. Il n'y avait finalement que la situation d'Odalie qui restait délicate. Que Stephen se rassure, il allait se charger lui-même de la contacter pour lui rappeler ses engagements « en douceur » et sensibiliserait son agent par la même occasion. Pouvait-il lui passer Randy ? Il allait le mettre au courant de ce qu'ils venaient de se dire. Le publicitaire passa Paul-Robert à son collaborateur. Le patron de Despérados était à côté de la plaque, se dit-il en gardant un œil sur le producteur qui faisait des petits ronds dans le gravier un peu à l'écart, le téléphone vissé à l'oreille. Qu'est-ce que Randy était allé lui raconter ? Ou bien se moquaient-ils tous de lui ? Qu'est-ce que c'était que cette histoire de client Disli qui couchait avec Brigitte Montana ? Et de cachet que l'enseigne acceptait de payer à 100 % ? Ça l'étonnait qu'un groupe aussi près de ses finances crame 50 000 euros pour couvrir une histoire de cul d'un de ses top managers… tout cela lui semblait cousu de fil blanc. Du coup allait se poser la question du dédommagement de la comédienne. Et il était hors de question que ça retombe sur Mystreamy. Mais chaque chose en son temps, se dit à nouveau Stephen, à qui la cour tapissée de gravier faisait penser aux jardins japonais où on disposait chaque caillou, l'un après l'autre, pour conjurer le chaos, ordonner le monde et susciter l'harmonie. L'adage était en passe de devenir sa philosophie de capitaine naviguant à vue. Le tournage menaçait déjà de couler à tout moment, on n'allait pas compliquer la donne en rentrant dans des histoires de pognon. On réglerait ça plus tard, au moment du solde de tout compte.

Randy, qui avait raccroché, fonça sur Stephen. Il semblait très en colère.

— C'est malin d'avoir mis Paul-Robert au courant ! Ça va faire foirer toutes mes stratégies ! Jusqu'ici, je m'en sortais très bien. Si le tournage s'écroule, si Odalie nous claque entre les doigts, ça sera par ta faute ! Je ne peux plus te faire confiance, Stéphou, cria-t-il avec un sanglot qui rappela au publicitaire, quelque peu déstabilisé, celui de Norma trahie par Pollione, interprétée par la Callas dans la sublime mise en scène de Franco Zeffirelli en 1964 à Paris.

— Écoute, Randy… tenta Stephen pour calmer le producteur, dont la soudaine colère lui fit penser, dans un mouvement de balancier contraire, qu'il était peut-être allé trop loin.

Mais Randy ne voulait rien entendre.

— Tu l'auras voulu ! Paul-Robert ramène sa fraise sur le plateau dès demain. Il va mettre une ambiance de merde. Il n'est pas du tout dans les codes du digital. J'ai pris du retard avec tout ça, je retourne travailler. Tu te rends pas compte, Stéphou, mais une production comme celle-là, c'est vachement de travail.

Randy rentra en trombe dans la villa. Stephen retourna sur le plateau. Il fut accueilli au son des applaudissements de l'équipe technique. Mélody avait annoncé la fin de journée. Le démontage commença aussitôt. On débrancha le retour vidéo, il n'y avait donc aucun espoir de visionner les dernières scènes tournées. Voyant le désarroi du créatif, Mélody vint le retrouver, lui passa une main dans le dos et entreprit de le rassurer de sa voix souriante et douce.

— Les dernières prises étaient super, tout le monde a assuré. Je suis allé voir Ludo qui m'a dit que pour les clients, c'était bon. Tout est calé pour demain, on a trouvé un bateau pour le générique, c'est les garçons qui ont eu cette idée. Ils veulent jouer une arrivée du casting façon *Sous le soleil*, ça va être super !

Si la Bonne Mère veillait sur Marseille, Mélody veillait sur le tournage. L'espace d'un instant, Stephen se vit allongé sur ses genoux, abandonné à sa compassion bienveillante, à ses paroles et son regard consolateurs de toutes les épreuves que lui infligeaient les hommes.

— On pourrait prendre un verre ce soir ? osa-t-il, reprenant espoir à divers titres.

— Tu sais que ça me plairait beaucoup, lui répondit la jeune directrice de production, sincèrement partagée entre son envie de faire plaisir à Stephen et ses responsabilités. Mais j'ai du travail sur les scripts avec les garçons. Et puis je ne saurais pas comment rentrer, on n'a pas de voiture…

— Je te paie le taxi, si tu veux…

— C'est gentil, mais ça fera trop tard de toute façon… On est loin du centre ici…

Stephen recula au moment de lui proposer sa chambre à l'Ibis. On n'était plus des étudiants.

— Bon, ok. À demain alors et merci pour tout, lui dit-il à regret avant de s'éloigner.

La bulle de légèreté suscitée par son échange avec Mélody venait d'éclater. Il retrouva l'état de désarroi dans lequel l'avait mis sa dernière passe d'armes avec Randy. Le bon achèvement du projet lui semblait plus hypothétique que jamais. Le tournage pouvait lui échapper pour de bon. Dieu sait comment Despérados allait gérer la situation avec Odalie. Il décida d'appeler Farid pour le tenir au courant. Il avait besoin de partager ce qu'il vivait avec un homologue capable de comprendre. Farid décrocha immédiatement. Stephen n'y alla pas par quatre chemins. C'était la merde. Il lui raconta tout. Le casting au bord de la rupture, les manipulations de Randy et un possible dérapage des coûts avec les cachets des comédiens. Despérados faisait n'importe quoi. Farid ne fut pas d'une grande aide. Il se mit à paniquer au bout du fil en criant qu'il fallait aller au bout du tournage coûte que coûte, l'enjeu était trop important. D'ailleurs, il avait beau travailler dans la vidéo, il détestait ça, les tournages, c'est pour ça qu'il n'y restait pas, même quand les clients étaient là. Que des gros nids à emmerdes. Mais là, c'était le pompon. Il soutenait Stephen à 10 000 % mais n'avait aucun conseil à lui donner.

— Écoute, fais le max et sauve-nous le projet, Inch'allah, fit-il avant de raccrocher. Stephen se sentit très seul. Pas au point d'aller aux putes, mais quand même.

Il alla retrouver l'équipage habituel du minibus qui se préparait à embarquer. Armelle et Will vinrent annoncer qu'ils rentraient avec Tama. Ils regagneraient l'Ibis plus tard. Pour le moment, ils allaient té-sqwa sa suite à l'Intercontinental. Ils souhaitaient profiter de l'ambiance palace et faire quelques photos pour exciter leurs fans sur les réseaux sociaux.

— J'vais faire un putain de selfie jacuzzi, frère, tu vas kiffer ! lança Will à Ludo en lui tapant dans le dos.

Le chargé de production sembla ravi de cette marque de familiarité de la part de la star du web. On se mit en route. Une vingtaine de minutes plus tard, tandis qu'il regardait défiler les quais du port de commerce, Stephen songea à la soirée à venir. Il pressentait que la production n'avait de nouveau rien prévu. Ça n'était pas faute d'avoir fait des allusions à ce sujet avec Ludo depuis trois jours. Encore sous le coup de la déception que lui avait causée le refus de Mélody, la vision du morne dîner qui l'attendait avec le gros Ludo, le raide Bastien et la bavarde Nathalie le découragea. Nulle part il n'était chez lui. Ni à Paris, ni à Marseille. Chaque soirée devait donc être une épreuve. Il ressentit l'envie de plaquer tout le monde dès l'arrivée à l'hôtel pour s'aventurer dans la ville, seul, à la recherche d'un restaurant tranquille, puis d'un bar, avec des filles. Il avait besoin de décompresser. Son téléphone vibra. C'était Randy. Non, il n'avait rien prévu pour les clients. Il souhaitait seulement dîner avec lui. Il s'était emporté tout à l'heure et tenait à s'excuser. Et puis ça serait l'occasion de faire le point. Il connaissait un italien divin. Ça n'était pas du tout ce dont Stephen avait envie. Mais il fallait savoir saisir la main tendue. Il s'excusa auprès de ses clients et chargea Ludo de les emmener dîner quelque part. Le restaurant de Randy était du côté du Vieux Port. Il n'avait pas le courage de courir après un taxi. Il demanda à Thomas si ça ne le dérangeait pas de le rapprocher avec son minibus.

Le restaurant était situé sur le cours Honoré-d'Estienne-d'Orves, vaste esplanade piétonne dont les façades colorées étaient éclairées par de puissants projecteurs. L'endroit plut à Stephen qui y reconnut l'une de ces places typiques du Sud. Le restaurant s'appelait La Locanda. Conduit à sa table par le garçon de la réception, il trouva Randy en pleine conversation téléphonique. Le producteur lui adressa un sourire crispé et lui fit signe de s'asseoir. Il avait l'air au bout du rouleau. Vu son teint et ses cernes, la crème pour hémorroïdes montrait ses limites. Sa coiffure habituelle de caniche soigné était ce soir celle d'un bichon sous MDMA. Il raccrocha pour répondre aussitôt à un nouvel appel sur son deuxième téléphone en faisant signe à Stephen de regarder la carte. Son premier téléphone se remit à vibrer. Stephen, qui réfléchissait à ce qu'il allait manger, reconnut la voix de Ludo qui lui hurlait dessus parce qu'il n'avait toujours pas reçu la feuille de service et que ça le foutait mal vis-à-vis de ses clients qui lui posaient des questions sur le planning du lendemain. Ses yeux roulaient hors de leurs orbites tandis qu'il s'empêtrait dans des promesses qui se voulaient rassurantes. Ludo ne le lâchait pas. Il n'avait pas non plus reçu la confirmation qu'une voiture irait bien chercher Antoine et Marek le surlendemain à Marignane. Oui, oui, tout avait été prévu. Il attrapait son verre pour arracher une gorgée d'eau entre deux phrases. Stephen, qui avait passé sa commande en arrêtant un serveur, observait Randy enchaîné à ses téléphones. Ainsi donc, il avait confié son plus gros projet de l'année à ce type qui, en cet instant, renvoyait une impression de fébrilité et d'exténuation extrême des plus inquiétantes. Il avait vraiment déconné. Randy semblait ne plus savoir où donner de la tête, aux prises avec des téléphones qui ne lui laissaient pas un instant de répit. Stephen attaqua ses paccheri sans attendre que Randy raccroche ; il les aurait mangés froids. Maintenant c'était l'avocat de Tama qui réclamait son contrat toujours pas envoyé, menaçant d'annuler sa collaboration. Puis ce fut Malika qui lui parlait d'un problème de déclarations à l'Urssaf pour des techniciens. Chaque fois, il répondait « oui » en restant évasif. Il s'était mis en pilote automatique. Stephen comprit qu'il ne pourrait pas en placer une. Il était le témoin assigné et silencieux d'un spectacle navrant, d'un tourbillon impuissant. Il aurait de loin préféré manger seul. Il avait fallu que Randy lui sabote la soirée. Tout le paréo de superbe dans lequel se drapait le producteur à la villa s'était envolé. Ce qu'il cachait de faiblesse et de dépassement était glaçant. Il n'y aurait donc rien à tirer de ce tête-à-tête.

Comme Stephen se levait de table, Randy, semblant réaliser que le dîner était terminé et qu'ils n'avaient pas parlé, laissa vibrer ses téléphones pour glisser un mot au publicitaire.

— Je suis désolé, mon Stéphou, ils m'accaparent tous ! Je voulais juste te dire : demain, pas la peine de discuter avec Paul-Robert. C'est un vieux schnok qui ne connaît rien du projet et ne comprend pas le digital. Tu perdrais ton temps, et ça rajouterait de la pagaille, je t'assure… Tu veux pas prendre un dessert ? C'est pour moi, hein.

Monsieur était trop généreux.

— Non, c'est gentil, Randy, je te laisse.

Ça ne l'aurait même pas surpris que le producteur lui laisse payer sa part, fulmina Stephen. Stephen regagna la sortie, pressé de solder la soirée, laissant Randy reprendre ses coups de fil du soir. L'avait-il fait venir seulement pour s'assurer de son silence avec Paul-Robert ? C'était fort possible. Il n'était pas à une manigance près, le zèbre. Dans ce cas, il allait être déçu.

Mince, il aurait dû demander à la réception d'appeler un taxi, pensa-t-il à quelques mètres du restaurant. Tant pis. Il n'allait pas revenir sur ses pas. Il se rappela la carte que lui avait tendue le jeune gars à la Laguna tunée. « Carou Taxi », voilà. Il l'appela. Carou pouvait être « sur zone » d'ici une vingtaine de minutes. Stephen se dit qu'il allait longer le bassin du Vieux-Port en guise de promenade du soir en attendant. C'était apaisant les lumières de la ville qui dansaient sur l'eau.

Surplombant la masse compacte des bateaux endormis, à quelques centaines de mètres à vol d'oiseau, dans le bar de l'Intercontinental, Odalie et Tama prolongeaient la célébration de leurs retrouvailles. Armelle et Will Ahmed les avaient quittées un peu plus tôt. Elles en étaient à leur quatrième bouteille de champagne rosé.

— On est des filles, on adore le rose ! avait lancé Odalie au serveur en guise d'excuse dans un grand éclat de rire très sonore.

Elle était si heureuse d'être à Marseille avec sa petite Tama, sa protégée de l'émission *Pop Stars* rencontrée la saison où elle avait fait partie du jury. Ça méritait une nouvelle embrassade.

— T'es belle, tu sais ! lui dit-elle en lui passant la main dans les cheveux.

— Nan, c'est toi la reine, lui répondit Tama dans un grand sourire.

— C'est vrai que j'ai grave assuré ! rebondit Odalie, déclenchant un nouveau rire de Tama qui troubla une nouvelle fois l'atmosphère feutrée de l'endroit. Je savais que t'étais en galère de tunes et que tu t'emmerdais à Paris. Je te l'ai dégagée direct, la Montana !

— J'avoue ! J'ai trop de chance de t'avoir, mon Odalie. T'es ma sœur, je t'assure.

Elles s'enlacèrent à nouveau en se disant qu'elles s'aimaient, qu'elles seraient toujours là l'une pour l'autre. Leurs effusions entrecoupées de commentaires sur leur aventure commune se poursuivirent, ponctuées d'éclats de rire de plus en plus bruyants à mesure que la bouteille descendait. Tout y passait.

Et ce Randy qui ne gérait rien…

— J'avoue.

Et la cliente, là, Nathalie, qui se prenait trop pour leur pote…

— Ça lui va bien d'être à Marseille.

— Tu trouves ?

— T'as pas vu son look de cagole ? balança Odalie, faisant pouffer sa comparse.

Et ce Stephen qui essayait de tenir le truc comme il pouvait.

— Il est un peu… heu… rigide, non ? s'interrogea Tama.

— J'aimerais bien, s'esclaffa Odalie.

— Tu le trouves sexy ?

— Ouais, plutôt.

— J'avoue, il est pas mal. En mode daron. Mais il en bave, le pauvre…

— Ouais, ça lui donne un côté craquant… J'espère qu'il a une grosse queue toute chauve…

— Ah ah, t'es con…

Le personnel du bar entendait tout mais demeurait impassible, s'assurant de temps à autre que ces dames ne manquaient de rien. On espérait juste qu'elles sauraient s'arrêter à temps par égard pour le reste de la clientèle. C'était toujours un peu délicat à gérer sinon. Une clientèle qui, il est vrai, ne descendait pas quatre bouteilles de champagne par soir. On pouvait donc leur pardonner.

Au sud de la ville, dans un hôtel d'un moindre éclat bordant l'avenue du Prado, Nathalie, à califourchon sur le chef Alex, mettait en œuvre sa stratégie de fidélisation. Elle n'était pas responsable des programmes « avantages clients » pour rien. Confortée par la célèbre maxime qui prônait l'attaque comme meilleure défense, elle avait assailli le cuisinier après quelques Asahi bues au japonais de la dernière fois. Non, Tama ne l'approcherait pas d'un ongle, avait-elle décidé, ne comptant pas ses allers et retours de bassin sur ce sexe qu'elle avait imaginé plus gros, un opinel de calibre 13 disons. Là, on était plus sur un 11. Justement, elle connaissait la fidélité des cuisiniers à leurs ustensiles. Quand un modèle leur plaisait, ils le gardaient à vie. Elle savait que le chef Alex ne risquerait pas de mettre en jeu un excellent coup pour une turlute sans doute plus fade et sans lendemain, même avec une chanteuse bonasse de deuxième ordre. À quatre pattes sur le lit, s'imaginant comme une daurade ou une côte de bœuf tout entière abandonnée aux manipulations de l'artisan, elle gémit qu'elle était toute à lui. Mais le sentant mollir après quelques coups de reins (ses journées étaient épuisantes), elle fit à nouveau preuve d'initiative, ne voulant pas renoncer à satisfaire cet homme qui portait si haut les plaisirs de la bouche. Se dégageant de son étreinte, elle fit volte-face et prit son sexe dans son orifice bucal. Elle lui signifia ainsi qu'elle comprenait mieux que quiconque et surtout que cette grue de Tama son engagement quotidien. Il y eut un sursaut libérateur. Le chef Alex, aussi épuisé et comblé qu'on peut l'être après un bon repas, lui dit avec son accent du Sud-Ouest que « c'était du bon travail ». Il prenait très à cœur son rôle d'arbitre dans *Braises de stars*.

À Paris, dans une rue très sombre du 8e arrondissement, Paul-Robert rabattit la lourde porte métallique des bureaux de Despérados avant de la fermer à clé. Il écouta les quatre bips caractéristiques qui indiquaient la mise en service de l'alarme. La grande maison de style néo-gothique était totalement noire et silencieuse. Ça faisait longtemps que son bras droit, Corinne, était rentrée chez elle. L'équipe de production et les filles du studio son aussi. Même Thierry de la post-prod qui faisait souvent des nocturnes pour terminer un montage. Il était repassé à la boîte pour mettre la main sur le contrat qui le liait à Mystreamy et les devis de production. Histoire d'avoir le contexte bien en tête, de savoir exactement ce à quoi Despérados s'était engagé. Le bureau de Randy était un vrai bordel. Il avait trouvé plus d'emballages de Kinder Bueno que de papiers intéressants.

Il enfourna sa valise dans le coffre de son vieux Range Rover Classic de 1991 couleur lie de vin garé devant l'hôtel particulier. Il était temps de décoller pour Marseille. Il n'avait pas d'autre choix que de descendre par la route de nuit. Une grève Air France clouait au sol les navettes du matin au départ d'Orly. Putain de pilotes. Il alluma un cigarillo dans l'habitacle tendu de vieux cuir crème. Il pensait pouvoir arriver vers six heures trente. Randy ne lui avait rien trouvé de mieux qu'une chambre au Formule 1 de Plan de Campagne à Marseille Nord. Sans déconner. Tous les hôtels étaient complets à cause d'un congrès européen sur la pêche. Putain de pêcheurs. Ça ne le refroidissait pas. Dans la production, mieux valait avoir le cuir tanné. Il rejoignit l'A6 sans difficulté. Maintenant, c'était tout droit jusqu'à la côte. Il s'agissait de rester éveillé. Rien de tel qu'un peu de musique branchée. Il glissa une bonne compilation d'eurodance dans son lecteur CD. Après la dance music, il n'avait plus suivi. Et *Luv 4 Luv* de Robin S, ça restait au top de la moumoute, comme il avait l'habitude de dire. Ses idées s'entrechoquaient au rythme du beat synthétique de la musique. Qu'est-ce que ce con de Randy avait foutu ? Est-ce qu'il s'était trompé sur son compte ? Le patron de la créa de Mystreamy n'avait pas l'air commode non plus. N'empêche qu'il fallait pas tout planter. Il avait déjà décaissé plus de 200 000 euros pour lancer le tournage. Manquerait plus que Mystreamy ne veuille pas payer, ça foutrait sa boîte par terre. Il jouait sa retraite, là ! *I Like to Move It* emplit l'habitacle. Il accéléra. À minuit, un peu avant Nemours, son téléphone, posé sur le siège passager, émit un son rond et aquatique qui annonçait la réception d'un message. Il le saisit d'une main et y jeta de rapides coups d'œil pour ne pas perdre la route de vue. Il ne comprit pas tout de suite qui en était l'expéditeur. En tout cas, la personne n'arrivait pas à dormir. Elle était très stressée. Elle parlait de son ventre. Un ventre qui se remettait à gonfler… qui allait devenir énorme. Un ventre énorme ? Mais qu'est-ce que c'était que ça ? Le message était signé… Odalie. Merde. Il ne pouvait pas lui répondre au volant. Il allait devoir s'arrêter.

À la lumière blafarde des néons de la station-service déserte, Paul-Robert se demandait quoi répondre à la chanteuse en tournant la touillette de son café pour trouver l'inspiration. Il était une heure du matin. Son téléphone émit une vibration. Nouveau message d'Odalie. Ça n'allait pas du tout. Elle ne trouvait pas le sommeil. Elle angoissait d'être totalement naze le lendemain. Résultat, elle dormait encore moins et son ventre gonflait d'autant plus. Elle avait besoin qu'il arrive. Vite. Elle ne savait plus vers qui se tourner sur place. Hum. Il lui répondit qu'il était en route et qu'il fallait qu'elle se détende. Tout irait très bien. À deux heures, nouvel arrêt café et nouveau message. Elle prenait Xanax sur Xanax et se bourrait de Lexomil. C'était la seule façon de fermer l'œil. Mais elle angoissait de ne pas se réveiller le lendemain. Il fallait qu'il passe la lever. Elle n'avait pas confiance en ceux qui étaient sur place. Paul-Robert l'assura qu'il s'occuperait d'elle et lui souhaita une bonne nuit. Il avala son café d'un trait, remit un peu d'essence et repartit dans la nuit. Mais qu'est-ce qui n'allait pas avec Odalie ? Un problème avec l'équipe ? Un accès de paranoïa ? Elle ne pouvait pas ne pas se présenter sur le plateau. Ça mettrait Despérados en difficulté vis-à-vis de ses clients. Il fallait élucider ce problème de ventre avant que ça se sache. Il se dit qu'il arrivait à pic. N'empêche, elle lui déballait tout comme s'il était sa mère. Or ils ne s'étaient vus qu'une seule fois, dans ses bureaux, pour relire son contrat… Ça sentait la solitude, l'égarement. Putain de show-biz. À six heures vingt, il se garait sur le parking baigné de lumière orange du Formule 1. Il n'avait pas ménagé son vieux Range. Il réveilla l'employé d'astreinte qui lui ouvrit la porte. Il allait quand même faire une courte sieste. Il découvrit son alvéole avec son lit banquette. La pub, ça n'était plus vraiment ça. Il était temps d'arrêter.

XV

Paul-Robert jeta son sac dans le coffre du Range à sept heures trente très exactement. Le Formule 1, c'était fini. Ça frisait l'humiliation. Le paradoxe de sa situation lui éclata un peu plus à la figure quand il pénétra dans l'atrium luxueux de l'Intercontinental après avoir confié le 4X4 au voiturier. Randy allait en entendre parler. Il se présenta à la réception pour expliquer à une jeune femme sa mission du matin. Il ne fit pas attention à l'homme râblé et chauve en costume sombre à côté de lui qui formulait au même moment la même demande à l'autre concierge. Celui-ci, saisissant au vol le nom d'Odalie Summer, s'interrompit aussitôt pour se tourner vers lui.

— Vous êtes M. Bricard ?

— C'est exact.

— Je me présente, je suis Éric Fontana, le chef chauffeur de la production.

— Ah, très bien…

— C'est moi qui emmène Odalie sur le plateau, mais ce matin… disons qu'elle a un peu de mal à se lever. On l'appelle depuis dix minutes, mais elle ne décroche pas… expliqua-t-il avec son fort accent marseillais. Il va falloir faire comme la dernière fois, ouvrir sa suite avec le pass du manager. On vient de l'appeler, il arrive.

La situation avait tout l'air d'être rodée. Ce qui ne rassura pas Paul-Robert, bien au contraire. Il s'en voulait de ne pas être arrivé plus tôt. Depuis la veille, les informations qu'il récoltait contredisaient les « tout se passe à merveille » que Randy lui servait jusqu'ici. C'était avant le coup de fil salé de Stephen Berger. Le manager arriva tout sourire, et fit preuve d'une parfaite amabilité avec ses deux visiteurs. Les proches de ses clients étaient ses clients. Il comprenait parfaitement leurs impératifs et, tout en conduisant Éric et Paul-Robert à travers l'hôtel, leur assura que Mme Summer était une cliente délicieuse. Il était inutile d'évoquer le bris de la potiche en cristal au bar à cause d'un geste maladroit de la chanteuse la nuit dernière. On glisserait le montant sur la note en toute discrétion.

— Voilà, nous sommes devant la porte de la suite 210, indiqua le manager avant de demander l'autorisation à Paul-Robert et Éric de toquer à la porte.

— Mme Summer ? Mme Summer ? J'ai des visiteurs pour vous. Je peux aussi faire monter votre petit déjeuner… Mme Summer ?

Devant l'absence de réponse, le manager demanda s'il devait ouvrir la porte. Paul-Robert donna son feu vert. Le manager déverrouilla la porte avec son passe-partout magnétique avant de la pousser avec précaution. Paul-Robert, qui ne voulait pas y passer la journée, pénétra dans la suite et s'avança dans une chambre baignée de lumière. La star n'avait pas pris la peine de tirer les rideaux. C'était le miracle du Xanax, une nuit profonde en plein jour. Alertée par le bruit des pas, elle émergea de son immense couette, faisant un effort inouï pour reprendre une contenance devant ses visiteurs.

— Oh, merci d'être venu, dit-elle d'une voix traînante, s'étirant et clignant des yeux à cause de la luminosité.

Le manager, qui était resté sur le pas de la porte, demanda à Paul-Robert s'il avait besoin d'autre chose. Non, tout allait bien, lui répondit le producteur en le remerciant. Il s'effaça en souhaitant à ces messieurs dames une excellente journée.

— C'est adorable, Paul-Robert, reprit Odalie. J'ai vraiment très mal dormi, ça été un calvaire, tu n'imagines pas...

Le patron de Despérados jaugea le lit king size, l'épaisseur du matelas, le moelleux de la couette, les six oreillers. Il ne put s'empêcher de repenser à la nuit qu'il venait de passer, à toutes ces heures de route, à cet atterrissage sur une planche de bois avec son oreiller synthétique. Mais c'était à lui de comprendre. Dans le monde des célébrités, l'empathie était souvent à sens unique. Il était donc prêt à tout entendre, il était là pour ça.

— Je ne pensais pas que jouer la comédie me créerait de telles difficultés, reprit Odalie. Je crois que ce projet est au-dessus de mes forces. Ça me met dans un état de stress vraiment très, très toxique. Ça risque d'accentuer mes rides ou de faire tomber mes cheveux. J'avoue que je dépense déjà des fortunes en esthétique… Ça ne vaut pas le coup. En plus, je sais pas si tu sais, mais je suis en train de refaire mon appartement à Neuilly. Ça me tracasse aussi. Il y a des surcoûts dans tous les sens, et avec tout ce que je dois filer aux impôts, je ne suis pas sûre d'arriver à boucler les travaux… T'imagines ? j'ai plus de salle de bains ! Ça me bouffe. Bref, ça commence à faire beaucoup. Regarde mon ventre, il est encore un peu gonflé. Mais ça me touche que tu sois là. J'ai vraiment besoin d'encouragements, de soutien.

Elle adressa un regard appuyé à Paul-Robert. Essayait-elle de lui dire quelque chose ? Ça en avait tout l'air, devina le producteur qui ne comptait plus les manigances de stars auxquelles il avait dû faire face.

— Est-ce que tu as besoin d'un peu plus d'argent ?

— J'avoue que je me sentirais plus sereine. Je n'aurais plus l'impression de me donner autant de mal pour rien…

— Éric, tu peux nous attendre dehors ? lança Paul-Robert au chauffeur qui était resté immobile dans le vestibule. Ok. À combien penses-tu ?

La chanteuse n'y alla pas par quatre chemins.

— Vingt mille.

Elle était quand même bien réveillée pour parler chiffres au saut du lit, se dit Paul-Robert. Mais si c'était le prix pour sauver l'opération, c'était le prix. Il rognerait un peu sa marge, mais Randy avait très bien vendu le projet. Despérados pouvait se le permettre, il fallait garder de bons rapports avec un client prometteur.

— Ok. Je te fais le virement dans la journée.

— Tu es un amour, dit-elle en lui jetant un regard enjôleur avec ses yeux bleus qui étincelaient dans la lumière de la chambre. Laissez-moi vingt minutes et je vous retrouve en bas, les chéris.

Randy arriva à la villa dans les meilleures dispositions. Il avait passé une nuit très agréable, bien plus reposante que les précédentes. En sortant du lit, il s'était offert un massage aux huiles chaudes suivi d'un bain aromatique au jacuzzi. Sa peau était soyeuse et il avait soigné l'arrondi de ses boucles de cheveux. Il se sentait au top de sa forme et de son look. Ses espadrilles Gucci ornées de mors de cheval, sa veste blanche à lignes multicolores et son t-shirt lacéré achevaient de lui redonner sa confiance habituelle qui avait peut-être un peu pâli ces derniers jours. Il voulait recoller les morceaux avec Stephen, rebooster ce tournage comme s'ils partaient tous les deux d'une page vierge. Les techniciens allaient et venaient dans la cour, transportant divers matériels depuis les camions garés derrière la maison vers le plateau. Il y avait deux ou trois jeunes machinistes pas mal, se dit-il en descendant de son van climatisé.

— Salut, les girls, lança-t-il aux filles de la production en arrivant à la grande table toujours aussi en désordre.

Une fois n'était pas coutume, il ne leur cria pas dessus.

— Tout va bien ce matin ?

Sonia se risqua à lui dire que toutes les toilettes de la maison étaient inutilisables, la fosse septique était bouchée.

— Les garçons iront faire pipi dans le jardin, ironisa-t-il avant de déclarer qu'il avait besoin d'un croissant et de s'éloigner en direction de la table régie sur la terrasse.

Il rejoignit Stephen qui achevait de vider son mug de café matinal.

— J'aime comment tu empoignes ta tasse, mon Stéphou, c'est très viril ! Moi je lève toujours mon petit doigt, je n'arrive pas à faire autrement ! D'ailleurs, quand tu m'as crié dessus hier, j'ai trouvé ça très sexy, ça m'a beaucoup plu ! Alors, t'inquiète, je ne t'en veux pas du tout. On a besoin de mâles alpha sur les projets. Ça fait avancer les choses, conclut-il, assez convaincu de son analyse.

Marc Tabouret, qui était allé chercher une optique longue focale dans un camion, s'arrêta pour prendre un café avec eux. Ce 24/290 devait lui permettre d'avoir des images assez serrées du bateau depuis la digue, expliqua-t-il à Stephen en lui demandant de lui servir une tasse. L'objectif, qui « pesait un âne mort », paralysait sa main droite.

— Ouh là là, quel gros zoom ! cria Randy en s'écartant pour laisser le chef opérateur s'approcher de la table. C'est rare d'en voir d'aussi énormes ! fit-il en lançant un regard appuyé à Stephen.

Ludovic, qui achevait d'engloutir son quatrième croissant et qui avait suivi la scène, s'essuya la bouche avant de prendre le producteur à part. Il était très remonté.

— Écoute, Randy, je sais pas comment te le dire, mais faut que tu arrêtes ton petit jeu de rentre-dedans avec mon boss. Ça va te retomber dessus tôt ou tard. Il est déjà à cran à cause de tes conneries. Et je crois pas que ton… enfin ta drague le détende, au contraire.

Stephen profita de l'aparté entre Ludovic et Randy pour s'éclipser. Moins à cause de l'oppression du producteur que de celle de sa vessie qui le sommait d'évacuer le litre de café qu'il avait bu depuis le réveil. Il trouva Sonia qui achevait de scotcher une feuille sur la porte des toilettes. On y lisait, écrit en capitales d'imprimerie : HS.

— Et on fait comment ? lui lança Stephen sans un bonjour, tout à son urgence.

— Ce matin, on descend tous au port pour tourner le générique avec le bateau. Il y a des toilettes à la capitainerie. D'ici là, chacun se débrouille comme il peut… Randy doit voir avec Fabrice pour faire venir un plombier… Je sais, c'est pas cool… Un problème de fosse septique, toutes les toilettes sont inutilisables…

Non, c'était pas cool. Stephen évalua la tension qu'il ressentait dans son bas-ventre. La capitainerie lui semblait hors d'atteinte. Il dut se rabattre précipitamment et à sa grande honte sur un angle du mur de pierre façon restanque provençale qui ceinturait la cour arrière. Le mur était opportunément dissimulé par de gros pots de lauriers et d'oliviers, mais quand même. Il y avait quelque chose de précaire dans un tournage, pensa le créatif pour se dédouaner. C'était comme une installation de campagne militaire, avec ses loges, ses tentes techniques, sa cantine. Et ses feuillées, du coup. Alors à la guerre comme à la guerre. Au fur et à mesure que sa vessie se vidait et qu'une sensation de soulagement primaire l'envahissait, Stephen pensa aux autres. À moins qu'on fût un saint, c'était souvent lorsqu'on réussissait à se détacher de ses préoccupations personnelles qu'on embrassait des considérations plus altruistes. Les hommes de l'équipe se débrouilleraient, mais les femmes ? Et surtout les comédiennes ? Il n'imaginait pas Odalie Summer accroupie entre deux pots de cactacées. Ce problème de toilettes était potentiellement une bombe à retardement. Il n'avait pas vu Fabrice ce matin. Qu'est-ce qu'il foutait, ce con ? Pour une fois qu'on avait besoin de lui à la maison.

Sur le plateau, on s'activait pour installer le dispositif technique des séquences « repas » qu'on tournerait l'après-midi, après la scène du bateau. Les comédiens terminaient de se préparer au stylisme et au maquillage. Randy présenta à Ludo la photographe qui allait documenter le tournage et surtout faire les portraits des comédiens pour le site de la websérie. Elle se mit à l'ouvrage aussitôt, photographiant des détails aussi insignifiants qu'un coquillage sur le bord de la piscine ; certainement pour s'entraîner, jugea le chargé de production. Odalie arriva très discrètement à la villa, accompagnée de Paul-Robert. Elle se réfugia dans sa loge sans saluer personne. Elle souhaitait se reposer un peu. On lui dépêcha Walter pour la préparer. Elle rejoindrait les autres au dernier moment sur le port, d'un coup de van, quand on serait prêt à embarquer. Paul-Robert alla saluer Stephen avant de s'excuser : il n'avait pas dormi de la nuit. Il allait faire une bonne sieste quelque part dans Marseille et rejoindrait l'équipe plus tard. Il n'oubliait pas qu'ils avaient des choses à voir ensemble, il était là pour ça. Le créatif hésita à lui parler des toilettes. Mais il eut pitié de ses traits tirés et de sa pâleur.

— Une dernière chose, glissa Paul-Robert. Si jamais vous croisez Randy, pouvez-vous lui demander de m'appeler ? Je souhaite lui dire deux mots.

Stephen se doutait que le producteur était opportunément allé discuter montage avec Ornella à la cave où il avait peu de chances de croiser son patron. Il l'assura qu'il passerait le message.

Sans surprise, Randy réapparut quelques minutes plus tard, au moment où les comédiens embarquaient dans les vans climatisés pour descendre au port. Il invita Stephen et les clients à suivre le mouvement à pied. Bien sûr, il n'y avait que six cents mètres, relativisa Stephen, mais par principe, ça l'emmerdait. Ça s'ajoutait au coup des toilettes. Aucun confort. Ce tournage était totalement précaire. Tant dans son équilibre humain que dans ses conditions matérielles.

— En fait, tu t'en branles de tes clients. Mystreamy, Disli, tu t'en branles.

— Mais Stéphou, qu'est-ce qui te fait dire ça ?

— Ben j'sais pas, avec toi, j'ai l'impression d'être un clodo. On marche tout le temps, on dort dans un centre d'accueil excentré, on doit quémander pour les dîners, on n'a même pas eu un verre dans un endroit sympa… J't'assure, c'est tellement loin de ce que j'ai vécu sur tous mes autres tournages… C'est pas que je puisse pas marcher cent mètres de plus, hein, mais je suis crevé, j'ai chaud et j'aurais bien voulu poser mon cul dans un van climatisé.

Randy prit la mouche.

— Mais d'abord vous n'êtes pas mes clients, on est coproducteurs !

— Tu rigoles ?

— Si, tu regarderas le contrat, c'est écrit noir sur blanc. Despérados et Mystreamy sont coproducteurs de *Braises de stars*. Après, si vous ne lisez pas ce que vous signez, c'est votre problème. Et si tu veux un van climatisé, pas de souci, je te facture un additif, car je l'avais pas prévu dans le budget. J'avais réservé ça pour le casting, en fait.

Mais qu'est-ce que c'était encore que cette histoire de coproduction ? Mystreamy finançait tout ! Il ne se souvenait pas d'avoir signé le moindre contrat avec Despérados. D'ailleurs Ludo lui avait dit que le service juridique de la boîte était à la bourre et qu'il serait édité au retour de Marseille… Il allait refaire un point avec son chargé de production sur le sujet.

Les deux vans noirs arrivèrent au bout de la jetée sous un soleil éclatant. Les comédiens descendirent sur le quai pour rejoindre le bateau, un gros hors-bord prêté par un des amis de Fabrice. Ça faisait des économies sur le budget, assura Randy, content de son coup. L'équipe technique terminait de préparer le bateau. Le vent était faible, la mer calme, les conditions étaient donc optimales. L'opérateur Steadycam (une caméra mobile fixée sur un harnais articulé qui garantissait une fluidité d'image incomparable) était rassuré : ça n'allait pas trop bouger. Ce caméraman était quand même super gaulé, jugea Randy. Derrière ses lunettes, il ne perdait pas une miette du spectacle de ses muscles qui roulaient sous le harnais pour manipuler le lourd dispositif à base de ressorts et de contrepoids. Walter, quant à lui, était enchanté. Il sautillait d'une personne à l'autre pour exprimer son excitation : il n'avait jamais fait de bateau, à part de la barque au bois de Vincennes. Il allait monter à bord pour s'assurer que la peau d'Odalie supportait bien les assauts conjugués du sel et du soleil. C'était une membrane infiniment délicate qui nécessitait une hydratation et un soin constant, expliqua-t-il à qui voulait l'entendre. Il avait revêtu pour l'occasion une jolie marinière et s'était coiffé d'un canotier qui évoquait plus son passé de rameur de lac artificiel que de marin véritable. Il redoutait seulement le mal de mer, mais il avait pris des pilules. Le casting embarqua à la suite des réalisateurs, du chef opérateur et du preneur de son. Will Ahmed passa aussitôt la bouée de sauvetage autour de la taille :

— Les mecs comme moi en Méditerranée, c'est toujours des naufragés, wesh, c'est comme ça.

Tout le monde éclata de rire et le bateau appareilla, laissant une partie de l'équipe technique, le HMC, Stephen, Ludo, Nathalie et Bastien à quai. On avait quand même installé un moniteur vidéo relié au bateau par radio pour qu'ils puissent suivre. Pour le geste, sans trop y croire. Effectivement, à peine l'embarcation s'était-elle éloignée d'une centaine de mètres, que la liaison fut brutalement interrompue. On avait perdu le signal. Comme personne n'avait emporté de jumelles, on en fut réduit à suivre le bateau du regard, réduit à la taille d'un petit point blanc qui évoluait au large de l'entrée du port. Ce qui passionnait tout de même Nathalie qui décrivait chacun de ses mouvements :

— Il ralentit! Il accélère! Il s'arrête! Il repart! Il fait demi-tour!

Stephen laissa sa cliente à ses commentaires de vigie pour employer ce temps d'inaction forcée en rejoignant Mélody qui s'était allongée au soleil au bout du quai. Lunettes noires sur les yeux et casque audio sur les oreilles, elle semblait passer un moment agréable, ventilée par la brise légère qui venait du large.

— C'est toi, Stephen? Tu peux te mettre à côté de moi si tu veux.

Elle se décala pour lui laisser la place de s'installer.

Si toutes les déconvenues de ce tournage étaient le prix à payer pour ces minutes de félicité bord à bord avec la jeune directrice de production (c'était une matinée nautique), eh bien il l'acceptait. Parfois, à cause d'une facétie du vent qui jouait dans ses longs cheveux bouclés, une mèche venait effleurer son visage. Il en frissonnait de plaisir. Il pouvait sentir la chaleur de son corps tout contre son flanc. Il savait que son bras était à quelques millimètres du sien. Il suffisait de lui prendre la main. Oserait-il? Il osa. Elle n'essaya pas de se dégager. Non. Car si elle détestait les hommes depuis que son compagnon l'avait larguée salement pour une autre juste après qu'ils s'étaient mis d'accord pour avoir un enfant, la laissant seule avec un embryon de deux mois dans le ventre, Stephen lui paraissait différent. Plus stable. Plus rassurant. Il connaissait déjà un peu la vie. Elle avait besoin d'un type sérieux. Et dans ce métier, c'était à désespérer d'en trouver un seul. Elle tourna son visage vers lui et lui sourit.

Depuis Adam et Ève, il n'existait pas de paradis dont on ne fut pas chassé. Dans un fracas de chevaux et de gaz d'échappement, le bateau accosta avec un peu trop de vigueur, faisant trembler le ponton. Ben cria en sautant à quai :

— Ça le fait, on a tout !

Tout s'était bien passé, les images allaient être canon. Ça ferait un générique « golri direct », assura Youri, ce qui fit pouffer Will Ahmed et Odalie. Visiblement ils s'étaient bien amusés. Sauf Walter qui était blême sous son chapeau de paille. « Il devrait se mettre un coup de fond de teint », pensa Stephen, constatant une nouvelle fois la pertinence de l'adage des cordonniers mal chaussés. Sur le chemin du retour, on fit étape à la cantine où le chef et toute son équipe attendaient les marins du matin pour leur servir un repas « sur le thème de l'Italie ». Après quoi on remonta à la villa. À peine arrivé, Stephen constata avec déplaisir que les toilettes étaient encore bouchées. Il aurait dû faire comme tout le monde et aller à la capitainerie pendant la pause déjeuner. Il fut bon pour redescendre au bar du port, accompagné de deux techniciens qui venaient de faire la même expérience. Mais qu'est-ce que foutait Randy ? Il avait eu toute la matinée pour s'en occuper, pesta-t-il en cherchant le soutien de ses camarades. En plus, il allait encore louper un bout du tournage.

Effectivement, on démarra quelques minutes plus tard par le repas d'Armelle. Tous les comédiens s'étaient installés autour de la grande table de jardin en teck. L'humeur générale était excellente, chacun avait hâte de démarrer. On attendit que Laetitia s'assure une dernière fois avec son assistante que les tenues des comédiens étaient raccords avec celles qu'ils portaient dans l'épisode d'Armelle. Comme toutes les scènes étaient tournées dans le désordre, il fallait à tout prix éviter un problème de cohérence une fois qu'on assemblerait les épisodes.

Armelle fit son entrée, poussée par le chef Alex. Elle tirait une gueule monstrueuse, terrifiée à l'idée de présenter ses keftas à Vince Leclerc. Elle jeta un regard noir à la caméra tandis que la tablée l'accueillit chaleureusement aux cris de « Les saucisses ! Les saucisses ! » Elle posa violemment le plat avant de s'en prendre à Will Ahmed qu'elle soupçonnait d'avoir lancé le mouvement. Odalie, prise de pitié, se servit, goûta un morceau de brochette et lui dit que ses saucisses étaient très bonnes. Ce qui eut le don de l'énerver :

— Qu'est-ce qu'elle a, la chanteuse ? D'abord c'est pas des saucisses, c'est des keftas !

— Eh, on ne manque pas de respect à Odalie, s'insurgea Tama Tonnerre.

— J'tai rien demandé à toi non plus !

Cette dernière phrase mit le feu aux poudres. Will Ahmed, qui en pinçait pour Tama, eut à cœur de défendre l'honneur de sa belle. On mangea peu de keftas, mais on s'insulta copieusement, pour le plus grand bonheur des réalisateurs qui voyaient leurs intentions parfaitement respectées : « À la fin, faut que ça parte en couille ! Comme ça, personne ne bouffe quoi que ce soit, Vince est consterné et Armelle perd toutes ses chances. Ce qui explique le côté trash du confessionnal ! »

Stephen revint à la villa en sueur. Il ne prêta pas spécialement attention à la tournure dramatique que prenait la fin de l'épisode d'Armelle. Nathalie et Bastien discutaient derrière le moniteur, cornaqués par Ludovic. Il pouvait entendre les « garçons » qui se bidonnaient à l'autre bout de la terrasse. Tout avait l'air normal. Ce qui ne l'était pas et frisait le scandale, c'est qu'à quatre heures de l'après-midi, passant par acquit de conscience devant les toilettes, elles étaient toujours inutilisables. Et aucun signe de technicien dans les parages. Enfin si, mais pas les bons. Ça l'obsédait. Il restait encore deux putains de jours de tournage et personne ne semblait se soucier du problème. On sous-estimait trop souvent les questions logistiques qui avaient causé la ruine de nombre de productions. Et celle-là était déjà une miraculée, ou, disons, une grande brûlée pour rester dans le thème.

Alors qu'il s'apprêtait à sortir par la baie vitrée de la cuisine, il se reconnut sur une sorte d'affiche collée sur l'énorme frigo américain. La photo avait dû être prise le matin même par la photographe de plateau. Mais il n'était pas seul sur l'affiche. Randy y figurait aussi. Et par une astuce assez grossière de photomontage, ils avaient l'air de se rouler un gros patin, leurs bouches collées l'une contre l'autre. Il croyait rêver. Qu'est-ce que c'était encore que ce truc, putain ?! Il rebroussa chemin vers le salon et découvrit la même image scotchée sur une colonne, sur un miroir, sur une baie vitrée… La maison en était truffée. La première personne à laquelle il pensa en se mettant à les arracher une à une frénétiquement, fut Mélody. Ludo, qui observait du coin de l'œil les allées et venues de son patron, ne comprenant pas au juste ce qu'il faisait, lui demanda à tout hasard s'il avait besoin d'aide.

— Surtout pas, glapit-il un peu sèchement.

Il se mit à douter de façon irrationnelle de son allure : assez soigné, de belle carrure, chauve, il ressemblait à un profil en vogue dans la palette gay. Cette histoire était crédible. Qui plus est, dans un milieu professionnel à tout le moins en retard sur les évolutions sociétales pour ne pas dire rétrograde, celui de la publicité, connu pour son sexisme et le peu de cas qu'il faisait de la diversité, ça pouvait faire une tache invisible sur son CV. Mieux valait assurer ses arrières. Pour peu qu'un abruti trouve ça drôle et le publie sur les réseaux sociaux…

— Mais qu'est-ce que tu fais, mon Stéphouuu ? Arrache pas tout ! s'écria Randy en rejoignant le créatif, un rouleau d'affiches sous le bras. J'étale notre histoire d'amour au grand jouuur ! Tu imagines notre couple ? Tellement glamouuur ! Toi, le publicitaire à qui tout réussit, moi, le producteur qui enchaîne les projets en vue, tout Paris serait à nos pieds !

— Mais qu'est-ce que tu fous, putain ! explosa Stephen, faisant se retourner vers lui le groupe du canapé.

Randy eut un mouvement de recul suite à cette éruption imprévue. Il répondit avec un air d'évidence hypocrite :

— Bah tu m'as relégué à la cave avec Ornella. Et à force de voir du montage, j'apprends ! Je suis doué, non ? dit-il d'une voix mielleuse.

Stephen n'essaya même pas d'analyser ce que lui disait le producteur. Il hurla de plus belle :

— Je te signale que les toilettes sont toujours bouchées et que ça va poser un GROS problème !

Randy battit rapidement des paupières comme s'il luttait contre une bourrasque et prit une mine dégoûtée.

— Je ne suis pas plombier, Stéphou. Je suis pro-duc-teur !

— Eh bien le producteur va se faire un plaisir de mettre les mains dans la merde !

— Malikaaaaa ! cria Randy en jetant un regard d'une incrédulité noire à Stephen.

Il partit en traînant des pieds vers la table de la production. Le créatif se dit qu'il allait passer un petit moment dans les canapés. Histoire de dissiper l'inquiétude ou l'incompréhension que son mouvement d'humeur avait pu faire naître chez ses clients.

— C'est bon, on a ce qu'il faut ! crièrent les réalisateurs en chœur.

Le repas d'Armelle était donc terminé. On enchaînait avec celui de Will Ahmed. C'était le signal qu'attendait l'équipe déco pour se ruer sur la table et changer son dressage. Mélody envoya les comédiens se changer.

Le temps de se remettre en place, la séquence démarra. Bizarrement, l'ambiance avait radicalement changé. À la table, toute trace de gaîté avait disparu. Les mines étaient plus dégoûtées les unes que les autres. Les assiettes étaient intactes.

— Franchement, ça schlingue, lâcha Leclerc.

— C'est l'horreur, renchérit Tama.

Will Ahmed, plutôt susceptible d'ordinaire, ne protestait même pas alors qu'il présentait son propre plat et jouait sa place pour gagner la Brochette d'Or. Au contraire, il abondait dans le sens de ses convives.

— Ça pue l'alien crevé.

Entre deux parlotes avec Ludo dont elle appréciait la capacité d'écoute soumise, Nathalie venait de se rendre compte que quelque chose clochait. Même si Will Ahmed avait raté sa recette et bien que ce soit sans doute prévu dans le scénario, ils en faisaient tous des tonnes. À force, on risquait l'amalgame avec les produits Disli dont on devait au contraire vanter la fraîcheur. Elle fit part de ses réflexions à Ludo. En se rapprochant à grosses foulées du plateau, son nez fut assailli par une odeur pestilentielle. Passant une tête dans la tente vidéo, la main sur le visage, il eut l'impression de vivre une scène de film catastrophe. À l'intérieur, c'était la débandade. Tous les occupants avaient abandonné la surveillance de l'écran, trop occupés à protéger leurs voies respiratoires comme ils pouvaient.

— Coupez, cria Léo à quelques mètres de là. De toute façon, au son ça ne marche pas non plus, j'ai trop de bruits de tuyaux ! dit-il en lançant un regard douloureux et rageur vers l'extrémité gauche de la terrasse.

Là, un technicien équipé d'un masque respiratoire surveillait un gros tuyau d'aspiration qui plongeait dans le sol par une trappe en béton ouverte. Se sentant incriminé, retirant son masque, il se défendit :

— C'est pas ma faute, m'sieurs dames ! On m'a demandé de venir pomper en urgence, je pompe !

Des voix accablées s'élevèrent de la table.

— Qu'est-ce qu'on a fait pour mériter ça ? lança Armelle. Après tout, on est des gens connus, on a le droit à un minimum d'égards !

— Vous savez, m'dame, j'habite pas ici. Et les merdes, qu'elles sortent de culs célèbres ou pas, elles puent toutes pareil ! répondit le technicien qui ne voulait pas endosser le rôle du bourreau.

Odalie était sur le point de défaillir. Walter partit chercher en catastrophe un gros flacon de Shalimar de Guerlain pour lui faire respirer à grosses lampées.

— C'est la faute de Stéphou ! lâcha Randy qui, aussitôt arrivé à cause des cris, repartit, effaré par le cataclysme que la purge de la fosse septique avait déclenché.

— On reste en place ! hurla Mélody pour décourager les premières tentatives de repli. Autrement on ne termine pas la journée et on sera battus !

— AaAaaAaaAhhHhhhHhhh, agonisa la table.

— À côté, un barbecue d'andouillettes quintuple A, ça aurait été peu de chose, soupira le chef Alex dans son tablier rabattu sur le visage.

Les épreuves soudaient un collectif. Le tuyau remballé et la trappe de l'enfer refermée, chacun recouvra ses esprits et eut à cœur de reprendre l'ouvrage interrompu. Walter avait achevé de dissiper les derniers effluves en sautillant partout, éventail en main. Ou du moins le croyait-il. La table rescapée avait envie de profiter de la vie. Will Ahmed aurait pu servir à ses invités des brocolis en boîte périmés qu'ils auraient trouvé son plat merveilleux. Cherchant à parachever son opération séduction après une dégustation dans la bonne humeur (ce qui changeait), il leur proposa un bonus de son cru.

— Allez, j'vous ai préparé une p'tite chicha pomme, on va tous aller mé-fu en se frottant dans ma R5.

Stephen qui, l'esprit encore secoué, jaugeait la pertinence de l'allusion à un frottage collectif en R5, n'eut pas le temps d'aller au bout de ses réflexions. Randy fit de nouveau irruption. Il devait valider de toute urgence le champ pour la séquence « maraîcher » du lendemain. Son équipe de repérage venait de rentrer et il fallait sécuriser le lieu au plus vite. Stephen soupira, enleva le casque audio qui lui servait à suivre l'action sur le moniteur et emboîta le pas à Randy vers la maison. Sonia avait étalé plusieurs photos réparties en deux groupes sur la table de la salle à manger. Elle était accompagnée d'un garçon malingre vêtu d'un costume sombre trop large. Stephen était sûr de l'avoir déjà vu quelque part. Elle le présenta comme le repéreur de la production. Un repéreur étonnamment chic qui tranchait avec le look veste à poches et grosses chaussures habituelles, mais passons. Bastien et Nathalie étaient déjà en train de regarder les clichés. Ils semblaient interdits.

— Tout est là, indiqua Randy. On a deux lieux qui fonctionnent très bien. Vous n'imaginez pas tout le mal que ça nous a donné de les trouver et de négocier les autorisations ! Pfiouuuu.

D'un côté, on pouvait voir un grand champ de colza. De l'autre, un terrain vague avec les tours des quartiers nord bouchant l'horizon. Stephen était incrédule. Ludo aussi. Les clients encore plus. Les photos ne montraient pas la plus petite amorce de serres ou de sillons.

— On était convenus d'un champ de maraîcher, Randy, dit Ludo avec fermeté.

— Je sais, mon Ludooo, mais on a parcouru tout le pays marseillais depuis trois jours avec mon équipe de repéreurs professionnels. Y'a que des oliveraies dans ce pays. À cause du savon de Marseille. Je t'assuuuure.

— Ça ne me va pas, trancha Stephen. Il faut trouver autre chose. Vous n'avez pas l'air d'avoir la moindre idée de ce qu'est un maraîcher, ça m'embête... dit-il à l'adresse de Randy, Sonia et du repéreur professionnel.

— Stéphou, je suis pro-du-cteur. Pas producteur de tomates ou d'aubergines, répondit Randy en prenant un air outré.

Ludo le foudroya du regard.

— Tu nous avais dit avant le tournage que tu avais trouvé plein d'endroits et qu'on n'aurait que l'embarras du choix. Mais en fait, tu viens juste de faire le repérage !

— Écoute, Ludo, répondit Randy piqué au vif, les endroits dont tu parles sont beaucoup plus loin de

Marseille. Rien qu'en transport, ça prendrait quatre heures. Je te rappelle qu'on a dû raboter la journée maraîcher pour rajouter les séquences supplémentaires en magasin. À la base, on avait une demi-journée magasin et une journée maraîcher. Maintenant, c'est l'inverse. C'est pour ça que j'en voulais pas. Elles m'ont foutu le bordel dans le plan de travail en plus de faire tomber à l'eau tous les endroits qu'on avait repérés. J'ai dû tout reprendre à zéro avec plein d'autres urgences à gérer à côté, fosse septique et j'en passe. Alors, moi, je veux bien y aller, mais va falloir rallonger dans ce cas. Et puis je vous rappelle qu'on tourne demain, ricana-t-il, comme pour appuyer l'absurdité qu'il y avait à repartir dans des recherches.

Chacun sembla assommé par la logorrhée explicative de Randy, ne sachant pas très bien à quoi s'en tenir. Il pouvait dire vrai. Effectivement, il y avait eu des demandes de dernière minute. Tout était allé si vite… Cela calma les esprits. Nathalie, qui fronçait les sourcils depuis tout à l'heure et conciliabulait avec Bastien, intervint.

— Il va quand même falloir trouver une solution. C'est hyper important, cette séquence. On veut montrer les relations de Disli avec les producteurs locaux, parler de l'authenticité de nos produits…

Randy, qui avait eu gain de cause, voulant montrer qu'il était maître de la situation, prit un ton protecteur.

— Ne vous inquiétez pas. On sera en plans serrés et avec la déco, on arrivera à créer un champ de maraîcher plus vrai que nature. Alors plutôt colza ou terrain en jachère ?

Le champ jaune recueillit la totalité des suffrages. Au moins, il s'agissait d'une surface agricole. Ludo, qui connaissait tous les aspects de l'organisation de la production, du moins les aspects officiels, rebondit.

— En parlant de maraîcher, quand est-ce qu'il arrive, le comédien qu'on a validé à la réunion de production chez Disli ?

— Ah oui, j'ai oublié de vous le dire, confessa Randy. Les garçons ont eu une super idée ! Ils préfèrent que ça soit Will Ahmed qui le joue. C'est pour créer une surprise de plus. Il va se faire passer pour le maraîcher parce qu'il veut s'offrir un moment bucolique avec Tama dont il est amoureux. C'est drôle, non ?

Regrettant par principe qu'on ne lui en ait pas parlé avant, ce qui illustrait une nouvelle fois son éloignement involontaire des enjeux créatifs de la série, Stephen reconnut néanmoins que l'idée était amusante. Il n'allait pas se vexer pour si peu. Nathalie et Bastien ne savaient pas trop et se fiaient à son jugement.

— On part là-dessus, dit Stephen. Je vais juste checker avec les garçons que c'est vraiment ce qu'ils veulent.

Randy prit la mouche.

— Je vois que la confiance règne !

Stephen ne répondit pas. Mais Ludo, qui avait constamment son tableau Excel à l'esprit, ajouta :

— Donc tu nous retires le cachet du comédien, hein.

— Oui, oui, mon Ludoooo. Ça va de soi, répondit Randy, accablé par l'ingratitude de Mystreamy.

Le repas de Will Ahmed était terminé. On allait passer à celui de Vince Leclerc. Stephen, accompagné de Ludo, profita de la pause pour interroger les réalisateurs sur le remplacement du maraîcher. Ils confirmèrent les propos de Randy : d'un point de vue fictionnel, le stratagème de Will était plus drôle que ce qui avait été envisagé au départ. Et puis on découvrirait à la fin de la séquence que Will Ahmed, pour arriver à ses fins, avait ligoté le vrai maraîcher à un arbre, ce qui expliquerait tout. Nathalie et Bastien, qui avaient rejoint Stephen pour écouter les explications de Ben & Youri, dirent que cette fin leur convenait parfaitement puisqu'il y aurait bien un vrai maraîcher qui incarnerait et crédibiliserait la démarche « terroir » de Disli.

— Il y aura donc bien un comédien pour jouer le vrai maraîcher, insista Ludo afin de lever toute ambiguïté.

— Bien sûr, Randy s'est proposé de s'en charger, confirmèrent les réalisateurs, sourire aux lèvres.

— De le recruter ? questionna Stephen qui avait peur de comprendre.

— Non, de jouer le maraîcher, clarifia Youri.

Stephen s'étouffa.

— Mais détends-toi, mon Stéphou ! s'exclama Randy qui avait rappliqué à son tour.

Il commençait à connaître le caractère pointilleux de Mystreamy. Il voulait éviter toute remise en cause de ce qui avait été calé pour le lendemain.

— On va pas payer un vrai comédien pour un pauvre bout de plan. Ça serait du gaspillage. Du coup, ça va nous économiser un cachet plus les droits ! Comme ça, Ludo est content (il fit un clin d'œil à Ludo) et on sécurise le budget ! Et puis tu sais, j'ai commencé ma carrière comme comédien !

Visiblement, Randy n'avait pas dû aller très loin. La scène menaçait de tourner à la bouffonnerie. Randy en maraîcher, qui pourrait y croire ? Il était tellement refait, enduit de crèmes et bourré de substances que les légumes Disli allaient paraître fourrés aux OGM. La démarche terroir du distributeur risquait d'en prendre un coup.

— Ça va être génial ! s'extasia Randy. Les carottes, c'est ma passion ! dit-il avec un enthousiasme destiné à emporter l'adhésion des clients.

Nathalie et Bastien étaient à nouveau dans l'incertitude, même s'ils trouvaient les facéties de Randy très amusantes. Stephen était coincé. C'était très con d'avoir annulé le comédien sans le prévenir. Il allait redire à Randy de ne pas prendre de décision sans lui en parler. Car dans sa perception erronée du projet qu'il voyait comme une coproduction, il y avait le préfixe « co ». Maintenant, pas d'autre solution que d'accepter sa proposition. À moins de demander un casting de comédiens en urgence, ce qui donnerait une nouvelle impression de désorganisation après l'épisode du champ de tout à l'heure. Il accepta à contrecœur. Randy jubilait. Nathalie et Bastien se sentirent rassurés.

Ludo partit fumer une cigarette pour décompresser derrière la maison. Les libertés que prenait Randy l'agaçaient. Il trouvait que Stephen était trop coulant avec lui. Il détestait le mélange des genres, tout comme il détestait les cross over dans les films ou les BD de super-héros. Batman qui se retrouvait dans un épisode de *Superman*, ça n'avait aucun sens. Un producteur qui se retrouvait comédien non plus, même pour un plan très court. Il rejoignit Éric flanqué de sa femme, une brune petite et menue au regard noir. C'était le chauffeur du troisième fourgon Mercedes. Comme lui, elle portait l'uniforme de rigueur : le noir. Deux croque-morts. Ils s'en grillaient une également. Ils venaient de rentrer d'une journée de vadrouille avec les vans dans le pays marseillais sur ordre de Randy. Ils avaient pour mission de trouver des champs. Ça n'avait pas été une mince affaire, c'étaient pas des jeeps non plus qu'ils conduisaient. Mais ils avaient quand même trouvé des trucs qui feraient « la blague », *dixit* Éric. Somme toute, ils étaient assez contents d'eux. Ludo, qui voulait en avoir le cœur net, leur demanda dans quel but. Ils lui expliquèrent que c'était pour la séquence du lendemain. Stephen allait être content d'apprendre ça.

— Thon teriyaki, daurade braisée, salade de roquette, abricots confits et surtout… le *Bigfish Burger* maison !

Leclerc avait annoncé son repas façon line-up de festival. Les meilleurs étaient là et ça allait swinguer. Ses différents plats, servis avec enthousiasme et fantaisie, impressionnèrent la majorité des convives, tant par leur présentation soignée que par leurs qualités gustatives. Surtout Armelle. Elle entrecoupait très régulièrement sa dégustation d'un florilège d'éloges, entraînant les autres dans son sillage, en particulier Tama, généreuse et positive par nature. Ce qui l'irrita.

Elle tenait à conserver son monopole des compliments féminins. Elle conseilla à sa rivale de manger en silence. Seul Will Ahmed semblait sur une ligne divergente. La grimace appuyée qu'il avait envoyée à la caméra alors qu'il attaquait son *Bigfish Burger* montrait qu'il était tombé sur quelque chose de déplaisant.

À quelques mètres de là, allongé sur le rebord de la piscine, Randy goûtait un moment de détente en écoutant de l'italo-disco à fond sur son téléphone portable. Il savourait sa victoire du jour : il allait enfin repasser devant la caméra. Non seulement il gérait ce projet à merveille, mais il améliorait les scènes avec les réalisateurs jusqu'à leur donner un coup d'éclat supplémentaire grâce à son interprétation. Léo et Mélody lui intimèrent de couper la musique en criant depuis la tente vidéo. De toute façon, il avait toujours trouvé les gens de la technique sinistres.

Stephen, derrière son moniteur, était sur les nerfs, il s'inquiétait pour la séquence du lendemain. Il se sentait une nouvelle fois pieds et poings liés, obligé de s'en remettre à ce que Randy aurait bricolé. Le producteur, qui avait perçu l'état de fébrilité du créatif, voulait éviter que le sujet « maraîcher » ne remonte aux oreilles de Paul-Robert. Dieu sait ce qu'il trouverait à redire. Une fois la scène tournée, quand il se rendrait compte que son producteur jouait dedans, Randy pourrait toujours dire que c'étaient les clients et Mystreamy qui avaient demandé que ça se passe de cette façon. Il vint trouver Stephen au moment des dernières prises. On refaisait

« l'embrouille finale » par sécurité, même si on avait déjà de très bonnes séquences.

— Je te sens vraiment stressé, mon Stéphouuu. Tu sais quoi ? Tu vas venir à mon hôtel, on va s'offrir un moment détente tous les deux pour faire un point sur le projet, sereinement. On va descendre au spa, nager dans la piscine, se faire un hammam et un soin à l'huile. C'est ma routine du soir, c'est fou le bien que ça fait !

Mais qu'est-ce que ça voulait dire encore ? se demanda Stephen que cette énumération de plaisirs laissait perplexe. Randy ne logeait-il pas avec l'équipe dans la deuxième villa ? Ou bien n'était-ce qu'affabulations de producteur avec des rêves de grandeur ? Il repensa à son hôtel où la seule option disponible était la capsule Nespresso à 1 euro de la cafète. Par conséquent, il ne fit pas de remarque et se força à accepter l'invitation. Cette histoire de spa avait piqué sa curiosité. Il voulait en avoir le cœur net et savoir dans quelles conditions se logeait son prestataire. Prestataire dont une partie de la mission était de prendre en charge ses clients de la meilleure des façons…

Mélody annonça la fin de journée, une salve d'applaudissements partit de la grande table. Les comédiens étaient ravis de tout ce qu'ils avaient fait et vécu ensemble et remerciaient tout le monde par de grands cris. Ils félicitèrent abondamment Armelle qui s'en était « pris plein la gueule » et ne s'était pas démontée.

— Mais je t'aiiiime, moi, Vince! déclara-t-elle avec fougue, déclenchant une nouvelle salve de rires.

Le soleil se couchait sur la baie qui chatoyait de millions de flammèches d'or.

Comme tous les soirs, on regagna l'arrière de la villa pour monter dans les véhicules. Pour une fois, Stephen ne rentrait pas avec le minibus.

— Alors, on joue les stars? lui lança le chef Alex goguenard après qu'il s'était excusé auprès de son équipage habituel.

Il se présenta devant le van noir à vitres teintées attribué à Vince Leclerc, comme le lui avait indiqué Randy. Au moment d'embarquer, il remarqua que les jantes et le bas de caisse étaient maculés de boue, comme si le véhicule revenait d'un cross-country.

— Allez, mets-toi à côté de moi! lui intima le producteur déjà à l'intérieur avec une excitation de collégien.

Installés dans le sens de la marche, ils faisaient face à Vince et Lisa. Soulevant l'accoudoir central pour y prendre une bouteille d'eau fraîche, Randy semblait très à l'aise dans son siège en cuir. Il fallait croire qu'il s'offrait un luxueux covoiturage depuis quelque temps déjà. Le chauffeur se retourna pour demander l'autorisation de démarrer. Son visage juvénile et émacié était familier à Stephen. Bien sûr, il s'agissait du repéreur professionnel. Qui n'était donc que le chauffeur. On n'allait pas faire de scandale et étaler devant les comédiens les défaillances de la production. On allait se retenir de secouer violemment l'énergumène assis sur le siège d'à côté qui s'étalait de la crème pour hémorroïdes sur le visage.

La circulation était fluide. Une vingtaine de minutes plus tard, le van s'enfonçait dans le quartier Saint-Victor au sud de Marseille. Il s'arrêta devant le porche du C2, un superbe hôtel particulier transformé en palace cinq étoiles. Leclerc ne s'était pas logé n'importe où, constata Stephen avec une pointe d'envie. Mais les stars bénéficiaient d'un traitement de faveur, ça faisait partie du deal, se consola-t-il. Randy proposa au chanteur et à son client de prendre un verre à l'hôtel. Ils trouvèrent l'idée excellente. Le bar était installé dans la cour intérieure de la bâtisse dont les murs avaient été entièrement végétalisés. C'était très beau. Les accords complexes joués par le pianiste de jazz sur son Steinway au pied du grand escalier arrivaient à leurs oreilles, patinés par la distance, suaves et délicats. Il n'était pas mécontent d'échapper pour un soir à l'avenue du Prado et à ses spectres. Ça faisait du bien de sentir le pouls d'une ville qui vivait, de découvrir un bel endroit fréquenté par une foule nombreuse et sophistiquée. Le Marseille *in*.

D'un abord simple, attentif, ayant le mot pour rire… au fond, ce Leclerc était très sympathique, se dit Stephen après son premier spritz. Il était en fait très éloigné du personnage de juré castrateur qu'il jouait dans *Star Machine*. Il considérait sa carrière avec beaucoup de détachement et se disait très heureux de s'essayer aux différentes expériences qu'on lui proposait, jouer la comédie par exemple. Il trouvait qu'il vieillissait bien dans le show-biz. En tout cas beaucoup mieux que d'autres qui avaient sans doute pris les choses trop au sérieux. Il s'estimait chanceux d'avoir connu très jeune une longue traversée du désert après son premier succès. Ça l'avait aidé à prendre du recul, et à explorer d'autres voies. Comme la télévision par exemple. Décidément, il était très sympathique. Au bout du deuxième verre, il annonça qu'il allait dîner avec sa fille dans un petit restaurant de poisson du quartier. Il voulait profiter d'elle un maximum car il était souvent par monts et par vaux. Il n'avait pas à se justifier, lui assura Stephen, il avait lui-même des enfants et connaissait très bien le sentiment de culpabilité que ressentaient les papas en exil. Il se rappela douloureusement qu'il n'avait toujours pas appelé à Paris. D'ailleurs, ils avaient aussi un programme avec Randy, dit-il pour que Vince se sente à l'aise. Ils devaient passer à son hôtel pour faire un point sur la production.

Le producteur sembla outré par cette remarque.

— Mais c'est ici mon hôtel, Stéphou !

Stephen était incrédule. Vince Leclerc profita de ce moment de flottement pour s'éclipser avec Lisa.

— Comment ça, ici ?

— Viens, je vais te montrer !

Randy entraîna Stephen à sa suite pour une visite en règle de l'établissement de luxe.

— On va encore dire que je ramène un garçon !

On commença par le sous-sol avec le spa, la piscine recouverte de tesselles bleues du sol au plafond avec sa cascade qui sortait du mur et la salle de fitness « pour mes tablettes de choc' », fit le producteur en tapotant son ventre grassouillet. Ensuite, on prit l'ascenseur jusqu'au troisième étage où se trouvait sa « modeste chambre ». Il s'agissait ni plus ni moins d'une suite. Avec un salon, une immense salle de bains, un dressing. Randy, rose de fierté, voulut montrer à Stephen chacun de ses raffinements. Le minibar, l'écran de télé caché derrière un miroir sans tain qui affichait « bienvenue M. Braoul » en toute circonstance, jusqu'aux tiroirs de la commode dont il sortit un joli sachet de préservatifs et un godemiché.

— Il y a même des sextoys ! Ils ont pensé à tout ! Ça te donne des idées, mon Stéphou ? fit-il en obliquant du regard vers le lit king size.

Stephen oscillait entre la fureur et la consternation.

— Mais je croyais que tu logeais à la villa de l'équipe technique !

— Mais il fallait bien quelqu'un à Marseille pour gérer les stars !

Gérer les stars ! Leclerc se gérait très bien tout seul, en bon père de famille. Il n'avait vraiment pas besoin de Randy ! Odalie à la rigueur. Mais ils s'étaient fâchés à mort… Et monsieur qui se logeait comme un prince quand lui dormait à l'Ibis ! Visiblement, ça ne le gênait pas du tout. Dans sa grande mansuétude, il était même prêt à offrir une séance de spa à son client qui en fait payait tout. On marchait sur la tête. Il partit en trombe en lançant : « On se retrouve au dîner ! » Il ne fit pas attention à la deuxième grosse valise qui débordait d'effets de toute sorte de l'autre côté du lit king size ni à la paire de lunettes et à l'épais roman posés sur la table de chevet.

Pour la première fois du séjour, à la faveur de l'arrivée de Paul-Robert, Despérados avait réussi à organiser un dîner. Tout le monde se retrouva à vingt heures trente dans un restaurant de fruits de mer réputé du Vieux-Port. Côté clients, on s'était mis sur son trente et un. On ne dînait pas tous les soirs dans une adresse en vue avec un parterre de stars. Jusqu'ici, ça avait surtout été sushis avec le gros Ludo. Nathalie était très fière d'étrenner la robe longue qu'elle avait emportée au cas où. C'était une robe bustier noire avec une bretelle en strass qui se transformait en tour de cou. La joie se lisait dans ses yeux ; leur éclat était comparable à celui des fausses pierres qui paraient sa gorge. Son chignon n'avait jamais été aussi soigné. Il était à la parade. Elle tint à entrer dans la salle au bras du chef Alex, très élégant dans un costume crème satiné. Ça ne lui aurait pas déplu qu'un paparazzi surgisse de derrière le palmier en potiche de l'entrée. Une grande table avec une nappe blanche, parcourue de chandeliers et de vases remplis de fleurs avait été dressée le long d'un mur en miroir. Une longue banquette la bordait côté mur, faisant face à de jolies chaises en rotin munies d'assises en velours. Les flammes des candélabres se réfléchissaient dans la paroi. C'était féerique. Par politesse,

Stephen laissa les comédiens choisir leurs places. Ils se regroupèrent en bout de table. Randy, qui perçut le mouvement du coin de l'œil, abrégea la conversation animée qu'il avait avec son patron dans le vestibule pour se ruer au milieu d'eux, grillant la politesse aux réalisateurs qui s'installèrent à sa suite. Le chef suivit avec Nathalie qui s'estima plutôt bien placée, presque au cœur du casting, puis le sévère Bastien, puis Malika et Ludo. Stephen se retrouva face à face avec un Paul-Robert plutôt amorti. Il avait un look un peu chiffonné, à la mode il y a dix ans. Pourquoi n'avait-on pas invité Mélody ? Dans la précipitation, Stephen ne s'en était pas préoccupé. Il eut un moment d'abattement tandis qu'on commandait les eaux minérales. Arriverait-il à passer une soirée en sa compagnie d'ici l'éparpillement général de la fin du tournage ? Sous le coup de la déception, sentant son énergie et sa pugnacité s'évanouir, il n'était pas d'humeur à aborder les sujets qui fâchent. Il ressentait seulement le besoin de passer un bon moment, peu importe avec qui. Il sourit à Paul-Robert, finalement pas mécontent de son renfort inopiné. Allez, on allait parler années 1970. C'était sympa les années 1970. À l'autre bout de la table, le portable de Randy passait de main en main avec ses photos de liposuccion, provoquant des barres de rires chez les comédiens, entrecoupées de petits cris de son propriétaire. Il tentait désespérément de récupérer son bien, arguant qu'on attentait à son intimité. Il était très content de son numéro qui n'était que le premier d'un *one Randy show*. Il ne reculait devant rien pour regagner la sympathie du casting. Des comédiens célèbres, ça pouvait toujours servir dans un carnet d'adresses.

XVI

Une fois n'était pas coutume, Stephen s'était offert un vrai petit-déjeuner à la cafète. Dans la limite de ce que pouvait être un petit-déjeuner à l'Ibis évidemment. Mais qu'importe, feuilletant un *Figaro* en trempant un croissant mou dans son café filtre, il appréciait particulièrement ce démarrage de journée un peu plus relax que les précédents. Et surtout moins brinquebalant, puisque l'épisode minibus avait été décalé d'une heure. Il fallait laisser le temps à l'équipe technique d'installer le plateau dans le champ. Cette demi-journée « maraîcher » offrait donc une rupture de rythme bienvenue.

Reposant son *Figaro*, il jeta un œil à sa page facebook sur son téléphone, histoire de. Cela faisait quelques jours qu'il ne l'avait pas consultée, et pour cause. Tiens, Armelle l'avait demandé en ami. Il accepta l'invitation. Aussitôt, une vidéo qu'elle avait intitulée « Golden Shower » s'afficha sur son fil d'actualité. Le titre était pour le moins ambigu. Nue, sous la douche, elle se déhanchait sur le tube d'Odalie Summer *J'ai vu la lumière*. À la moitié du refrain et à sa plus grande surprise (feinte), la chanteuse en personne venait se coller contre elle, la poitrine à l'air, chantant en play-back sur son titre, tout en lui frottant sensuellement les épaules avec une grosse éponge. Il reconnut la douche de la loge d'Odalie à la villa. On ne s'était pas ennuyé pendant les pauses hier. C'était terriblement sexy-gouiny. Ça l'émoustilla un peu plus. Armelle allait faire le plein de likes. La chanteuse semblait beaucoup s'amuser dans ce petit clip. Ça faisait plaisir. Elle avait repris du poil de la bête. Et puis ce genre de vidéo non officielle, ça ne pouvait pas faire de tort au projet. Ça allait attiser le web. Les magazines people monteraient en épingle « l'événement ». La rumeur autour de la websérie n'en serait que plus forte. Il fallait savoir souffler sur les braises.

Sans crier gare, une femme tira la chaise en face de lui, s'assit et l'aborda brutalement. Elle avait une cinquantaine d'années ; la pâleur de son visage joufflu tranchait avec le noir corbeau de ses cheveux.

— C'est vous le directeur de la production de Disli, non ? demanda-t-elle avec agressivité.

Eh bien non, pas exactement, pensa Stephen en reposant son téléphone, plus du tout émoustillé. Cependant cette dame ne semblait pas du métier, la nomenclature des postes lui échappait forcément. Elle pouvait donc aussi bien chercher Randy que Mélody ou lui-même. Mais visiblement, le corbeau pensait avoir trouvé sa proie et n'était pas prêt à la lâcher. Son café allait refroidir. Et merde.

— À la réception, on m'a dit que je pourrais vous trouver à la cafétéria. Je vous ai cherché partout !

— Qu'y a-t-il, madame ? En quoi puis-je vous aider ? demanda Stephen très courtoisement.

— Il y a que je m'appelle Mme Bernier, que je suis la mère de Tama Tonnerre et que ça ne va pas du tout. Je suis passée à son hôtel, c'est vraiment n'importe quoi ! Ça va achever de me la gâter, ma bibiche. Déjà qu'elle est très princesse sur les bords, alors là, c'est le bouquet ! C'est pas vous qui la récupérez en dépression totale, ni vous qu'elle serine qu'on part pas assez en voyage, que sa chambre est trop petite, que la maison est moche, qu'il faudrait une décapotable, *et cetera*. Moi je suis coiffeuse, et je me crève à la tâche. Je peux pas faire plus. Sans compter qu'elle avait la mine de ses nuits de bamboula. Elle puait l'alcool, la petite. Bref, ça recommence, conclut-elle avec la voix tremblante d'une mère blessée.

— Quoi donc ? interrogea Stephen qui ne voyait pas très bien à quoi la maman de Tama faisait référence.

— Ben son cirque avec Odalie Summer ! Elle a une très mauvaise influence sur ma fille. Oh, je rêverais qu'elles se soyent jamais rencontrées. Elles s'engrainent toutes les deux et ça finit toujours mal. C'est pas en faisant la fête qu'on devient une star. Donc ça suffit, je la ramène à la maison.

— Comment ça ? Votre fille tourne une scène très importante d'ici une heure…

— C'est pas mon problème, elle rentre. Sinon, je préviens la police. Elle a rien signé, c'est ma fille, elle a dix-sept ans, c'est mon droit.

Stephen se remémora la précipitation avec laquelle on avait fait appel à Tama. Vu la panique de la production et l'état de l'imprimante, rien n'indiquait qu'on ait rédigé et fait signer un quelconque contrat depuis. Tout s'était dealé à l'oral entre Odalie, Randy et elle. Un sac Gucci et une promesse de cash, ça ne faisait pas un engagement très solide. On était baisés. Et merde. Il fallait rester calme.

— C'est très ennuyeux, reprit Stephen. Pour nous. Et pour la carrière de votre fille. Vous comprenez, dans ce métier, il faut avoir des projets visibles et être fiable…

— Dans ce cas-là, va falloir trouver un arrangement, balança la mère tout de go.

— Un arrangement ? releva Stephen surpris. De quel type ?

— De type 10 000 euros cash.

Ah oui. Quand même. Ça n'était pas en économisant sur les vans et le cachet du maraîcher qu'on allait compenser ce genre d'extra. On était sur le point de perdre une actrice à deux jours de la fin du tournage. Il ne manquait plus que ça. Cela risquait de se voir au montage. À moins de la faire mourir comme l'avait suggéré Randy pour Odalie. Ça ferait un beau morceau de viande froide. Le chef Alex apprécierait. Il appela le producteur pour lui faire part de la situation. Le minibus venait de se garer devant l'hôtel. L'ascenseur commençait à déposer les membres de l'équipe dans le hall.

— Ouais, je sais, Tama m'a mis au courant, mon Stéphou. Elle est désolée, elle s'entend très mal avec sa mère. Mais t'inquiète pas, tout est arrangé. Éric est en route avec un van, il va raccompagner la rombière à la gare et fera le nécessaire.

— Et ça ne posera pas de problème, je veux dire, le, heu, « cachet » ?

Stephen jeta un œil entendu à Mme Bernier.

— Et la cure de désintox, qui c'est qui la paiera ? cria-t-elle afin que l'interlocuteur de Stephen l'entende.

— Ne t'inquiète pas, je te dis. Allez, faut que je me change en maraîcher ! pouffa Randy avant de raccrocher.

Pour une fois, la production semblait avoir pris les devants. Il annonça à la mère de Tama que « l'arrangement » était accepté. Soulagé et heureux du dénouement rapide de cette affaire aussi inattendue que potentiellement dévastatrice, Stephen se fit débonnaire. Il proposa à la femme une capsule Nespresso qu'elle accepta volontiers. Quelques minutes plus tard, Éric vint le libérer de Mme Bernier.

On démarra pour rejoindre le champ de colza où l'équipe technique et déco était à pied d'œuvre depuis le lever du jour. La scène ne mobilisait que Will Ahmed et Tama. Pour les autres comédiens, c'était relâche. Mais Armelle avait voulu suivre ses compagnons de jeu. Elle ne cachait pas le plaisir qu'elle prenait sur le projet et ne voulait pas en perdre une miette. C'était une colo géniale, disait-elle. Stephen reçut un SMS de Paul-Robert. Il était en route pour Paris. Il lui souhaitait une bonne journée de tournage et insistait pour qu'on l'appelle en cas de problème. À la fin du dîner qu'il avait offert la veille, il avait estimé que tout était rentré dans l'ordre. Le plus dur était derrière, selon lui. Il avait fait une grosse mise au point avec Randy et rassuré Odalie. Il n'avait pas souhaité rester plus longtemps pour éviter de créer de nouvelles interférences dont le projet n'avait pas besoin. Il avait été chic, ce Paul-Robert, de venir au pied levé, estima

Stephen. Et il n'avait pas lésiné sur le restaurant. Ça avait fait plaisir à tout le monde. D'ailleurs, cette sortie collective avait renforcé un esprit d'équipe qui peinait à s'installer. Il le remercia pour tout.

On s'était aventurés dans la campagne marseillaise. Le minibus et le van de Tama progressaient lentement sur les traces parallèles d'un chemin agricole sinueux. On s'arrêta aux abords d'une chaumière isolée qui semblait être la maison de l'exploitant. Il fallait continuer à pied. Stephen s'empressa de rejoindre l'équipe caméra pour s'assurer du décor. Elle avait cherché l'ombre d'une oliveraie pour installer commodément ses caisses de matériel, les tables maquillage, les portants de costumes, la table régie, etc. Un véritable camp de base. Stephen retrouva avec plaisir Mélody. Il sentit que c'était réciproque. Plan de travail et talkie-walkie en main, elle échangeait à distance avec les réalisateurs qui répétaient la scène de Will à l'écart. Elle était ravissante dans une robe d'été coiffée d'un chapeau de paille.

— C'est thème campagne, dit-elle en riant, avant de lui proposer un café.

— Tu pourras me montrer le décor ? J'imagine qu'on a fait ça sur une parcelle en bordure du champ ?

— Pas du tout, c'est juste à côté. Je t'emmène.

Effectivement, à dix mètres de la table régie, entre quatre oliviers, sur un petit carré de terre, on avait tracé trois sillons maigrelets d'où dépassaient candidement et en alternance des aubergines, des poireaux, des carottes et, royale et incongrue, une laitue. On s'était appliqué. De jolis pâtés de sable dans lesquels on avait planté à la main toute une variété dépareillée de légumes. C'était le jardin magique, en somme. Stephen n'en croyait pas ses yeux.

— Randy a vu ça ? s'exclama-t-il, atterré.

— Oui, il trouve ça parfait, répondit-elle un peu décontenancée.

Stephen la laissa sur place. Quelle mouche l'avait piqué ? se demanda-t-elle, inquiète et déçue, en le voyant s'éloigner à grandes foulées.

Nathalie et Bastien n'allaient pas tarder à arriver, ils ne pouvaient pas voir ça. C'était du foutage de gueule, ruminait le créatif. Une farce agreste. On se la jouait campagne, c'était très sympa, mais toute cette équipe de saltimbanques avait visiblement grandi très loin de la ferme. Après plusieurs minutes de recherches, il trouva Randy au milieu du champ qui tressait une couronne de colza à Tama.

— Tu as vu, mon Stéphou ? Elle est merveilleuse dans sa robe jaune ! Ça crée une vibration magnifique avec les fleurs ! On a assuré comme des dingues avec le stylisme !

Le publicitaire n'eut pas un regard pour la tenue de Tama. Il tira le producteur par le bras.

— On a un gros problème avec le décor.

— Hein ? Mais ils sont parfaits, les sillons ! On a réussi à faire un merveilleux petit potager !

Ils repartirent quatre à quatre vers le « potager ». Entre-temps, Nathalie et Bastien étaient arrivés sur le plateau, accompagnés de Ludo. Et ce qu'ils virent quand Malika leur présenta le décor les consterna. Le sentiment d'euphorie qui gagnait Nathalie de jour en jour avait volé en éclats. Tandis que Bastien se murait dans un silence préoccupé, elle explosa devant Ludo et Malika.

— Je suis désolée, mais je ne peux absolument pas valider ça ! Je vais me faire pulvériser par ma hiérarchie !

Randy qui approchait avec Stephen hurla à l'adresse de Malika :

— Malikaaaa ! Il paraît qu'on a une couille dans le potager ! Va me chercher Bérénice !

Mélody, alertée par les cris, rejoignit la petite assemblée. Une aubergine, certainement assommée par tant d'agitation, s'affaissa. Stephen lui résuma la situation : faute d'un potager digne de ce nom, on ne tournerait pas la scène, le décor ruinait le message de Disli sur l'authenticité de sa production légumière. Elle appela les réalisateurs avec son talkie-walkie. Ils auraient peut-être une idée. Ils rappliquèrent aussitôt. Ils ricanèrent. Ils s'étaient doutés que ce « potager de poupée » ne passerait pas. Du coup, avec Will, ils avaient pensé à autre chose. Puisque le youtubeur était raide dingue de Tama, on n'avait qu'à dire qu'il avait fait la récolte à sa place pour lui faciliter le travail. On le verrait arriver de son champ avec une brouette pleine de légumes.

Puisque, « au final », on ne verrait que de beaux légumes et un champ, Nathalie dit que ça lui convenait faute de mieux. Il fallait bien sauver l'épisode. Mais elle n'en demeurait pas moins frustrée et très mécontente. On s'était jouée d'elle, dit-elle en embrassant d'un regard noir les membres de l'équipe. Elle se tourna vers Bastien qui hocha gravement la tête. C'était vendu. Stephen, en même temps qu'il disait bonjour « aux garçons », les félicita discrètement. Leur solution paraissait solide. Heureusement que ces gosses avaient du ressort, pensa-t-il. Un réalisateur plus rigide et ça aurait été la fin des haricots. Mais ce ne fut que celle de la laitue qui bascula et roula sur quelques centimètres dans la terre de l'oliveraie.

On mit la scène remaniée en place. Tama attendait en lisière de champ l'arrivée de l'agriculteur avec qui elle devait choisir les légumes de sa recette. C'était la plus gracieuse maraîchère qu'on ait jamais vue. La brise légère jouait avec sa robe et l'obligeait à tenir son chapeau de paille. Un Millet vivant, pensa Stephen derrière le moniteur de contrôle installé à l'ombre d'un olivier. Youri cria action. Comme une biche à l'affût, elle regarda au loin, elle repéra un homme barbu et grisonnant en bottes et tablier verts qui remontait le chemin de façon chaotique en poussant une brouette qui débordait de légumes. Il manquait de trébucher à chaque ornière et de verser toute sa marchandise dans le fossé. À bonne distance encore, on pouvait l'entendre crier avec un accent marseillais improbable, sorte de synthèse caricaturale de tous les accents du sud de la France, du Pays basque au Var en passant par la Corse :

— Jolie pitchoune, j'arrive ! Ne bouge pas, ma jolie ! Je t'apporte plein de beaux légumes, ma pitchoune !

Cet homme singulier excita sa curiosité. Il avait quelque chose de familier. Alors qu'il se rapprochait, elle comprit le subterfuge : c'était Will Ahmed. Sa perruque, sa moustache grossière et sa voix rocailleuse ne trompaient personne.

— Mais qu'est-ce que tu fais là, Will Ahmed ?

— (*Avec un fort accent du Sud*) Tu me prends pour Will Ahmed ? C'est vrai qu'il est plutôt bogosse ! Nan, moi je suis le père Pétou.

Il lâcha un vent sonore pour asseoir son identité. Ce qui déclencha un sourire consterné chez Tama.

— Tu es vraiment obligé de faire ça ?

— C'est les légumes. Je les aime un peu trop, mes légumes. Regarde comme ils sont beaux ! (*Il tendit à Tama une aubergine*) Une chair ferme et rebondie, une peau lisse et douce, lui déclama-t-il en la dévorant des yeux. Toi aussi tu es un beau légume, jolie pitchoune. On n'en voit pas beaucoup pousser dans les parages des comme toi !

— C'est bon, calme-toi, Will Ahmed.

La situation fonctionnait. Nathalie riait malgré tout. Bastien pensait qu'il n'allait peut-être pas perdre son job finalement. Stephen se détendit. Randy, qui s'était assis à côté de lui, sentant que le créatif avait retrouvé son calme, saisit l'occasion pour lui chuchoter dans l'oreille :

— Tu sais, mon Stéphou, je donne tout sur ce projet. Je vais même *offrir* ma personne dans la scène du maraîcher.

Stephen n'était pas dupe de la plaidoirie *pro bono* de son producteur. Grisé par sa fréquentation avec le casting, il ne rêvait que de s'intégrer à l'équipe des comédiens. Et il avait réussi, le bougre.

— Je fais tout pour que ça soit une réussite. Mais il faut m'aider. Il était très bien, le potager. Je m'attendais à ce que tu le défendes, que tu te montres solidaire de notre coproduction. Mais tu es sous influence, Stéphou. Nathalie a pris le contrôle de ton jugement, je t'assure. Et moi, je suis là pour te protéger. Mais tu rends les choses difficiles, dit-il en prenant un air préoccupé.

Était-il sérieux ? s'interrogea Stephen. Il faisait dans la parapsychologie maintenant. Il percevait les forces invisibles à l'œuvre dans l'univers qui gouvernaient les êtres. En tout cas, il sentit le doute du créatif :

— Tu ne devrais pas l'écouter. Elle n'est pas sérieuse. Tu sais ce qu'elle va faire cet après-midi, après le tournage, hein ?

Stephen, qui, pour sa part, n'avait pas le don de prescience, resta coi.

— Eh ben elle va retrouver Vince dans sa suite au C2. Soi-disant pour parler partenariat. Elle y va pour se faire sauter, oui ! Je peux te dire que le potager elle s'en fout, mais la bine de Leclerc, moins. (Il ricana tout en brandissant son téléphone.) J'ai la preuve, regarde !

On y lisait un SMS de trois lignes où le chanteur prévenait Randy qu'il allait rencontrer Nathalie Lamour pour aborder avec elle le sujet d'un éventuel partenariat au long cours entre lui et Disli. Il espérait que ça ne posait pas de problème.

— Ça sent le sexe, tout ça !

Nathalie, qui était l'autre voisine de Stephen, tourna la tête. Le créatif bourra les côtes de son producteur et lui siffla à l'oreille :

— Tu peux pas arrêter cinq secondes de raconter n'importe quoi ?

Entre deux jurys de téléréalité, faute d'album dans les bacs, fallait bien faire bouillir la marmite. Il avait juste compris que Disli avait du fric, voilà tout, pensa le publicitaire.

— Tu vois, tu as perdu ta lucidité, dit Randy blasé, en se levant pour aller préparer sa scène à l'invitation de Mélody.

On en vint donc à la scène finale de la séquence. Dès les premières secondes de l'action, Stephen se demanda si l'épilogue, qui devait dévoiler au spectateur le subterfuge, était réellement nécessaire. Randy, à moitié nu, tel un saint Sébastien mettant à mal l'iconographie catholique, était ligoté à un arbre façon saucisson. Des courgettes et autres carottes avaient été sadiquement insérées entre les cordes et la peau de la victime par la pauvre Bérénice. Vu comment elle s'était fait hurler dessus à cause de son potager, elle tenait là sa vengeance. Randy se dandinait en hurlant au secours, clamant qu'il était le vrai maraîcher de sa voix d'anatidé pleine de trémolos. C'était sa scène ou jamais. Alors il donnait tout.

— Au secouuuurs ! Tamaaaaa, c'est moi le vrai maraîcherrrrr ! Au secouuuurs !

Cela rappela vaguement à Stephen *Samson et Dalila* de Saint-Saëns qu'il avait vu à Bastille, notamment la scène où le héros hébreu, enfermé dans la cave du satrape de Gaza, se lamentait et implorait son dieu de lui redonner sa force pour qu'il puisse se délivrer. On était plutôt dans *Saucisson et Dalida*. On atteignait le fond du pathétique. Nathalie lui demanda ce qu'il en pensait, soutenue par un regard éminemment interrogateur de Bastien. C'était très bien, assura le publicitaire. On allait juste demander à Randy de faire une prise moins maniérée. On en profiterait pour remonter le torchon cache-sexe qui, à force de gesticulations, ne cacherait bientôt plus grand-chose. Oui, c'était très bien, conclut-il. Il n'osait penser à la présentation du montage. Chaque chose en son temps.

C'était dans la boîte, on pouvait rentrer à Marseille. Balloté dans le minibus à cause des ornières du chemin de campagne, Stephen voulait voir le verre à moitié plein. On avait terminé tôt, on allait pouvoir profiter d'une après-midi libre. Et jusqu'ici, il ne manquait pas une séquence. Bon an mal an, on avait réussi à suivre le script de la série, moyennant quelques aménagements qui ne nuisaient pas à la fiction en tout cas. Pour l'image de Disli, c'était une autre paire de manches. Plutôt le côté verre à moitié vide. Il reçut un texto de Tama qui était dans le van de tête avec Armelle et Will. Elle parlait de verre justement. Comme Armelle sautait dans un avion le lendemain sitôt sa scène au magasin tournée, elle ne pourrait pas participer à la traditionnelle soirée de fin de tournage. Ce qui était vraiment dommage. Donc comme elle connaissait le patron du Mama Shelter de Marseille (un hôtel branché récemment ouvert dans le quartier du cours Julien), elle avait proposé à toute l'équipe de s'y retrouver le soir même. Stephen, Ludo, Nathalie et Bastien se joindraient-ils à eux ? Ils étaient plus que les bienvenus.

— Tu es au courant pour la soirée ? demanda le créatif à Randy qui était monté avec lui et les clients dans le minibus, se pliant aux recommandations de Paul-Robert lui enjoignant de soigner le relationnel.

— Bien sûr que je suis au courant. Et je ne veux pas en entendre parler !

— Pourquoi ça ? interrogea Stephen.

Il était surpris par le soudain accès de rigorisme de son producteur.

— Ah bon, il y a une soirée ? demanda Nathalie, sortant de sa torpeur.

— Parce que demain, on se lève tôt pour tourner dans le magasin ! C'est la journée la plus importante avec Marek et Antoine qui rappliquent ! C'est juste vos clients et patrons les plus importants, je dis ça au cas où, les loulous. Et puis c'est hors de question que les comédiens arrivent en retard et que je paye des heures supp' ! D'autant que c'est dimanche et que le dimanche, les heures comptent double ! Avec trente techniciens, ça peut être la failliiiite, vous vous rendez pas compte !

Ludo fit une moue contrite. Il n'avait pas tout à fait tort.

— Et puis faut pas compter sur la prod pour prendre en charge cette soirée une fois de plus ! J'ai un budget à tenir, moi !

Stephen eut beau faire un effort de mémoire, il ne voyait pas à quoi faisait référence le « une fois de plus », mais peu importait.

— De toute façon, j'irai pas, je resterai à l'hôtel. Parce que si je viens, je sais comment ça se passe. Les gens vont s'éclipser et à la fin, c'est moi qui vais tout payer.

Nathalie semblait déçue. Bastien regardait par la fenêtre, il se mettait d'emblée hors-jeu. Stephen se dit qu'après tout, un verre un samedi soir, c'était pas volé. Il serait d'autant plus agréable que Randy resterait terré dans son hôtel. Il n'y aurait donc aucune outrance ou assaut alcoolisé à craindre de sa part. Et puis ça serait enfin l'occasion de passer une soirée avec Mélody. Dans un tournage aussi imprévisible, il fallait savoir saisir sa chance.

— J'y ferai un saut, dit-il.

Ce qui, contre toute attente, fit sortir Randy de ses gonds.

— Hein ? Mais tu es totalement irresponsable, Stéphou ! Tu vas cautionner la soirée par ta seule présence ! Les comédiens et l'équipe vont se croire tout permis. « Oh bah si le boss de Mystreamy est là, c'est que c'est une soirée officielle, on peut se la coller. » Tu te rends pas compte comment sont ces gens ! Ils sont très mal éduqués ! Je les connais par cœur ! Faudra pas que tu viennes pleurer dans les jupes de maman Randy quand tu te retrouveras avec une addition de 15 000 euros à payer et personne sur le plateau le lendemain parce que tout le monde aura la gueule de bois !

— Écoute, Randy, je ne paierai rien. Je ferai un saut, c'est tout.

— Donc tu seras responsable, Mystreamy sera responsable. Moi, je m'en lave les mains.

— Tu sais, Randy, mon contrat me dégage de toute obligation professionnelle le week-end. C'est mon temps de loisir, j'en use comme je veux. Et là, j'ai envie de boire un verre au Mama Shelter. Point.

— Comme tu veux, je t'aurai prévenu, mon Stéphou. C'est pas mon genre, mais je me dégage de toute responsabilité.

Le publicitaire se retint de rire. Ludo, soucieux de ne pas désavouer son chef en se ralliant par prudence à la position de Randy, prétexta qu'il avait une forte migraine depuis le matin. Il se coucherait donc le plus tôt possible.

— Moi aussi je ferai un saut, glissa Nathalie depuis la banquette arrière.

Le soir, quand Stephen arriva au Mama Shelter, une bonne partie de l'équipe était déjà là et sirotait un premier cocktail tout au fond de la longue salle du restaurant, dans l'espace bar privatisé. Chacun avait fait un effort pour l'occasion. À commencer par Nathalie, arrivée dans les premiers, qui avait mis un point d'honneur – et des barrettes de strass dans son chignon – à être à la hauteur d'une soirée show-biz dans un des hauts lieux de la vie nocturne marseillaise. Après tout, c'était la production *Braises de stars* qui faisait la fête. Ça n'était pas n'importe quoi. Les techniciennes, qui avaient délaissé leurs t-shirts XL habituels et leurs bermudas à poches au profit de robes, étaient transfigurées. Tama n'était pas en reste, très en beauté dans sa robe crème à volants courant le long de la boutonnière. Mais Odalie surpassait tout le monde. Sa silhouette offrait une dualité saisissante, entre noirceur reptilienne et lumière céleste. Montée sur des talons aiguilles, elle portait un pantalon en cuir qui épousait ses jambes immenses et dessinait son fessier parfait en les couvrant de reflets moirés. Pour le haut, elle avait choisi un pull en alpaga blanc, ample et vaporeux, qui contrastait parfaitement avec le bas. Il était comme une sorte de nuage lumineux, mouvant et irisé, accroché à un fil. Ses cheveux platine parfaitement coiffés lui donnaient un éclat superbe. Elle avait un chien fou. Mais Mélody était décidément la plus charmante dans sa petite robe d'été. Elle fut soulagée en voyant Stephen remonter les rangées de tables depuis l'entrée pour les rejoindre.

À vingt et une heures passées, comme la plupart s'étaient levés tôt, ils commençaient à avoir faim. Tama, en tant qu'organisatrice officielle de la soirée, lança le mouvement. On se dirigea vers l'impressionnante table dressée pour quarante personnes qui les attendait au milieu de la salle, sous le plafond bas noir ardoise recouvert d'inscriptions et de dessins à la craie qui contribuait à l'atmosphère arty du lieu. On avait jalonné la table de chandelles et disposé à intervalles réguliers des bouteilles de rosé frais et d'eau minérale. Elle avait bien fait les choses. Chacun s'installa en fonction de ses affinités. Les filles de la déco et du stylisme voulaient rester entre elles. Elles intégrèrent néanmoins Vince Leclerc, très content de cabotiner à sa guise au milieu d'un public acquis. Les réalisateurs et quelques techniciens dont Marc, le chef op, et Léo, le preneur de son, formèrent en bout de table un autre groupe incluant Armelle et Will Ahmed. Nathalie se débrouilla pour se retrouver encadrée de Tama et Odalie avec le chef Alex en face d'elle. Elle était aux anges. Stephen ne se soucia que d'une chose, être en face de Mélody. Quitte à s'asseoir à l'autre extrémité de la table, au voisinage immédiat de techniciens avec qui il avait peu échangé. Au moins, ils seraient tranquilles. Comme on avait essentiellement parlé boulot et tournage à l'apéritif, on dériva assez vite sur le personnel. Sa rupture à elle. Son divorce à lui. Lui, avant, quand il se réveillait, préparait le petit-déjeuner des enfants avant de les aider à s'habiller. Maintenant, il n'avait plus qu'à s'occuper de lui et regardait son bol de café, un peu sonné. Ça faisait comme un vide. Oui, on flottait un peu, ajouta-t-elle. Ils avaient plein de choses à se dire. Et Randy aussi. Il bombardait Stephen de messages pour savoir comment les choses se passaient. Il était sous sa couette et ne pourrait pas intervenir, prévenait-il. Stephen tenta de le rassurer : tout se déroulait à merveille. Mais le producteur aurait sans doute aimé un *live-tweet* de la soirée. Il renvoyait un message toutes les deux minutes pour en savoir plus. Chaque fois, le créatif attendait une fin de phrase pour s'excuser auprès de Mélody. Il soupirait avec un sourire entendu : « c'est Randy », avant de regarder son téléphone. *Il faut que tu me les couches, Stéphou ! À minuit, tout le monde au lit !* Ça devenait agaçant à la fin de jouer les rôles de babyphone ou de nounou télécommandée. Il n'avait qu'à venir au lieu de lui pourrir sa soirée. Tu parles d'un manager de projet, réfugié sous des plumes d'oie… Même éloigné et en dehors des horaires de travail, il se débrouillait pour gâcher un bon moment, son moment. Il lui avait pourtant clairement expliqué qu'il participait à ce dîner de façon amicale et non pas professionnelle. Il se sentait dégagé de toute obligation envers la production. Il laissa donc son téléphone vibrer sans plus y prêter attention.

Et puis la soirée démarra. À l'entrée de la salle de restaurant, sur la droite, face au bar principal, un espace « piste de danse » avait été aménagé. Un DJ, juché sur une estrade bardée de néons colorés, commença à jouer des titres électros aux basses profondes et rythmes entraînants, sur lesquels venaient se poser des mélodies faciles. Il n'en fallut pas plus pour qu'Odalie, suivie de plusieurs filles de la production, rejoigne la piste et se mette à danser, inaugurant ainsi la soirée. Stephen proposa à Mélody d'aller les soutenir en prenant un cocktail au bar. Visiblement, Mme Summer avait envie de faire la fête. Ses mouvements ondulatoires, le halo qui la nimbait tout entière la rendaient magnétique. Bientôt rejointe par Tama, Odalie l'entraîna sur le podium. Les deux chanteuses, habituées de la scène, électrisèrent la piste alors que la musique entamait son lent crescendo qui, morceau après morceau, conduirait les danseurs vers un paroxysme sonore qu'on atteindrait au milieu de la nuit. Stephen ne perdait rien du spectacle qu'offrait Odalie, devenue une créature nocturne, une femme python, aux oscillations sinueuses et diaprées. Elle avait bien repris le dessus par rapport au début calamiteux du tournage. Elle s'était finalement intégrée à l'équipe au milieu de laquelle elle se sentait désormais parfaitement à son aise. Ça faisait plaisir à voir. Stephen proposa à Mélody de rejoindre le groupe sur la piste. L'énergie de la chanteuse était communicative. Dans un grand sourire, elle dit qu'elle préférait regarder pour le moment. Peut-être après un autre verre. Cette fille qui menait tout le monde à la baguette sur un plateau était une timide. Ce qui la rendait plus complexe et augmentait encore son charme. Eh bien on attendrait, répondit Stephen en riant.

— Mais puisque je te dis que c'est Odalie Summer !

À côté de lui, deux personnes au fort accent marseillais – d'autant plus fort qu'ils luttaient pour couvrir la musique – échangeaient vigoureusement.

— Peuchère, qu'est-ce qu'elle viendrait faire ici ? C'est pas parce qu'on met le nom Mama Shelter sur une porte à Marseille que toutes les stars, elles rappliquent ! On n'est pas à Monaco non plus !

— Je te dis que c'est elle !

— Tu es fada, mon pauvre !

Maintenant, les vigiles de l'hôtel laissaient rentrer des clients extérieurs. Ils venaient pour le bar et la soirée, grossissant la foule déjà compacte des danseurs. L'équipe de *Braises de stars* semblait terriblement s'amuser : Leclerc et ses copines n'étaient pas en reste ; un peu plus loin, accoudés au bar, Ben, Youri et Will regardaient le spectacle en riant. Après trois ou quatre cocktails et le rosé du dîner, Stephen sentait l'euphorie de la fête le gagner. Il avait envie de se lâcher, d'évacuer toute la pression qu'il avait accumulée. Il se tourna vers Mélody, le regard faussement implorant. Elle rit et l'encouragea à y aller ; elle terminait son Mojito et le rejoindrait aussitôt, promis.

Il dériva lentement sur la piste, se laissant guider par les corps moites. Il ferma les yeux. Derrière ses paupières closes, il percevait seulement des taches colorées et les pulsations de la musique. Il aimait cette sensation hypnotique. Il sentit qu'on le touchait. Il rouvrit les yeux. Il était au milieu du groupe stylisme et déco complété de quelques techniciens. Visiblement, on trouvait sa présence sympathique. Tout le monde lui souriait en dansant, même Leclerc. Il resta quelques minutes avec eux puis dériva à nouveau. Il se retrouva au contact du groupe d'Odalie et Tama. Descendues de leur estrade, elles agrégeaient autour d'elles nombre de membres de l'équipe et de clients fascinés par leur duo lascif et flamboyant. Sans qu'il s'y attende, elle fondit sur lui. De sa voix rauque qui sentait l'alcool, elle lui déclara tout de go que depuis le début du tournage, elle le trouvait « terriblement sexy avec son crâne chauve ». Sans transition, elle lui colla sa bouche sur les lèvres en lui agrippant la nuque d'une main. Mais qu'est-ce qu'elle faisait ? s'insurgea-t-il intérieurement. Impossible de s'en défaire. Elle avait une force redoutable, la bougresse ! Il ne savait pas comment réagir, voulant seulement éviter d'être brusque avec elle en se dégageant trop vivement. Car d'abord c'était une femme. Et une femme dont il connaissait la fragilité. Maintenant, elle tentait de lui fourrer sa langue dans la bouche, mais ne réussissait qu'à lui badigeonner les lèvres qu'il maintenait serrées. Ça n'en finissait pas. Il était au comble de la gêne, tout en réalisant sommairement l'absurde de la situation. Elle qui était sortie avec les plus grands de la pop, roulait un palot à Stephen Berger, publicitaire.

Depuis le bord de la piste, Mélody n'en croyait pas ses yeux. Alors comme ça, il suffisait qu'une ex-star le chauffe pour qu'il cède immédiatement. C'était vraiment pathétique. De toute façon, les hommes étaient pathétiques. Il n'y en avait pas un pour rattraper l'autre. Et dire qu'elle commençait à croire que Stephen était différent… Elle était triste. Dégoûtée. Elle était surtout furieuse. Contre lui. Sa légèreté. Sa lâcheté. Mais aussi contre elle. Qu'est-ce qu'elle pouvait être conne ! Elle était encore en miettes à cause du départ d'Anthony, de l'avortement, et voilà qu'elle se projetait dans une possible histoire. Elle allait mettre un terme à ce flirt qui risquait de mal tourner. Elle allait construire une Muraille de Chine autour d'elle. C'était toujours la même chose. Elle en avait assez de ces histoires de midinettes. Ce qui venait de se passer était un putain de signe. Cassos. Elle voulait que ce tournage dégénéré se termine au plus vite. Le spectacle qu'offraient ces vieux beaux de la téléréalité entourés de leur cour qui se prenaient tous pour les rois du monde dans un pseudo-resto branché après trois cocktails, c'était à vomir.

Et puis l'étreinte se relâcha.

— Alors, ça fait quoi d'embrasser des lèvres au Botox ? lui lança Odalie, d'un air de défi en continuant à danser.

Autour de lui, tout le monde applaudissait en criant et en sifflant. Ben & Youri, suivis de Will Ahmed, se précipitèrent, goguenards :

— Ça y est, tu fais partie du show-biz maintenant !

— Ç'a t'aura bien décoincé, ce tournage, hein, ma couille ? lui lança le youtubeur.

— Nan mais, franchement, on kiffe ton style vieille France, c'est cool, touche à rien ! rectifia Youri.

— D'ailleurs on va rajouter un personnage de daron bourge dans *Fais tourner*, c'est toi qui le joueras, renchérit Ben que son idée amusait beaucoup.

Ils semblaient ravis et étaient décidés à lui faire une fête. Will Ahmed, maintenant, prenait un accent bourgeois et lui servait du « cher ami » à tout bout de champ, ce qui pliait en deux ses comparses.

— Ne trouvez-vous pas, cher ami, qu'il manque un chouia de M-D-M-A (il détachait les initiales exprès) pour que cette soirée soit parfaite ?

Prisonnier du groupe hilare qui le cernait, tournant son regard en direction du bar, il venait de voir Mélody filer vers la sortie. Évidemment, elle avait tout vu. Putain de merde.

— Quelque chose vous contrarie, cher ami ?

Il pouvait pas la fermer deux secondes, le Will Ahmed ?

L'espoir d'une histoire avec Mélody venait de s'évanouir. Il voyait parfaitement le mur au bout du cul-de-sac. Il n'aurait jamais le temps de recoller les morceaux puisque le tournage se terminait le lendemain soir. Il avait eu une opportunité et il venait de la gâcher. Alors à quoi bon désormais ? L'enjeu de *Braises de stars* – convaincre les Français de vivre un été sous le signe du barbecue – lui apparaissait dans sa vacuité la plus criante. Ils n'avaient qu'à manger de la paella. Ou du couscous. Franchement, qu'est-ce qu'on en avait à foutre ! Autant tout laisser tomber.

Ce tournage l'avait épuisé. Son corps était cassé de porter trop de journées à bout de bras pour faire en sorte que la websérie continue le lendemain. Il voulait arrêter les frais et rentrer à Paris le plus vite possible. Dommage, si près du but. Randy n'aurait qu'à se débrouiller. Quelle grosse foirade. *Sic transit gloria mundi.*

Mais c'était impossible. Le million ne le lâcherait pas. Il croisa mentalement le regard humide et implorant de Trouqueville, celui de Farid où brillait une cupidité fière, celle de faire un gros coup. Il les visualisa tous les deux à Paris, transis par l'attente, mettant tous leurs espoirs en lui. Et puis, il n'était pas de la race des perdants magnifiques, de ceux qui préféraient la catastrophe à la reddition négociée. Il n'allait pas sacrifier ses primes, c'est-à-dire les pensions alimentaires de ses enfants, à l'inconséquence d'un producteur.

— Bon, il est tard, lança-t-il, décidé à quitter les lieux le plus rapidement possible.

Étonnamment, ses paroles trouvèrent un écho immédiat dans le petit groupe. Les deux réalisateurs concédèrent qu'il fallait être raisonnable. Will Ahmed ne fit pas d'objection. L'information se propagea dans toute l'équipe. Stephen, chauffé à blanc par Randy, ne s'attendait pas à un tel réflexe de responsabilité collective. Chacun se dirigea gentiment vers la caisse pour payer sa part. On divisa l'addition par le nombre de participants.

C'était quand même une bonne équipe. Stephen se décida à offrir les boissons. Il s'en tira avec une note de 600 euros. Bref, la soirée s'était bien passée.

XVII

Nathalie était déjà sur le pied de guerre, en executive woman, pantalon, chemisier et veste de tailleur. Elle était flanquée de ses deux grands patrons, Antoine Rodrigues et Marek Konečný, arrivés par le premier vol. Un maquillage efficace avait réussi à dissimuler tout signe de fatigue. Elle était aux petits soins, réglant elle-même les capsules Nespresso, car ces messieurs n'avaient pas de monnaie. Stephen respira fort, accrocha un sourire à son visage et s'avança vers eux.

Il avait l'air d'être en pleine forme ! se félicitèrent les deux patrons. C'était bon signe, cela voulait dire que le tournage se passait bien, avancèrent-ils jovialement, trouvant par là un moyen rapide d'obtenir des informations rassurantes. Le publicitaire abonda dans leur sens : on avait pu respecter le scénario et le planning à la lettre, on abordait donc le tournage magasin dans les meilleures conditions.

Ils étaient ravis de l'entendre dire. Ludo arriva sur ces entrefaites, salua chacun avec un respect embarrassé, avant d'annoncer que le minibus était prêt à partir. Marek était remonté à bloc. Cette journée lui tenait à cœur. Il était fier de dévoiler en avant-première aux stars et à toute la production le nouveau concept de magasin que la France entière allait bientôt découvrir grâce à *Braises de stars*. Pendant les quarante minutes du trajet, dithyrambique, il glosa sur l'événement que représentait cette « révolution du quotidien ». C'était le magasin le plus beau et le plus abouti jamais construit par l'enseigne (les mauvaises langues diront que ça n'était pas difficile), qui serait bientôt répliqué dans l'Europe entière ! On avait dépensé des millions en études comportementales, en expérience utilisateur, en ingénierie et en design ! Il était l'allégorie vivante du nouveau Disli !

Après un temps qui put paraître très long à certains passagers, le minibus engagea ses roues sur le bitume frais et luisant du parking du magasin. On aurait dit une tartine à la confiture de myrtilles. Après tout, c'était l'heure du petit-déjeuner. À une vingtaine de mètres du véhicule, on reconnut le long Bastien flanqué du directeur du magasin. Tous deux attendaient au garde-à-vous l'aréopage directorial. Ils furent rejoints par Randy qui avait surgi précipitamment d'une porte latérale découpée dans l'énorme corps métallique du supermarché. Le zélé N + 1 de Nathalie était « sur site » depuis l'aube afin de veiller à ce que tout soit parfait. Et après quelques ajustements, le fleuron de la flotte, le vaisseau amiral, le *flagship*, comme on disait dans le marketing, était prêt à jouer son rôle. Le premier évidemment. Sitôt les passagers débarqués, l'équipe d'accueil emmena le groupe faire un tour du dispositif. On aurait dit une revue des préparatifs d'un siège par Louis XIV et ses généraux sous les murailles de la place forte à faire tomber. On commença par les bureaux et la salle de staff, reconvertis pour la journée en loges et salon pour l'équipe de tournage. Le directeur du magasin indiqua à ses deux invités de marque que la comptabilité et la finance avaient été déménagées dans la réserve climatisée pour ne pas prendre de retard dans les commandes et le reporting. Les employés feraient exceptionnellement leurs pauses sur le parking. Marek hochait de la tête en souriant à chaque information. Une fois de plus, Disli faisait preuve de souplesse, réactivité et efficacité. Le fameux SRE, le programme de coaching interne qu'il avait lancé en arrivant. Il était très satisfait.

On retrouva les deux réalisateurs, le chef opérateur et Mélody dans les rayons du magasin.

— Vous faites vos courses ? pouffa Randy.

Accompagnés du responsable technique, ils prenaient leurs marques, jaugeaient la lumière, estimaient les renforts à prévoir, réfléchissaient à l'installation du travelling. Justement, ils avaient terminé.

— Za fa aller ? demanda Marek par courtoisie.

La directrice de production opina de la tête en souriant. Il aima d'emblée cette jeune femme positive et coopérative. D'ailleurs on n'allait pas tarder à rentrer dans le vif du sujet avec la première séquence qui serait tournée sur le parking pour avoir un extérieur du magasin, expliqua-t-elle, sans jeter un regard à Stephen qui était à l'arrière du petit groupe. Elle lui battait froid. Cette ignorance manifeste lui fit mal. Il n'entendit plus que le bourdonnement des frigos. Il ressentit une vive douleur dans le ventre. Des volutes de froid sortaient des énormes bacs réfrigérants. L'atmosphère lui sembla glaciale. Il frissonna. Était-ce lui, ou bien redoublait-elle de battements de cils et de sourires à l'égard du directeur de la communication et du marketing ? Quelle petite salope. Quel ange innocent. Cette journée allait être atroce.

Si Mystreamy avait convaincu Disli avec son projet de websérie, c'était, on s'en souvient, parce que Stephen avait habilement suggéré que quelques scènes soient tournées en magasin. Une idée qui avait emballé la direction, à tel point que maintenant, chaque épisode y débutait, ce que Randy n'avait plus trouvé subtil du tout. Du coup, pour que ça ait du sens, on y avait situé l'une des épreuves qui aideraient à départager les candidats. Comme ces chefs médiatiques qui se gargarisaient de faire le marché eux-mêmes à l'affût du bon produit, les participants rempliraient leur caddie dans les allées du plus beau Disli du monde. Accompagnés du chef Alex pour quelques conseils, bien entendu. Mais pour Odalie, les choses iraient un peu différemment. Elle avait refusé d'être filmée à l'intérieur. Clause explicite dans son contrat. L'éclairage aux néons était dévastateur pour sa peau. Elle ne voulait pas ressembler à une chanteuse surgelée. Pas grave. Les scénaristes en avaient fait leur affaire : femme pressée, désireuse de maximiser son temps de préparation, elle n'avait pas attendu le chef Alex pour se jeter dans les rayons. Aussi la rattrapait-il au moment où elle sortait du magasin, poussant son caddie rempli à ras bord sur le parking. Et voilà le travail.

Le petit groupe avait regagné la cafète improvisée pour prendre une collation matinale bienvenue en attendant les « stars ». Le van d'Odalie s'immobilisa quelques minutes plus tard sur le parking, suivi de celui de Leclerc et Tama. Marek, qui allait rencontrer pour la première fois cette icône de la pop française, cette diva des années 1990, dont ses équipes n'avaient cessé de lui vanter l'importance, se précipita à ses devants. Aussitôt avait-elle surgi du van, qu'il improvisa une révérence « à la tchèque », sorte de spécialité locale du même acabit que ces yaourts Disli « à la grecque » dont les affiches ornaient tout le magasin. Révérence qu'il acheva par un moulinet amenant un cérémonieux baisemain. Odalie, très professionnelle, dissimula parfaitement sa surprise derrière un grand sourire, remerciant chaleureusement ce petit homme dont elle ne savait rien, ne comprenant un traître mot du compliment qu'il avait préparé. Marek s'était un peu emmêlé les consonnes.

Selon un rituel bien rodé, Mélody envoya Odalie rejoindre le chef Alex au maquillage. Elle invita ensuite le groupe des « clients » à la suivre sur le parking où une tente vidéo plus large que de coutume – il fallait faire face à l'affluence du jour – avait été installée à une quarantaine de mètres de l'entrée du magasin. Un peu en avant, Ben & Youri réglaient le mouvement du travelling avec Marc, le chef opérateur. La directrice de production était aux petits soins. Elle installa Marek, Antoine, Bastien et Nathalie au premier rang devant l'écran vidéo dans les fauteuils pliants qui les attendaient et intercepta l'assistant régie avec son plateau « petit-déjeuner » pour leur proposer elle-même boissons et mini-viennoiseries supplémentaires. Stephen, laissé à lui-même, trouva un tabouret qui traînait à côté d'un camion technique et s'assit aux côtés de ses clients. Le tabouret s'avéra bancal.

— Tu veux une chaise en plastique ? lui lança Randy en s'asseyant sur le siège que lui avait porté Malika.

Au loin, derrière la porte vitrée du magasin, on avait fini de préparer le caddie d'Odalie. Il débordait de marchandises, prêt à surgir. On lança la scène. Le chef Alex, au premier plan, démarra l'introduction de l'épisode en même temps que la chanteuse s'élançait hors du magasin, poussant son caddie de toutes ses forces en direction de la caméra.

— Bonjour, je vais rejoindre Odalie pour l'aider à préparer son barbecue. Mais saura-t-elle choisir les bons produits ? Avec ma grande expérience de chef…

Il n'eut pas le temps d'aller plus loin, car la chanteuse et son caddie, tel un attelage de feu, le dépassa en faisant voler sa blouse. Il se lança aussitôt à sa poursuite, relevant son tablier noir qui le gênait dans son sprint et criant :

— Mais attends-moi ! Tu as déjà tout fait ! À quoi je sers ?

Continuant sur sa lancée, face à la caméra qui reculait au fur et à mesure qu'elle avançait, elle lui cria :

— Je sais pas, mec !

Les muscles de ses bras étaient tendus, le poids du caddie accentuait la cambrure de ses reins, sa combinaison violette flottait au vent, les carrosseries des véhicules parfaitement alignés étincelaient au soleil.

— Zé très beau ! s'exclama Marek, enthousiasmé par la composition dynamique du plan.

Cette poursuite était digne d'un James Bond. Ou plutôt d'un Jam Bon, pensa Stephen, impressionné par la masse de jambonneaux et paquets de charcuterie sous vide qui dépassait du chariot lancé à toute allure.

— C'est trop gros, c'est beaucoup trop gros ! lui susurra Randy à l'oreille.

— De quoi parles-tu au juste ? lui demanda le créatif en chuchotant à son tour.

— Eh bah de ça ! souffla le producteur affolé en pointant discrètement du petit doigt l'enseigne criarde du magasin qui se détachait nettement à l'arrière-plan. On ne voit que ça, Stéphou !

Stephen ne voyait pas le problème puisqu'il s'agissait d'une comédie publicitaire.

— Mais pas du tout ! s'insurgea le producteur, affirmant au contraire qu'il s'agissait d'une œuvre de fiction, sponsorisée.

Stephen s'avoua surpris de cette nuance.

— Comment ça, une nuance ? C'est une différence fondamentale ! Si ça devient une pub, les droits ne seront plus du tout les mêmes ! Ça me casse toutes les négos avec le casting, et moi, j'ai pas le budget pour ça ! Ça sera à vous de payer !

Cette énième menace de supplément, couplée à une nouvelle information qu'il jugeait absurde après plusieurs mois de travail commun sur un projet aux contours largement connus de tous, irrita Stephen au plus haut point. Il explosa froidement. Ne pouvant alerter ses clients par un éclat de voix, il sifflait tel un serpent. Il n'en avait rien à foutre. Les collaborateurs de Despérados avaient produit le script eux-mêmes en employant un auteur. S'ils ne l'avaient pas lu, s'ils n'avaient pas compris qu'il s'agissait d'une websérie publicitaire pour un supermarché et non pas une œuvre de fiction sociale analysant la malbouffe des classes populaires et la maltraitance au travail dans la grande distribution, c'était leur problème. Quand il y avait marqué en toutes lettres « tournage dans un magasin Disli », il ne fallait pas s'étonner qu'on voie du Disli partout !

Randy n'en démordait pas. Son Stéphou était tout à fait bouché. Ne comprenait-il pas que c'était doublement gagnant ? Si *Braises de stars* restait une œuvre de fiction, il pourrait demander un financement du Centre national du cinéma et de l'image animée. Du coup, droits des comédiens minorés plus aide du CNC, ça ferait du bien au budget de production et, par conséquent, à la marge de Mystreamy puisqu'il ne demanderait pas d'additifs !

— C'est à toi de voir, Stéphou. Faudra pas venir pleurer quand vous recevrez la note sinon.

C'était donc ça. Une nouvelle manigance pour retrouver un peu d'air maintenant qu'il s'était rendu compte que son budget avait totalement dérapé. Mais il ne marchait pas. Disli, c'était pas vraiment une Sofica, ces sociétés d'investissement spécialisées dans le financement de l'industrie cinématographique et audiovisuelle. Le créatif eut envie d'associer Ludo à la conversation pour tirer l'affaire au clair et confronter le producteur à sa mauvaise foi concernant l'énorme « malentendu » sur la nature du projet. Mais ce conciliabule risquait d'attirer l'attention. Il faudrait trouver un autre moment.

En attendant, il voyait sur le moniteur Odalie entraînée par l'énorme caddie. Comme agrippée à la queue d'un météore aux trépidations métalliques stridentes, elle allait bientôt sortir du champ de la caméra, dépasser la tente vidéo et s'encastrer dans le mur de clôture en bout de parking. Walter sautillait derrière elle en hurlant « j'arriiiive ! ». Les assistants, moins nombreux qu'à l'ordinaire (Randy semblait avoir radiné sur cette journée de dimanche pour cause de tarifs doubles), étaient tous accaparés par les nombreuses tâches. Les uns ramenaient le chariot du travelling à sa position de départ, les autres réglaient les réflecteurs de lumière ou préparaient une nouvelle optique pour la caméra. Aussi, personne sur le plateau ne sembla se soucier de la dérive tragique de la star de la pop. Une de plus, pensa Stephen méchamment. Il en voulait beaucoup à la chanteuse pour son inconséquence de la veille. Mais voyant se préciser le drame, et avec lui le crash du projet dans de grands débris de métal tordu, concombres, cervelas et touffes de chevelure blonde peroxydée, il bondit hors de la tente vidéo, la contourna par l'arrière et s'élança sur la trajectoire du chariot en feu pour intercepter sa course folle. Si la caméra avait filmé la scène, le ralenti aurait été magnifique. Accompagné de la musique de Vangelis, c'était la série qui basculait dans le grand spectacle. Stephen, tout à son sauvetage, saisit la poignée des deux mains, banda ses muscles et tira un grand coup dessus. Ce premier choc ralentit efficacement la vitesse du caddie fou. Odalie lui tomba dans les bras.

— Oh, Stephen, lui dit-elle en soupirant, j'ai eu si peur.

Ça n'allait pas recommencer, s'inquiéta le publicitaire, pressé de se dégager de cette nouvelle étreinte, craignant les regards de Mélody, qui, heureusement, était ailleurs. Walter les rejoignit tout essoufflé. Il constata les dégâts, tandis que la chanteuse reprenait son souffle, accrochée au caddie comme une carcasse à son croc.

— Ouh là là, elle est rouge comme une tomate.

Il allait avoir besoin d'une bonne heure de travail, navré de tout ce gâchis.

— Caddie ! hurlèrent les réalisateurs positionnés devant la tente vidéo, étrangers au drame qui venait de se dérouler.

— C'est bon, ça arrive ! cria Stephen en saisissant à nouveau le chariot pour le rapporter devant l'entrée du magasin, tandis que Walter raccompagnait la star accidentée à la loge pour la « remettre en beauté ». Il n'y avait donc personne pour l'aider ? s'interrogea le créatif. Qu'est-ce que c'était que cette prod ?

— Elle est où Odalie ? l'interrogèrent Ben & Youri en le voyant passer avec le caddie.

— Elle est repartie au maquillage, elle a mal vécu la première prise, expliqua Stephen, avare en mots à cause de l'effort.

Ah bon ? Merde. Du coup, vu que t'as l'air de gérer question caddie, ça te dérange pas de faire sa doublure en attendant ? Faut qu'on règle le travelling, c'était pas top sur la première prise…

Ça ne posait aucun problème à Stephen de donner un coup de main à l'équipe, le cas échéant ; il n'avait pas l'impression de déchoir. En revanche, en tant que responsable de la création, ça le gênait aux entournures d'être recruté comme machiniste plateau officiel (ça n'était pas les techniciens en sous-nombre qui allaient se plaindre) sans que ça dérange qui que ce soit. Et en dernier lieu Randy, qui s'empiffrait de sandwiches derrière le moniteur en racontant au Tchèque (qui n'y comprenait rien, mais aimait les sandwiches) et à ses subordonnés son dernier régime au ver solitaire :

— J'adooore me goinfrer ! Avant je me faisais vomir, et maintenant, grâce à Wormy, je mange ce que je veux ! Il suffit d'aimer les animaux de compagnie !

— Top chariot, allez Stephen !... Et action ! criaient les réalisateurs. Après un nombre conséquent d'allers-retours avec le caddie, le mouvement du travelling fut enfin réglé. Chacun des techniciens, machinos comme assistants caméras, avait intégré les mouvements qu'il devait reproduire à la seconde près : accélération, ralentissement, pivotage de l'axe de la caméra... ça avait pris un certain temps, le temps qu'il fallait à Walter pour « colmater » Odalie.

— Tu as fait du sport, Stéphou ? Si tu veux, il y a des déos dans le magasin, lança Randy au créatif en nage venu reprendre son tabouret à côté de lui.

Stephen repensa à l'expression de calme imperturbable de son bouddha en bronze dans les mains furieuses de sa femme. Zen, restons zen, chantait Zazie dans les haut-parleurs du parking.

Plusieurs fois au cours des prises suivantes, Odalie menaça de partir dans le décor. Stephen y vit une métaphore de sa carrière : un départ flamboyant et une sortie de piste un peu déglingue. Le show-biz était un dévoreur d'êtres trop fragiles. Néanmoins, il fallait lui reconnaître une vraie ténacité et même un certain courage. Elle ne s'écroula que lorsque les réalisateurs crièrent qu'ils avaient ce qu'ils voulaient. Ne pouvant plus faire un mètre, elle fut ramenée par Walter en caddie à la loge. On put passer aux séquences shopping des autres candidats à l'intérieur du magasin.

— Et action !

Dans un superbe mouvement de travelling, Armelle arriva au bac réfrigérant des saucisses en tirant une tête d'enterrement. La caméra termina son mouvement en glissant l'air de rien sur les étiquettes made in France des barquettes. Bientôt rejointe par le chef Alex, elle se lança aussitôt dans une plaidoirie vibrante pour obtenir une remise de thème. La figure tutélaire du programme se montra aussi inflexible qu'une merguez trop cuite.

Leclerc, lui, déambulait dans les rayons, en pleine conversation téléphonique avec son agent. Jouant avec un citron, il ne semblait pas très au courant du programme auquel il devait participer.

— Mais j'ai accepté quoi exactement ? Je t'ai dit d'arrêter de me faire signer des trucs après dix-huit heures !… Quoi ? Faut que je fasse des courses en plus ? J'ai pas fait de courses depuis 1995 ! J'avais les cheveux rouges à l'époque… Attends, coupe pas, y'a un mec bizarre qui me suit…

— Parfait, tu as les citrons pour le barbecue ! s'exclama le chef Alex en rejoignant le candidat.

— Mais quel barbecue ? interrogea le chanteur visiblement perdu, tenant son téléphone à distance.

— Ben ton barbecue poisson… jugea bon de lui rappeler le cuisinier plein d'entrain.

— What ? Je mets pas les mains dans le poisson, ça schlingue ! s'insurgea Leclerc, plein de défiance.

— Mais arrête, au pire on prendra une douche tous les deux ! lança le chef, très arrangeant, dans un sourire complice, avant de conclure par un « allez, suis-moi, va » des plus enjôleurs.

L'artiste, de plus en plus paniqué, reprit son téléphone en criant :

— Allo ? Allo ? !

Tout cela fonctionnait très bien – on entendait Nathalie pouffer derrière le moniteur – à ceci près que l'alarme du magasin se déclenchait de manière intempestive dès que quelqu'un sortait de la réserve, rendant les prises son inutilisables. Cette fois, c'étaient Ghislaine et Leslie, de la compta, qui en avaient assez de classer des écritures dans une glacière malgré leurs grosses doudounes.

— T'as déjà essayé d'ouvrir une enveloppe avec des gants de ski ? Ils sont cons, des fois, à la direction…

— Silence sur le plateau ! s'époumonait Mélody, excédée par cette alarme qu'on n'arrivait pas à débrancher et qui menaçait de faire dérailler le planning à cause des prises qu'il fallait refaire.

— Ben, on a quand même le droit de faire une pause, protesta Ghislaine avant de glisser à sa collègue : Viens, on va voir.

Pour une fois qu'un tournage venait à elles ! Elles tenaient à regarder comment que ça se passait dans le cinéma. Odalie Summer chez Disli, c'était pas tous les jours. Quand elles raconteraient ça à leurs mômes ! Elles vinrent se placer discrètement derrière le retour vidéo du coin client, installé au beau milieu du rayon petit-déjeuner.

— Si on dérange, vous nous dites, hein, lança la meneuse par politesse.

Marek déplora intérieurement la fainéantise des employés français.

— Tu l'as acheté, toi, le fer à boucler ? glissa Leslie à sa collègue en pointant le coin supérieur du moniteur.

— Bah non, faut que j'y pense, ça se termine la semaine prochaine.

Randy reçut cette information comme un électrochoc. On voyait effectivement un panneau avec l'article et son prix en évidence dans le plan.

— Stéphou, ils vont se prendre des procès à cause de nous !

— Pardon ?

— Mais oui, toutes ces affiches avec des promos, on les filme depuis ce matin ! Et quand la série va sortir, elles seront terminées ! Donc ça peut être considéré comme de la publicité mensongère…

Tiens donc, on faisait à nouveau de la publicité, nota Stephen.

— Oh la la ! Et j'avais pas vu ces palettes Kronenbourg partout ! siffla Randy de plus en plus paniqué.

Effectivement, d'énormes palettes de packs de bières recouvertes d'un film plastique aux couleurs du brasseur alsacien émergeaient, bien visibles derrière Leclerc qui refaisait sa prise pour la quatrième fois. D'une nature dolente et joyeuse, il avait du mal à jouer l'agacement contre son agent sans personne au bout du fil, ce qui n'aidait pas.

— C'est pas du tout loi Évin ! On n'a pas le droit de montrer de l'alcool dans un contenu publicitaire ! On risque une interdiction de diffusion et une amende énorme ! poursuivit le producteur. Faut que tu m'aides, Stéphou, faut qu'on dégage ça rapidos, je vais briefer les machinos.

Les machinos étaient deux. C'était un peu maigre au vu de l'ampleur du chantier. Il fallait réaménager et déshabiller une bonne partie de la grande surface. Et pas de caristes du magasin pour filer un coup de main. Ils étaient restés chez eux à cause de la fermeture exceptionnelle. Mélody, informée par Randy, décréta une interruption de tournage pour « raisons techniques ». Stephen, qui avait été magasinier quand il était étudiant, se retrouva juché sur un transpalette et entreprit de dégager les bières des rayons pour les stocker devant la réserve. Pendant ce temps, Randy, aidé de Bérénice et Ludo, en équilibre sur des escabeaux, décrochaient toutes les affiches comportant un prix, jusqu'aux affichettes au-dessus des rayons. Rien n'avait été anticipé. Au lieu de raconter son régime en long, en large et en travers, Randy aurait pu penser à ce genre de détails, maugréa Stephen sur son engin. D'autant qu'ils avaient visité le magasin lors d'un repérage… Si Despérados lui parlait d'heures supplémentaires, il leur renverrait dans les dents. Mais à peine en eut-il terminé avec la manutention qu'on lui parla de figuration. Randy, par l'intermédiaire de Malika, lui fit dire que les réalisateurs se plaignaient de l'absence de clients dans les allées. Les plans manquaient cruellement de vie et de réalisme. Le producteur, qui tentait de réquisitionner toutes les personnes sans véritable tâche opérationnelle, le suppliait de bien vouloir se promener dans les rayons, pour « meubler » les prochaines scènes. Évidemment, on ne pouvait pas montrer des magasins vides, se dit Stephen, la marque ne l'assumerait pas. Surtout en ouverture d'épisode : trop voyant. Visiblement, Randy avait encore cherché à faire des économies. Stephen se demanda si Despérados n'avait pas un peu forcé sur leur taux de marge. Vouloir gratter, c'était de bonne guerre pour un producteur, mais il y avait des limites. Il alla trouver Ludo pour faire un point sur la figuration. Son adjoint, qui ne se séparait jamais d'un épais dossier de production, lui répondit aussitôt : le devis initial indiquait dix figurants pour la scène or il n'en avait compté que deux sur le plateau. Il allait encore falloir demander des explications. Paul-Robert était parti un peu trop tôt.

On était prêt à reprendre le tournage avec la fin de la séquence de Leclerc. On attendit juste qu'Odalie, prenant la pose pour sa page facebook, entourée de la plupart des comédiens, sorte du caddie où elle s'était assise, les deux jambes écartées dépassant sur le devant. D'un regard plein de fougue et la mèche électrique, elle faisait mine de hurler dans un brocoli. Elle souhaitait modifier son image en la déglaçant, en la rendant plus accessible. Chez Disli, elle ne pouvait pas faire mieux. Ça allait envoyer du like.

On briefa d'abord la figuration. Stephen se retrouva un panier à la main. Il devait jouer un client très intéressé par un dos de cabillaud surgelé sous film plastique. Après une inspection minutieuse, il le reposait pour se diriger, d'un air inspiré, vers le rayon détergents. Sa trajectoire croisait celle de Ludo qui poussait un caddie d'où dépassait un barbecue flambant neuf. Subtil.

Le personnage qu'on lui demanda de camper pour la séquence de Will Ahmed n'était pas très différent du précédent. C'était un des travers du cinéma français de cantonner les acteurs aux mêmes rôles. Il était seulement plus physique à jouer, puisqu'il devait traverser le champ de la caméra en portant un pack de six bouteilles d'eau minérale. Il en avait marre de se faire piéger par Randy, de pallier les défaillances du tournage au lieu de faire son métier. Combien de fois traversa-t-il le magasin son pack à la main ? Il n'avait pas compté. Mais la douleur que lui renvoyait son bras signifiait un grand nombre. La scène, tout en mouvement, était compliquée à régler, le travelling ne facilitant pas les choses. Randy criait à chaque coupure « On est en retard ! On enchaîîîne ! » Chacun se remettait en place et on reprenait. Et puis ce fut la bonne. Aussitôt, les techniciens démontèrent la scène pour installer la suivante. Dégagé de son rôle, Stephen put retrouver ses clients regroupés derrière le moniteur au rayon petit-déjeuner. Marek était hilare. Il trouvait « Ahmed très pon ».

Soudain, Stephen vit fondre sur lui Randy qui le prit à part pour lui dire « qu'il lui paierait ça » en évoquant le coup de la soirée au Mama Shelter qui avait ralenti tout le monde. Il était dix-sept heures et il restait toute la fin de la scène de Will… Stephen l'arrêta tout de suite. En l'occurrence, c'était lui qui allait payer. Et de lister le manque de figurants, la non-préparation du plateau qui avait obligé à reprendre l'intégralité d'une séquence en plus de mettre le projet en risque avec les scènes d'Armelle et de Vince tournées avant le réaménagement du décor. Et s'il voulait d'autres exemples, il n'avait qu'à demander. Le producteur, outré, tourna les talons. Bon débarras, se dit Stephen, désireux de souffler cinq minutes.

— Excusez-moi, monsieur…

Un jeune homme grassouillet qui avait sans doute attendu son tour, venait de se planter devant lui en lui tendant sa carte de visite. La pause ne serait pas pour tout de suite. Stephen y lut « Brandon Vidéo Service ». Qu'est-ce que pouvait bien lui vouloir ce lycéen ? La réponse ne se fit pas attendre. Le garçon, doté d'une belle assurance malgré son jeune âge, expliqua qu'il était photographe professionnel. Il avait été missionné pour faire le making-of de la journée. Il avait déjà interviewé les personnes de chez Disli, il ne lui restait plus qu'à recueillir les confidences du directeur de création de Mystreamy.

Stephen était rompu à l'exercice du making-of. Ces films tournés dans les coulisses d'une production publicitaire mixaient images de l'équipe en action et témoignages des décisionnaires, en laissant la part belle aux clients. Après tout, on faisait ça pour eux. Et ils adoraient ça. En plus d'avoir une belle vidéo souvenir, ils s'en servaient pour expliquer le projet aux collaborateurs de l'entreprise afin de les embarquer dans l'aventure. En fin connaisseur, visant l'Olympus compact à 250 euros que brandissait Brandon, Stephen eut quelques doutes sur la qualité du résultat à venir.

— Tu filmes avec ça ? demanda le créatif pour dissiper tout malentendu en pointant l'appareil.

— Oui, c'est du super matos, répondit l'opérateur aussi sûr de son équipement que de son style de garçon de café.

— Et pour le son, tu fais comment ? voulut creuser Stephen, qui, sans être un spécialiste, savait que cet élément faisait la différence entre les amateurs et les pros.

— Je fais avec ça, fit Brandon en tirant un dictaphone numérique de sa poche.

Aïe. Ça pouvait faire la blague pour un film de baptême, mais pour un making-of revendu plusieurs milliers d'euros à un client, c'était plus compliqué. Face à son mutisme soudain, le professionnel de l'image demanda à Stephen s'il voulait bien se prêter au jeu de l'interview. C'était plutôt Stephen qui voulait lui poser quelques questions en fait. Brandon n'y vit pas d'inconvénient.

— Comment t'as été contacté ?

— Par un certain Éric, un genre de chauffeur, à la sortie de mon école de multimédia hier, il faisait le tour des étudiants…

— Ok. Désolé, mais je ne vais pas avoir le temps de répondre à tes questions, coupa Stephen.

— Vous êtes sûr ? C'est dommage pour le making-of…

À vrai dire, il n'y aurait pas de making-of. En tout cas pas avec un étudiant de première année, si motivé soit-il. On n'allait pas accumuler les merdes sur le même trottoir. Il salua un Brandon légèrement décontenancé pour s'en retourner au « making » tout court du côté de l'écran vidéo. Il retrouva sa chaise pliante à l'arrière du groupe des clients. À quelques minutes de la fin du tournage, il venait de décider, peut-être un peu tard, qu'il ne se laisserait plus détourner de son travail, pour quelque motif que ce soit. À l'image, Will Ahmed, les yeux bandés, reniflait une natte de plage roulée, avant de la charger sur son épaule. Visiblement satisfait de son choix, il dit tout en la flattant :

— Ça, c'est un bon saucisson de bœuf!

— Mais qu'est-ce que c'est que ça ? fit Stephen suffisamment fort pour que Nathalie se retourne.

Très amusée par ce qu'elle voyait, elle lui expliqua que Ben & Youri trouvaient la séquence plus drôle si Will

Ahmed faisait les courses pour son barbecue « viande » les yeux bandés. Ça corsait l'épreuve !

— Tu en penses quoi ?

Stephen en pensa qu'il était temps que le tournage se termine. Il se sentait très fatigué. Nerveusement. Physiquement. Il répondit que c'était effectivement très drôle et que Disli avait bien raison de faire de l'humour avec un sujet comme la viande après le traumatisme de la vache folle, puis de la viande de cheval dans les lasagnes au bœuf pour ne citer que ces exemples. Surtout quand on voulait crédibiliser son approche qualitative et rassurer ses clients. Cela jeta un froid. Il s'assit sur une chaise derrière le petit groupe et se mura dans le silence. Il allait y avoir du travail au montage.

— Et c'est une fin de tournage ! cria Mélody, euphorique, déclenchant une salve d'applaudissements aux quatre coins du magasin.

Et voilà, on avait rentré la dernière scène. Au coin petit-déjeuner, l'ambiance était excellente, façon pub l'ami Ricoré. Chacun se congratula, satisfait de ce qui avait été fait et content d'y avoir participé. Ou, pour Bastien, soulagé d'en réchapper. Stephen, d'une humeur d'ado mutique mal réveillé cherchant à s'isoler du monde derrière sa boîte de céréales, dut se forcer à rendre les sourires et les poignées de main, mais sans conviction. Randy interrompit très vite ce début de célébration. On ferait ça dans les règles au dîner de fin de tournage auquel il avait le plaisir d'inviter tout le monde le soir même. Pour l'heure, comme on était très en retard, il fallait quitter les lieux pour permettre aux machinos de tout démonter au plus vite. Armelle, après des embrassades éplorées avec une grande partie des membres de l'équipe, notamment Nathalie qui tint à la serrer longuement dans ses bras, monta dans sa voiture, direction l'aéroport. Pour elle, l'aventure était terminée. Chacun s'éparpilla peu à peu, pressé de finir ce qu'il avait à faire et voulant avoir le temps de se préparer pour le dîner. Avant de monter dans le minibus, Stephen raccompagna Antoine et Marek jusqu'au van qui devait les conduire à la gare. Ils repartaient enchantés de leur journée.

Toute l'équipe arriva sur son trente et un à la Villa, le restaurant du premier soir. Stephen chercha du regard Mélody avant de prendre place autour de l'immense table en U qui occupait une salle entière du restaurant – il aurait bien aimé s'asseoir à côté d'elle pour ce dernier dîner, le dîner de la dernière chance. Ludovic, légèrement désorienté par le nombre de couverts, ne sachant pas où s'installer ni avec quel groupe, restait collé à son patron. Avec un peu de chance, les stars se joindraient à eux en plus des clients. Odalie fit son entrée dans une combinaison de satin noir très échancrée, laissant apparaître une gorge des plus dégagées, avec juste ce qu'il fallait de tissu pour recouvrir la pointe de ses seins. Les chanteuses n'aimaient pas sentir leur organe entravé.

Mélody était arrivée au dernier moment, prétextant un appel urgent qui l'avait retenue dans le patio du restaurant. Elle avait demandé à Ben & Youri de lui garder une place au milieu d'eux. La stratégie de la Muraille de Chine. En l'occurrence, un gros bloc de techniciens qui la séparaient de Stephen. Le pauvre. Elle n'avait répondu à aucune de ses tentatives de rapprochement maladroites.

Les plats arrivèrent aux cris de « les saucisses, les saucisses ». La quarantaine de convives, déchaînés, tapant des couverts sur la table, emplissait la salle du très select restaurant d'un vacarme de tous les diables. Les deux réalisateurs, touchés de cet hommage à l'une des répliques cultes du tournage, eurent la larme à l'œil. Le patron, accouru de l'autre bout de l'établissement, fut plus partagé. Cette ambiance de réfectoire s'accordait mal avec le standing de son adresse. Au dessert, Randy éprouva le besoin de solenniser le moment par un discours improvisé. En gros, tout le monde était des zamouuuurs, ce qui expliquait l'alchimie géniale. Il était très fier d'avoir porté ce projet à bout de bras « musclés et bronzés, hi hi hi ». Il faisait des bisous à tous, il n'avait jamais vu autant de professionnalisme sur une production.

Stephen, songeur, regardait le fond de sa coupe de champagne à moitié pleine. On l'encouragea à prendre la parole à son tour aux cris de « Stéphou ! Stéphou ! » Ne pouvant se dérober, il eut quelques mots sobres et de bon goût, remerciant chacun de son implication, félicitant particulièrement plusieurs membres du casting qui avaient eu le courage de sortir de leur zone de confort et de ne pas renoncer. Cette démonstration de ténacité était un exemple qui les grandissait tous, pérora-t-il, lyrique.

— Wesh, Alain Juppé ! lança Will Ahmed, faisant éclater de rire les réalisateurs.

Odalie, en qui les mots du publicitaire avaient particulièrement résonné, le remercia. Aussitôt, l'assemblée clama son prénom avec force couverts. À la surprise générale, elle monta sur la table, aidée de quelques mains secourables ou baladeuses comme celle de Will soutenant opportunément son fessier, et entonna son tube numéro un, *J'ai vu la lumière*. Les premières paroles chantées par sa voix soul à la puissance intacte se répandirent comme une traînée de poudre dans le restaurant. Les tables se vidèrent les unes après les autres. Les clients s'entassaient entre les doubles portes de la salle *Braises de stars*, entravant totalement la bonne marche du service. Et ce fut bientôt toute la Villa qui accompagna la chanteuse sous le regard médusé du patron qui voyait son restaurant transformé en cabaret façon Le Bœuf sur le toit à cause d'un film sur l'art du barbecue. Il y avait quand même une logique. Déclenchant un tonnerre d'applaudissements à la fin de sa prestation *a cappella*, Odalie fit signe à Leclerc de prendre la suite. Mais le chanteur se fit prier. Il ne se sentait pas de taille à passer après elle, il ne s'était pas chauffé la voix, il aurait dû prendre un bonbon au miel. Ce fut plus que ne pouvait supporter Lisa, qui dînait à sa droite. La très jeune fille, d'ordinaire si discrète, se leva d'un bond et lui passa un savon en public :

— Papa, on essaye tous de relancer ta carrière avec cette websérie, alors maintenant, tu fais un effort !

La salle éclata de rire. La vérité sortait de la bouche des enfants, pensa Stephen, admiratif de la candeur volontaire de la petite rouquine qui ne payait pas de mine avec son t-shirt imprimé de logos Batman. Mis au pied du mur par sa fille, le chanteur s'exécuta, monta sur la table à son tour et entonna son tube de 1985, *Donne-moi ton feeling*. Il avait un peu oublié les paroles, mais le public, jouant pleinement son rôle, le soutint avec ferveur. Même le patron, à qui la mélodie rappelait le temps de sa première affaire dans le quartier du Panier, marmotta quelques bribes. Leclerc réussit à aller au bout de sa chanson la plus fameuse, son titre de gloire. On lui fit un triomphe. Il était peut-être temps de songer à un come-back, songea-t-il en faisant monter sa fille à côté de lui, rayonnante de plaisir, heureuse d'avoir retrouvé la fierté de son père. On termina la soirée par une photo de famille dans la cour du restaurant. Quelques clients hardis vinrent grossir un peu plus l'effectif, trop heureux de « poser avec les stars ».

Les iPhone remballés, chacun se dispersa après de longues séances d'embrassades.

Will Ahmed, goguenard, vint vers Stephen qui restait au milieu de la cour tel un maître de maison regardant ses invités s'éloigner après les avoir raccompagnés jusqu'au seuil :

— On se fait un thé à Neuilly semaine prochaine ? Nan, sérieux, j't'ai kiffé, lui dit-il en lui claquant une bise. Allez, t'as rien vu. À la téci, y me défoncent si y savent que je fais ça.

Il tourna les talons pour rejoindre Ben & Youri qui montaient dans une voiture. Vitres baissées, ils saluèrent une dernière fois ceux qu'ils laissaient derrière eux. De nombreux qualificatifs s'échappaient des petits groupes de dîneurs qui quittaient le restaurant, commentant la soirée qu'ils avaient passée : mémorable, géniale, exceptionnelle. C'était mieux qu'un plateau de Jean-Pierre Foucault. Randy prit Stephen par l'épaule :

— T'as vu, mon Stéphou, toute la magie que je crée ?

Il était temps de rentrer.

Une lumière encore bleutée éclairait l'avenue du Prado. Un van noir avait remplacé le minibus devant l'Ibis. Fait exceptionnel, la production avait dépêché Éric pour conduire Stephen et Ludo à la gare. Enfin ! pensa le publicitaire qui prit ce geste pour une victoire tardive. Le claquement de la porte du véhicule retentit comme un clap de fin. Adieu Marseille. On rentrait à la maison. Stephen éprouva un soulagement comparable à ces journalistes-otages qui montaient dans un Falcon présidentiel, libérés après plusieurs mois de captivité. Il aurait voulu que le projet s'arrête là. Retourner à Paris et ne plus s'en soucier. Retrouver le confort d'une petite routine anesthésiante, boulot, resto, dodo. Régler à distance les histoires de famille. S'inscrire sur des applis de rencontres, essayer de redémarrer quelque chose de simple. Vivre sans éclat. Oui, mais non. Il restait le dernier morceau : toute la postproduction jusqu'à la diffusion. Il était écrit qu'il boirait le calice jusqu'à la lie. En attendant, il espérait trouver une boutique de souvenirs à la gare Saint-Charles. Il n'avait pas eu le temps de faire une descente sur le Vieux-Port. Il ne concevait pas de rentrer les mains vides. Il dut déchanter. La gare Saint-Charles, ça n'était pas Marignane. Dans le seul Relay ouvert, il trouva un pointu en plastique pour Niels et une boule à neige de la Bonne Mère à paillettes dorées pour Greta. Il aurait voulu faire mieux. Les enfants seraient tout de même contents. Erika trouverait ça indigne.

XVIII

Cela faisait une semaine que Stephen avait retrouvé les délices de sa chambre de service. Avec sa mono plaque de cuisson qui interdisait de se lancer dans des choses trop compliquées. Et son lit une place qui coupait l'imagination. Un endroit tout à fait reposant. Il ne pensait pas ressentir un tel contrecoup post-tournage. Peut-être éprouvait-il un peu de ce que traversaient les soldats qui revenaient d'opérations. Une sorte d'état dépressif et aboulique après un trop-plein de tensions et d'émotions. Les premiers jours au bureau, ça n'avait pas trop été ça. Il avait vraiment la tête dans le cul. Pas mal de dossiers avaient pris du retard en son absence. Et la projection presse de la série arrivait à grands pas. On diffuserait la première vidéo dans la foulée. Il restait beaucoup de travail avant d'être prêts : finalisation de l'habillage graphique des épisodes, préparation des bandes-annonces, développement du site internet… Il se sentait comme un koala ayant pris de la coke : lent et stressé. « Est-ce que ça va le faire ? » lui demandaient régulièrement Farid et Trouqueville, nerveux comme deux braqueurs sur le point de réussir le casse du siècle. Il n'en savait rien justement. Tout dépendrait de ce qu'il verrait au montage. Pour se détendre, entre deux points de validation ou deux brainstormings, il flânait un peu sur Facebook. Randy multipliait les posts où il s'affichait tout sourire en compagnie d'Odalie. Un vrai roman-photo. Randy et Odalie chez Gucci, à une séance d'UV, au bar du Bristol et, dernièrement, dans le jardin de la chanteuse en train de préparer un barbecue. Elle semblait s'être définitivement prise au jeu. Il songea à migrer de Facebook à Twitter, mais c'était moins divertissant…

Les premières présentations de montage des épisodes avec les réalisateurs chez Despérados s'étaient bien passées. Il les avait abordées avec crainte, épiant les images plutôt qu'il ne les regardait. Il avait redouté que ne lui saute à la figure un enchaînement d'embardées dues à l'humour particulier de Ben & Youri qu'il n'avait pu surveiller d'assez près. On s'en sortait plutôt bien, excepté quelques blagues passées sous son radar, glissées facétieusement par le duo infernal. Chaque fois qu'il pointait quelque chose, ils riaient en disant : « il l'a vu ! » ou « aïe, ça va couper ». Ils l'avaient quand même supplié de garder « quelques marrades » qui faisaient selon eux tout le sel de la websérie.

— Tu veux être digital ou pas, Stephen ? Parce que dans ce cas, faut garder un chouïa d'humour web pour que ça viralise.

— Ce qui explique que dans le premier plan du générique tourné sur le bateau, y'a Will Ahmed qui se cramponne aux seins d'Odalie en prétextant d'être déstabilisé par le roulis ?

— Merde, il l'a grillé ! fit Youri en éclatant de rire.

— Ouais, t'as tout compris, dit Ben, très docte. T'inquiète, ça va passer crème. C'est juste un p'tit clin d'œil pour créer de la connivence avec ceux qui le remarqueront. En mode deuxième lecture.

— Du moment que Marek ne le remarque pas en première lecture… conclut Stephen moyennement convaincu.

Dans l'ensemble, et malgré ce « caviardage » bienveillant, la série gardait un ton bon enfant qui se laissait regarder. Seul bémol, Randy s'était ému de la voix off du générique qu'il trouvait très cheap, limite *Ferme célébrités*. Il souhaitait tout réenregistrer, occasionnant un supplément qu'il serait obligé de facturer à Mystreamy. Stephen confirma que la voix off lui convenait parfaitement. Randy réitéra son veto, brandissant le possible refus de diffusion des comédiens. Et puis quoi encore ? Stephen lui rappela qu'on ne faisait pas *Autant en emporte le vent*, mais une parodie de téléréalité où des candidats s'affrontaient par barbecues interposés. Par ailleurs, il ne tenait qu'à lui d'être présent dans la cabine son pendant l'enregistrement, comme tout producteur responsable. Il répondit qu'il était dans une cabine à UV à ce moment-là, comme tout producteur glamour. Ce fut la seule passe d'armes « artistique » pendant cette période de finalisation. Une tempête dans une coupe de champagne.

Il ne restait plus qu'une étape avant la projection presse, mais ô combien importante : la présentation des épisodes finalisés à l'état-major de Disli. On jouait serré. Pour tenir le planning initial de diffusion, on ne pouvait pas se permettre une remise en question trop profonde. On aurait au maximum cinq jours pour procéder à quelques ajustements. Cela expliquait pourquoi Stephen n'avait pas été très coulant avec les réalisateurs lors des séances de montage. Il avait voulu aboutir à un résultat le plus proche possible de ce qu'il estimait diffusable d'un point de vue client. Tant pis pour les blagues qui risquaient de donner lieu à des discussions interminables. On n'avait pas le temps.

La présentation eut lieu chez Despérados, au plus près des bancs de montage pour ne pas perdre une minute. Deux grosses berlines allemandes s'immobilisèrent devant le siège de la maison de production. C'étaient les voitures de fonction de Marek et d'Antoine qui en sortirent, lunettes de soleil sur la tête et grands sourires aux lèvres. Ils étaient impatients de « voir le très bonne résultat, nèze pas ? Ha ha ha ! », une manière pour le Tchèque de remettre un coup de pression sympathique. Ils étaient venus accompagnés de Nathalie, qui avait testé une décoloration « retour du Sud », du grand Bastien, mais aussi de la responsable événementiel et de la patronne du marketing. Une fois que chacun fut installé dans les canapés en cuir qui faisaient face à un grand écran plasma, le patron de la création de Mystreamy fit une introduction qu'il voulut sobre et ramassée avant de lancer la projection. On commença par les tutos du chef Alex. Comme prévu, on n'y trouva rien à redire. Ils étaient fluides, les recettes étaient compréhensibles et l'image faisait honneur aux produits

Disli. On continua avec la websérie. Les épisodes s'enchaînaient les uns après les autres. Même s'il ne le montrait pas, affichant un sourire figé tout au long de la projection, Stephen était tendu. À chaque blague, il devait soutenir les regards interrogateurs de Farid et Trouqueville, enfoncés dans les canapés, cramponnés aux accoudoirs. Avec Ludo, qu'il avait briefé, il les appuyait d'un rire sonore peut-être un peu forcé, mais il fallait bien créer un climat favorable. Nathalie et Randy embrayaient facilement et étaient rejoints de temps à autre par Marek, dont le rire bruyant était parfaitement reconnaissable. C'était déjà ça. Il espérait qu'il s'en sortirait avec seulement quelques modifications bénignes. Il voulait un agrément du client, il voulait une validation. On était à deux doigts de sécuriser le million.

À peine les premières lignes du générique de fin du cinquième et dernier épisode avaient-elles commencé à défiler sur l'écran que Randy, après avoir violement rallumé les spots – aveuglant l'assistance au passage – bondit sans prévenir au milieu de la salle, comme saisi d'une illumination justement. Ce qu'on venait de voir, expliqua-t-il, c'était le montage Mystreamy. Mais en tant que producteur émérite, il voyait les choses légèrement différemment, dans l'intérêt de la websérie, bien entendu.

Mais qu'est-ce qu'il trafiquait, ce con ? S'il avait des remarques sur le montage, il n'avait qu'à le dire avant ! Stephen s'étranglait en silence, guettant le moment où il pourrait reprendre la main. Fallait-il voir dans cette intervention non concertée une nouvelle illustration du petit jeu de Randy qui consistait à bousculer l'ordre établi (ou plutôt rétabli) pour se remettre au centre de la partie ? Et paraître indispensable aux yeux de Disli en prenant le risque de se brouiller définitivement avec son premier client, Mystreamy qui lui avait apporté l'affaire ? Essayait-il de récupérer Disli pour lui seul dans l'hypothèse d'une saison 2 en se débarrassant d'un intermédiaire gênant qu'il convenait de démonétiser ? Randy était en train d'expliquer à Marek et Antoine qu'il ne comprenait pas pourquoi l'épisode de Leclerc n'était pas diffusé en deuxième au lieu de clôturer la série. Dans ce cas, cela tomberait concomitamment avec une « superbe » rétrospective de sa carrière sur W9. En termes de résonance pour l'épisode, on ne pouvait pas faire mieux. Dommage que Mystreamy ne comprenne pas le concept de « média block ». Le visage de Ludo était blême. Stephen bondit, suite à cette dernière attaque. Fait rare, il s'assit sur les habituelles précautions oratoires prises en présence des clients, et intima à Randy de « la fermer ». Il était hors de lui. Il y avait un ordre parce qu'il y avait un scénario. Ce « concept » ne lui disait peut-être rien, mais il donnait généralement une cohérence à une œuvre. Il y avait de quoi douter. Si on plaçait l'épisode de Leclerc en deuxième position, c'était le fil rouge de la série – l'histoire d'amour contrariée entre Armelle et Vince – qui trouvait sa résolution dès le début. Du coup, toutes les allusions et références présentes dans les épisodes suivants tombaient à l'eau puisqu'on connaîtrait déjà l'épilogue. Voilà pourquoi on maintiendrait l'ordre initial validé depuis le début par tout le monde !

Randy regarda Stephen avec des yeux de merlan frit lifté, coupé dans son élan par ce sombre saboteur. Les clients étaient interdits. Ils ne savaient pas Stephen capable de tels emportements. Le créatif leur demanda de façon autoritaire si la série leur avait plu. Ils acquiescèrent de concert. Mieux valait ne pas caresser les moustaches du tigre. On éviterait de le contrarier davantage avec de menus détails qu'on glisserait à Ludo plus tard, se dit Nathalie prudente. Le Tchèque, repensant à une scène, était hilare. Il avait adoré « Ahmed ». Son équipe n'osa pas le contredire. Bastien se dit que son chef n'avait pas du tout comprendre, car des « libertés manifestes » avaient été prises avec les codes de la marque ; certaines blagues étaient quand même très limite. En tant que père, il ne laisserait pas ses enfants regarder un tel programme. Mais bon. Stephen tenait sa validation. Farid et Trouqueville admirèrent la façon dont il avait emporté l'assentiment des clients. Un vrai chef. Maintenant ils espéraient que la presse ne saboterait pas tout ; qu'*a minima*, elle resterait neutre à défaut d'être élogieuse. On avait pris un risque inutile en invitant les journalistes à l'avant-première. Le marketing de Mystreamy avait péché par excès de zèle. Ça ne voulait pas dire que Stephen avait fait du mauvais travail, pas du tout. Mais c'était quand même assez inhabituel comme approche publicitaire. Le marché n'était peut-être pas prêt. Il ne fallait pas refroidir les envies de médiatisation de Disli à cause de commentaires peu amènes dans les colonnes de journaux respectés. On parlait quand même de 700 000 euros.

À deux jours de la présentation presse, Stephen potassait son Kobe dans son bureau. Il cherchait à se remettre en tête les subtilités du leitmotiv wagnérien en vue d'un spectacle qui s'annonçait fameux : *Tristan und Isolde* à Bastille, dans une mise en scène de Peter Sellars et Bill Viola avec dans le rôle d'Isolde la sublime Violeta Urmana. Tout simplement immanquable. Un dilemme cependant l'empêchait de finaliser sa réservation sur le site de l'Opéra de Paris : orchestre ou not orchestre ? Maintenant qu'il avait la quasi-certitude de toucher un gros chèque dans les semaines à venir, il envisageait sérieusement de s'offrir ce luxe. Seulement, il y avait toujours cette histoire de peau de l'ours et il était un peu superstitieux. Or ce fauteuil devait être la récompense du travail accompli. Symboliquement, il tiendrait lieu de justification de toute l'aventure. Il la transcenderait. Mieux valait ravaler son impatience et attendre que tout soit bel et bien fini. Les réservations couraient encore pendant trois mois, il avait le temps. La matinée touchait à sa fin, il avait bien travaillé et l'envie d'une formule entrée-plat à la brasserie aveyronnaise à l'angle de la rue se fit sentir. C'est le moment que choisit Ludo pour passer une tête crépue.

— Tu peux répéter ? Vas-y, rentre.

— Euh… je disais que je viens de recevoir les premières factures de Randy et ça ne va pas du tout…

— Comment ça ?

— Tu te souviens ? La production devait coûter en tout et pour tout 350 000 euros et là, ça frise les 540 000, quasiment 200 000 de mieux… toute la marge du projet y passe. Et qui dit pas de marge, dit pas de primes…

Le cœur de Stephen fit un bond, resta en apesanteur quelques secondes puis s'écrasa au fond de sa poitrine. Il n'avait pas vu le coup venir. Il venait de rétrograder en un instant du fauteuil à l'orchestre au strapontin sans visibilité au quatrième balcon. Il s'était pourtant douté que le producteur tenterait de leur faire porter le dérapage du budget après que toutes ses manœuvres malhonnêtes mais surtout désespérées pour le colmater s'étaient heurtées à diverses fins de non-recevoir. Mais il ne pouvait imaginer que le dérapage prendrait de telles proportions. Qu'avait donc foutu cette saucisse de Randy pour cramer autant de fric ? Après s'être investi comme il l'avait fait dans le projet pour le mener à bien, se pouvait-il que toute sa rentabilité soit réduite à néant ? À croire qu'il y avait une justice immanente qui interdisait toute possibilité de rémunération sur des produits culturellement discutables. Mais quand on voyait la prospérité d'Endemol, la société de production des plus grandes émissions de téléréalité, il y avait de quoi douter. Il allait encore falloir se battre.

— Il t'a envoyé quoi au juste ?

— Un genre de fichier Excel où il empile des lignes en vrac avec en dessous un total hallucinant… Je t'avoue que j'ai du mal à m'y retrouver… mais tu vois, par exemple, Despérados nous facture l'annulation de Brigitte Montana au prix de son cachet : 50 000 euros.

— Ah ouais, ça fait quand même cher pour un fantôme…

— C'est pas tout. Il nous avait fait un budget prévisionnel pour le transport et l'hébergement à 14 000 euros. Et il nous facture 43 000 euros… Du coup, j'ai exigé le détail des factures pour tout vérifier…

— T'as eu raison. Ferme la porte, on l'appelle.

Après quelques secondes, la voix aiguë et enjouée de Randy emplit le bureau.

— Oh, Stéphouuu ! Ça me fait si plaisir de t'avoir ! J'avais l'impression que tu me boudais après la projection clients… Ça commençait à me vexer de toujours parler au gros Ludo !

— Tu es sur haut-parleur, Randy, et je suis avec Ludovic, l'informa le publicitaire.

— Oaaheuuii…

Profitant de ce moment de flottement, Stephen attaqua :

— On est en train de regarder tes factures. Qu'est-ce que c'est que ces 50 000 euros pour Brigitte ?

Randy fit l'étonné :

— Tu te souviens pas ? Je vous avais demandé si vous étiez prêts à annuler Brigitte pour qu'Odalie reste sur le tournage et vous avez dit oui…

Ludo et Stephen échangèrent un rapide regard d'incompréhension. Ils étaient abasourdis.

— Hein ? fit Stephen, bien décidé à ne pas se laisser embobiner. (Il commençait à connaître les habitudes de la maison.) Je te rappelle que ça ne s'est pas passé comme ça. D'abord tu nous as dit qu'elle était malade. Puis qu'elle annulait de son fait parce qu'elle avait accepté un autre projet. Ensuite tu nous as dit qu'elle pouvait finalement revenir pour remplacer Odalie qui battait de l'aile. Mais comme on avait déjà engagé Tama, on a gardé Odalie. Tu ne nous as jamais précisé que si elle ne venait pas à cause de toutes tes combines, il fallait lui payer son cachet intégralement.

Randy était sur la défensive. Il se récria :

— Comment ? Qu'est-ce que vous sous-entendez ? Que je fais mal mon travail, c'est ça ? Que j'informe pas mes clients… enfin, mes coproducteurs ? Je vous ai fait des mails. Vous m'avez donné votre accord. Je vais vous les retrouver.

Stephen fut pris d'un doute. Il se remémora la panique du moment et les dizaines de mails qu'il devait traiter dans des conditions loin d'être optimales, avec son PC sur les genoux dans la tente vidéo et les sautes de wifi de la villa… Avait-il répondu trop vite ? S'était-il laissé happer par une fuite en avant, voulant sauver le tournage coûte que coûte au prix de graves imprudences ? Ludovic remontait ses mails de la période à toute vitesse ; il exprima par de grands gestes type croix de Saint-André qu'il ne trouvait rien. Bon. Tant qu'on n'était pas tombé de cheval, il fallait avancer. Stephen aborda le deuxième point.

— Et sinon, quand tu nous présentes un budget prévisionnel pour les transports et l'hébergement de 14 000 euros et que tu nous envoies une facture à 43 000 euros sans nous prévenir pendant le tournage du dérapage des coûts, la prochaine fois, parle plutôt de budget pipeau. Ou de budget au pif. Mais pas prévisionnel. Tu es le pire prévisionniste que la Terre ait porté ! Quinze pour cent de marge d'erreur, c'est acceptable. Mais 300 % c'est compliqué à justifier, tu comprends…

Cette deuxième attaque mit Randy hors de lui. Sa voix stridente menaçait de lacérer le haut-parleur du téléphone.

— Mais vous débarquez ou quoi ? C'est toujours comme ça ! Le devis est toujours hors transport et hébergement !

Stephen ne releva pas ce procès en incompétence, et insista :

— Encore une fois, tu indiques un budget prévisionnel. Et la coutume est de tolérer une marge d'erreur. Mais là, c'est juste du foutage de gueule !

La voix de Randy devint larmoyante.

— Mais j'ai dû faire venir des techniciens de Paris très chers ! Le casting avait des exigences pour la qualité de l'image, la rapidité des prises, sinon, ils annulaient… ça a multiplié les trajets et les chambres ! Et puis j'avoue que les stars ont un peu abusé des minibars…

Ludo se rapprocha du combiné posé sur le bureau de Stephen.

— N'empêche que je comprends rien à tes récapitulatif. Je veux toutes les factures.

Randy remonta sur ses grands chevaux, bavant et écumant.

— Vous mettez ma confiance en doute ? Moi, un des plus grands producteurs de Paris à qui les stars font confiance au point de jouer dans des séries de supermarché ? Hein, parce que si j'avais pas engagé ma réputation, vous croyez que vous auriez eu un casting aussi glamour peut-être ? Au mieux, vous pouviez espérer Adel des 2be3 et Larusso. Basta.

Ok, ok. Stephen décida de calmer le jeu. Le projet n'était pas encore sorti, ça ne servait à rien de braquer Randy. On n'allait pas prendre le moindre risque avant la projection presse. D'ici qu'il fomente une rébellion chez les comédiens pour annuler leur présence à l'événement, ou découvre une finesse juridique dans les contrats interdisant la diffusion… On savait de quoi il était capable quand les choses n'allaient pas dans son sens. S'il avait été gourou, sa secte aurait nécessairement conduit à un suicide collectif. Il raccrocha et expliqua à Ludovic qu'ils poursuivraient cette discussion une fois la diffusion lancée.

Ludo sorti, il jeta par réflexe un coup d'œil à Facebook pour se changer les idées. Cette fois-ci, Randy, dans une nouvelle publication, s'affichait tout sourire, arborant une Rolex neuve au poignet. Ça sentait le bonus « mission accomplie » sur Disli. Ce pauvre Paul-Robert se faisait vraiment berner.

XIX

On y était. La confrontation avec le monde extérieur allait avoir lieu. Ce projet conçu à l'abri des regards allait rencontrer son premier public, un aréopage de fines plumes venues de tous les horizons : spécialistes des médias, chroniqueurs des pages cinéma et télévision, pigistes de la presse professionnelle et même blogueurs. C'était une première, en somme. Et on jouait gros. Il y avait de quoi être un peu tendu. En pénétrant dans le hall de l'Espace Pierre-Cardin, Stephen constata avec soulagement que le marketing de Mystreamy, missionné pour organiser la projection presse, avait bien fait les choses. Des kakémonos aux couleurs de *Braises de stars* jalonnaient le vestibule de ce pavillon de réception chic en bordure des Champs-Élysées. Des hôtesses d'accueil en rang d'oignons étaient prêtes à recevoir les premiers invités, et à leur remettre à la sortie le dossier de presse officiel ainsi qu'un « panier pique-nique » en osier contenant tout un assortiment de saucissons et terrines Disli.

L'équipe des stagiaires avait installé un stand barbecue plus vrai que nature, composé d'un authentique barbecue posé sur un morceau de gazon synthétique surmonté du logo de la série et du hashtag Twitter *#braisesdestars*. Les participants pourraient s'y faire prendre en photo tout à l'heure dans des mises en scène de leur choix et seraient invités à les tweeter. Nul doute qu'ils s'en donneraient à cœur joie en utilisant tous les accessoires mis à leur disposition : côtelettes, steaks et outils en plastique, saucisses, jambons et légumes gonflables, lunettes de soleil, chapeaux de paille. Ça allait chauffer sur les réseaux sociaux. Brillant. Stephen voulut s'assurer du nombre de journalistes présents. Hector, le jeune et accort responsable du marketing, lui annonça avec une pointe de fierté que la projection devait faire le plein. L'association Summer, Leclerc et barbecue avait suscité la curiosité jusque dans les rédactions les plus snobs et difficiles à déplacer. *Le Figaro* et *Paris Match* étaient de la partie. Même *Technikart* avait envisagé de dépêcher un journaliste à condition de couvrir le lancement sous l'angle d'un prochain dossier : « Une planète show-biz plus verte avec des stars recyclées ? » On avait cru bon de décliner.

En se dirigeant vers la salle, il croisa Ben & Youri qui le saluèrent avec un air goguenard, visiblement amusés par le stress palpable du créatif. Il n'était pas d'humeur à essuyer leurs sarcasmes. Il leur lança un rapide « on se retrouve au cocktail, les gars ? » en les doublant. Ils avaient mis leurs plus belles casquettes et des vestes sur leurs t-shirts. Ils avaient fait un effort. Stephen s'enferma dans les toilettes pour goûter quelques minutes de calme avant la tempête et se remettre en bouche les quelques mots qu'il devait prononcer avant le lever de rideau. Tout en se soulageant par précaution (il détestait se sentir oppressé lors des moments importants), il jeta un œil à l'antisèche qu'il avait glissée dans sa poche de blazer. Sa voix intérieure fut très vite recouverte par une autre qui s'était frayé un chemin jusque dans la cabine, étouffée certes, mais reconnaissable entre mille. Randy venait d'arriver et quelque chose n'allait pas. Tant pis pour la révision. Il sortit en catimini des toilettes, espérant saisir ce qu'il se passait sans être associé à un nouvel esclandre. Les journalistes arrivaient, il tenait à sa contenance. Manque de chance, il tomba nez à nez avec le producteur poursuivi par Ludovic et Hector paniqués.

— Ah, Stéphou, tu tombes bien ! dit-il essoufflé, en proie à la plus vive excitation. Qu'est-ce que c'est que cette montagne de paniers bourrés de pâtés et de saucissons Disli à l'entrée ? Ne me dis pas que tu vas distribuer ça aux journalistes ! Tu veux ma mort ? Si les agents d'Odalie ou de Vince voient ça, ils repartent direct ! Tu es en train de les transformer en animateurs de foire au jambon ! Écoute, j'ai cédé sur la voix off qui fait beaucoup trop supermarché, mais là, c'est trop ! Heuuureusement que je viens tout vérifier ! Vous ne comprenez rien au glamour ! pesta-t-il en fusillant Hector du regard.

— Écoute, Randy, tu n'as qu'à aller dire toi-même aux clients ce que tu penses de leurs paniers !

— Ils sont tous assis au premier rang, ajouta Hector avec un sourire perfide.

— Hummph !

Le producteur émit un grognement aigu désapprobateur et tourna les talons. Cette petite bonasse du marketing n'était qu'un sale traître arriviste. Dans le milieu, avec la fin du sida, les solidarités s'étaient totalement étiolées. Maintenant, c'était chacun pour soi. Dégoût.

Les journalistes, blogueurs et autres influenceurs étaient déjà nombreux dans le hall : sa campagne d'invitation avait bel et bien fonctionné malgré le travail de sape de Randy, qui lui avait été rapporté. Les protagonistes de la websérie, arrivés en ordre dispersé, s'étaient regroupés dans le théâtre, non loin de leurs places réservées, visiblement très heureux de se retrouver. Seule Armelle manquait à l'appel. Une mauvaise chute de cheval survenue deux jours plus tôt la retenait à l'hôpital. Éloi et Farid, encadrant les clients plus nombreux que jamais, s'évertuaient à les divertir à coups de blagues et d'histoires le temps que l'on démarre. Signe que le moment était important, René Bitero, le tout-puissant patron des achats de Disli France, le grand argentier de la maison, avait fait le déplacement. Il passait l'éponge sur l'épisode Brigitte Montana qui l'avait refroidi un temps. La lumière baissa. Farid, qui tenait à dire un petit mot d'introduction, monta sur l'estrade. En préambule, il souhaita la bienvenue à l'assemblée et remercia chacun d'être là, en particulier ses clients, sans qui rien n'aurait été possible. Marek applaudit et grogna de plaisir. Le claquement isolé de ses mains alla se perdre dans les balcons. Farid, se souvenant de ses cours de littérature du lycée, fila une habile métaphore sur le thème de la viande, promettant à tous une série aux épisodes savoureux servis par une belle brochette de stars. Le visage de Randy se décomposait au fur et à mesure du discours.

— Et on espère que vous vous tiendrez les côtelettes de rire ! conclut-il en apothéose.

Le public, amusé de cette introduction inattendue et sincère, applaudit chaleureusement. Plutôt que de battre des mains, Trouqueville, sourire béat, préférait se les frotter. Ça démarrait bien. Le million et ses primes n'avaient jamais été aussi proches ! C'était quand même un peu voyant. Vint le tour de Stephen. Sans surprise, ses premiers mots furent pour ses clients : il les remercia de leur audace, de leur vision. Pouvait-on utiliser le décalage pour traiter de sujets sérieux comme la filière France ou la qualité ? Voilà la question à laquelle on se proposait de répondre aujourd'hui. Mais plutôt qu'une longue dissertation, mieux valaient quelques épisodes bien sentis pour se faire une idée. Puis il salua toute l'équipe qui avait contribué au projet, et en particulier les comédiens. Notamment son ami Will Ahmed qui, entre deux trafics de cannabis, faisait aussi de bonnes vidéos. Des rires parcoururent la salle. C'était de bonne guerre, se dit-il. Enfin, il voulut rendre hommage aux deux réalisateurs qui avaient mis tout leur talent et leur humour dans le programme qu'on allait découvrir. Il conseilla au public d'aller voir la série dont ils étaient les créateurs sur une petite plateforme concurrente (*rires*). Ça parlait aussi de produits. Pas exactement les mêmes que ceux que vendait Disli, mais enfin c'était aussi de la qualité. Quelques rires d'initiés, saisissant l'allusion aux vidéos sulfureuses de *Fais tourner* produites par les deux compères fusèrent çà et là. Il souhaita une bonne projection. Aussitôt, le générique déboula sur l'écran. Il n'y allait pas de main morte avec sa musique électro-disco qui accompagnait l'arrivée en hors-bord du casting tout sourire. Évidemment, sur le grand écran, les mains de Will Ahmed accrochées à la généreuse poitrine d'Odalie ne passèrent pas tout à fait inaperçues, déclenchant une pouffade de la salle. Bon, si les clients trouvaient quoi que ce soit à redire, il serait toujours temps de remonter le générique avant la diffusion, se rassura Stephen. Les épisodes se succédèrent sans incident, déclenchant quelques salves de rires éparses. C'était un public exigeant, se rappela le créatif, ça ferait l'affaire. Le dernier épisode, comme les quatre précédents, s'acheva par un superbe « PRODUIT PAR RANDY BRAOUL » qui occupait tout l'écran de ses lettres capitales avant que le reste du générique ne défile avec sa cohorte de noms écrits en minuscules.

Stephen ne se souvenait pas avoir confié la caméra à Olive & Tom, malgré ce qu'il put lire sous le titre « réalisation ». Il fallait croire que Ben & Youri avaient eu des scrupules de dernière minute. La faute aux coupes qu'il leur avait imposées et qui les avaient *in fine* dissuadés d'assumer la paternité du projet ? Peut-être voulaient-ils préserver leur intégrité artistique à quelques semaines de la sortie du nouvel épisode de *Fais tourner* ? N'empêche que dans les cités, on consommait aussi beaucoup de Disli. Mais peu importe, à chacun ses coquetteries. Il nota par ailleurs que son nom n'arrivait qu'au milieu du troisième panneau. Il n'en était plus à s'émouvoir de ce genre de détails que d'aucuns auraient pu trouver vexatoires.

La lumière revint. Randy, tout sourire, s'avança pour saluer le public devant l'écran, déclenchant quelques applaudissements timides ; personne ne comprenait très bien pourquoi le comédien de troisième ordre qui jouait le maraîcher ligoté bénéficiait d'une telle exposition. Stephen dégagea Randy et fit saluer les interprètes principaux. Pour le coup, la salle ne bouda pas ses applaudissements, encouragés par les stagiaires d'Hector dispatchés dans l'assemblée. Qu'ils fussent sincères ou ironiques, ils produisaient le même son ; les clients ne feraient pas la différence. On attendrait les papiers pour en saisir la vraie teneur. L'heure était à la célébration, au frétillement optimiste et sans arrière-pensées des bulles de champagne dans les flûtes en cristal. On se transporta dans le salon de réception où plusieurs buffets avaient été dressés, proposant opportunément, outre les boissons attendues, des mini-brochettes d'à peu près tout : légumes, fromages, poissons, viandes ; grillées ou crues, accompagnées de sauces en veux-tu en voilà. Une vive lumière d'été inondait l'espace, faisant scintiller un peu plus la blancheur des nappes, la transparence des flûtes, les strass de la rivière de Nathalie qui semblait être sur une autre planète, la planète Hollywood. L'équipe Disli était en apesanteur, frayant au milieu des journalistes et des stars, remerciant et recevant une moisson de félicitations. Marek exultait. Stephen, lui, s'était mis un peu à l'écart de l'agitation. Il avait du mal à faire corps avec cette célébration. Elle lui semblait étrangère, irréelle. C'était sa première, et elle ne ressemblait pas à ce dont il avait rêvé. Soudain, dans cette salle bruyante, il n'était plus sûr. Sûr de ce qu'il venait d'accomplir et qui avait eu valeur d'évidence jusqu'ici, chacune de ses actions guidées par la nécessité impérieuse de sauver le projet, d'éviter l'effondrement général. Les questions qui n'avaient pu se frayer un chemin dans son esprit, accaparé par le traitement des urgences, se faisaient jour. Ce qu'il venait de produire avait-il une quelconque valeur ? Devait-il persévérer dans cette voie ? N'avait-il pas dévoyé sa vocation au motif du confort, de la stabilité et peut-être d'un manque de talent ? N'était-ce pas faire courir un grand risque à l'humanité ? Les catastrophes planétaires n'étaient-elles pas le fait de charlatans déterminés ? Avec Randy, ils avaient fait la paire, c'est sûr. Bien qu'il n'ait pas prévu le tour monstrueux que prendrait son affaire de barbecue, il en était l'initiateur et s'en sentait responsable. Du résultat final comme des dégâts collatéraux.

C'était peut-être le film blues. Une période dépressive plus ou moins longue qu'on rencontrait après une production dure ou émotionnellement très forte. De nombreux réalisateurs chevronnés l'avaient évoqué. On discutait le bien-fondé d'un énorme investissement personnel, on faisait le bilan des risques pris. Tout ça pour 60 000 entrées ou moins… L'art pouvait être cruel. Ça allait passer.

Non mais qu'est-ce que c'était que cette pseudo-conscience de midinette encartée à la France Insoumise qui lui chiait dans les bottes ? Il avait fait ce qu'il avait pu comme il avait pu. Il se démerdait, voilà. Avec ce qu'il était. Il s'était investi sincèrement pour son client et son employeur. Il avait besoin du fric des primes pour ses enfants. La plupart des humains peuplant cette planète vivaient d'abord, réfléchissaient ensuite. On ne pouvait pas leur en vouloir. Mais ça, bizarrement, les gauchistes, ils ne comprenaient pas. Mieux valait tuer la question du sens. Ça aidait à vivre. De toute façon, c'était une préoccupation trop sophistiquée, pour bourgeois friqué. *Quid* de mettre les mains dans la merde ? Quand on n'avait pas d'argent, on ne se la posait pas.

Il fut rejoint par un Trouqueville vibrionnant, passant de groupe en groupe, décochant des sourires, demandant si tout allait bien. Il aurait bien embrassé le créatif, roulé un palot même, mais les deux flûtes de champagne qu'il tenait à la main l'en empêchaient. Faisant face à Stephen, tout son être exprima un instant une reconnaissance émue et servile. Puis son entrain reprit le dessus. Renouant avec sa camaraderie coutumière, il le félicita chaleureusement. Selon lui, c'était dans la poche. Les clients ne tarissaient pas d'éloges. Bizarrement, c'était l'information que Stephen attendait pour se détendre. Elle lui fit plaisir malgré tout. Mission accomplie donc.

— Allez, prend une flûte ! dit Éloi en moulant le U avec sa bouche en cul-de-poule.

Il avait pensé à lui apporter du champagne. C'était quand même un brave type. Il n'avait pas le cœur à lui parler des factures faramineuses de Despérados qui assombrissaient à nouveau le dénouement de tout le projet. On verrait ça plus tard. Pour l'heure, il allait pouvoir se laisser aller un peu, profiter de l'instant. Faire comme Randy qui se croyait à Cannes après la projection réussie d'un film qu'il aurait produit. C'était si facile d'être heureux après tout. Il fallait faire comme si. Saisir les occasions sans chercher à les comparer. Les épuiser sans gêne ni pudeur, les travestir, les vider de leur suc pour qu'il n'en reste qu'un emballage fripé et brillant jonchant le sol après la fête.

Comme Farid, qui, très affairé, serrait le plus de mains possibles en distribuant des cartes de visite à tour de bras. Comme Paul-Robert, en costume croisé prince-de-galles avec pochette impeccable, sourire de triomphe aux lèvres, qui trinquait avec tout un groupe de journalistes à qui il expliquait que Despérados était la production la plus en pointe sur le digital, qu'ils avaient compris le futur, la communication à l'heure d'Internet et que les projets affluaient.

La voix stridente de Randy sortit soudain Stephen de ses pensées.

— Ahhhh, mais tu te cachais, mon Stéphou d'amouuur !

Stephen se retourna et découvrit Randy qui fondait vers lui, flanqué d'un garçon assez fort.

— Chéri, je te présente Stéphou. Stéphou, Philippe, mon mari. Fifi quoi.

Ainsi donc Randy était en couple. Il lui présentait son compagnon de façon décomplexée et mondaine, pas du tout gêné de lui avoir fait une cour appuyée deux semaines auparavant. Stephen était médusé. D'ordinaire, les actions qu'on commettait engageaient une notion de cohérence et de conséquence. Chez Randy, elles semblaient toutes indépendantes, sans aucun lien de cause à effet, comme les bulles de champagne dans une flûte, virevoltant, s'entrechoquant et disparaissant dans une gracieuse explosion. La vie était une fête ! À moins que toute cette histoire ne fût qu'une manœuvre, une technique professionnelle dont il se prévalait sans complexe pour garder le contrôle sur des éléments stratégiques qui lui donnaient du fil à retordre ? Le vieux coup de l'espionne qui couchait avec sa cible.

— Bon, tu aurais pu me citer quand même tout à l'heure, Stéphou. Tu n'es qu'un ingrat. Mais comme je suis magnanime, je te pardonne. Tu vois, fit-il en balayant tout l'espace avec son bras, c'est un triomphe. Merci qui ? Merci Randy. On n'est jamais mieux servi que par soi-même. Bon, sur ce, je dois parler aux journalistes, Paul-Robert m'a prévu des interviews.

Le producteur tourna les talons et planta là Stephen et Fifi. Qu'allait-il bien pouvoir raconter aux journalistes ? s'interrogea le créatif avec une pointe d'angoisse. Il faudrait informer Hector au plus vite pour qu'il demande à relire toutes les interviews avant publication. Et lui, qu'allait-il dire au gros Fifi qui, avec ses bonnes joues, semblait avoir la bouche pleine sauf qu'elle était vide ?

— Vous êtes aussi dans la production ? lança Stephen à tout hasard, loin d'être inspiré.

— Euh non, je suis comptable dans une société de logistique à Munich…

Aïe. Stephen n'allait pas réussir à feindre de s'intéresser à la comptabilité dans une société de logistique… Fifi le regardait avec ses bons yeux de chien attendant qu'on lui lance une nouvelle balle. Il semblait très heureux de siroter son champagne dans une atmosphère brillante et électrique qui était pour lui le comble de la sophistication, tout ça grâce au talent de son génial mari.

Stephen jeta un coup d'œil autour de lui. Maintenant, il aurait bien voulu rejoindre le groupe des comédiens et des réalisateurs qui semblaient beaucoup s'amuser. Du brouhaha de leurs échanges s'échappait de temps à autre un rire dont chaque éclat était comme une perle de rosée. Le rire de Mélody. Sa présence rendait toute approche impossible. Il aurait cassé l'ambiance.

— Heu… et vous aimez les chiffres alors…

— Non, pas spécialement…

XX

Les premières retombées presse ne s'étaient pas fait attendre. Trouqueville et son apprenti n'en revenaient pas, criant dans tout l'open space à chaque nouvelle reprise qui tombait :

— Les gars, on fait le buzz !

Si l'on regardait de plus près les papiers que le jeune aide d'Éloi affichait sur une des cloisons du plateau rebaptisée le « mur du buzz », le programme suscitait une certaine incrédulité chez les professionnels de la communication. Ils avaient du mal à le ranger dans un genre précis. Ni véritable émission de téléréalité, ni comédie authentique, ni publicité au sens strict… Butant sur cette difficulté, nombreux avaient utilisé le concept un peu fourre-tout et, à vrai dire, assez paresseux, d'ovni audiovisuel. *Le Nouvel Obs*, plus précis en osant faire appel aux derniers concepts anglo-saxons, avait parfaitement résumé la situation en titrant : « Odalie Summer dans une websérie complètement "What The Fuck" pour Disli ». Peu ou prou, l'ensemble des titres de presse qui avaient relayé l'événement, exploraient et élargissaient la question que Stephen avait posée sans y répondre lors de la projection. Une marque pouvait-elle se permettre autant de second degré ? Ne prenait-elle pas trop de risques ? Faisait-elle vraiment passer ses messages ? Tout le landerneau de la communication – agences de publicité en tête – s'interrogeait par la voix de ses experts trop heureux de porter secours aux éditorialistes. Rien qu'une bande de frustrés, vexés de ne pas avoir eu leur mot à dire sur ce juteux contrat. Doublés de snobinards de mes deux, stupéfaits que Disli, soudainement devenu respectable, ait pu confier son opération publicitaire de l'année à une plateforme vidéo que l'on cantonnait volontiers aux vidéos de chats, analysa Éloi. Le digital n'en finissait pas de redistribuer les cartes. On n'était plus chez soi. L'apprenti de Trouqueville, que la teneur des papiers commençait à inquiéter, fut vite remis en selle par son patron.

— T'en fais pas, mon pote. Le pognon s'accompagne très bien d'un peu d'acidité. Regarde le saumon fumé, avec un filet de citron, c'est délicieux !

Il reprit l'accrochage des articles, ragaillardi.

Dans ce concert aigre, on comptait quand même quelques soutiens d'envergure. Visiblement, Odalie avait toujours des amis dans la profession puisque la première chaîne avait consacré un sujet dans son magazine people de première partie de soirée à la websérie. Europe 1 lui emboîta le pas par la voix de Cyril Hanouna qui prit parti pour le programme de Disli. « Sans liberté de blâmer, il n'est point d'éloge flatteur », déclarait Éloi à qui voulait l'entendre, fier de cette citation, la seule qu'il connaissait vraiment, grâce à l'abonnement au *Figaro* de sa grand-mère. Sur Twitter, le stand photo barbecue avait très bien fonctionné. Les journalistes s'étaient beaucoup amusés avec les côtelettes et autres cuisses de poulet en plastique, observa Stephen, surpris du nombre de posts émis pendant et à la suite de l'événement. Bien qu'il feignît une indifférence à la viralisation de la websérie, trouvant qu'il y avait quelque chose de vulgaire dans le buzz (ça n'était pas parce qu'une rumeur naissait sur Internet qu'elle était plus chic), le publicitaire scrutait secrètement la propagation des épisodes sur les réseaux sociaux avec son lot de réactions hostiles ou louangeuses. L'interaction immédiate entre un contenu et son public que permettaient ces plateformes le fascinait. Devenu récemment adepte de Twitter, il remarqua un post *#braisesdestars* qui détonait au milieu de tous ces visages de journalistes hilares emperruqués prenant des poses invraisemblables avec divers produits de boucherie. Il s'agissait d'un diptyque avec à gauche Randy qui tenait crânement deux billets pour la Californie et à droite, un zoom sur l'un des coupons où on lisait distinctement « classe affaires ». Très chic. Après la montre, il semblait avoir extorqué à Paul-Robert un aller et retour pour la côte Ouest des États-Unis, certainement pour se remettre de la fatigue accumulée…

Même à dix mille kilomètres, le producteur hantait les couloirs de Mystreamy. Ludo entra dans le bureau de son patron, terrifié : la diffusion de la websérie était menacée d'embargo ! Il avait reçu un mail de Paul-Robert qui sommait la société de régler la totalité des factures sous peine de ne pas livrer la suite des épisodes. *Braises de stars* pouvait s'arrêter en rase campagne !

Cela n'aurait donc jamais de fin, rumina Stephen. À croire que Randy, sentant le coup venir, avait fait exprès de partir très loin pour s'éviter une explication houleuse quand la bombe à retardement qu'il avait laissée exploserait. Il calma Ludo. Il informa donc Paul-Robert par téléphone que tout n'était pas clair dans la facturation transmise par Randy. Il devait clarifier certaines zones d'ombre. Malheureusement pour tout le monde, Randy ne souhaitait pas coopérer.

Hum. Le patron de Despérados fit part de son embarras. Sa société avait décaissé beaucoup d'argent pour avancer la production et ses banquiers commençaient à s'inquiéter. Stephen comprenait très bien, seulement il allait falloir attendre que cette grosse dinde rôtie de Randy revienne de Californie. Car sans communication ni justification de sa part de certains éléments, le processus de facturation resterait au point mort. Hum. C'était ennuyeux mais légitime, concéda Paul-Robert.

Après quelques secondes ponctuées de deux ou trois « hum », il dit qu'il allait, dans un premier temps, demander à Malika de faire passer tous les éléments sujets à questionnements. Stephen le remercia chaleureusement de sa coopération qui participerait sans nul doute à un règlement rapide et équitable de l'affaire.

Effectivement, Ludovic n'eut pas à attendre longtemps avant de recevoir de Malika les documents correspondant à ses requêtes, en premier lieu ceux qui avaient trait au honteux budget « hébergement et transports ». Et là, le producteur n'en revenait pas. Outre les dépenses faramineuses en bar à l'Intercontinental, il tiqua sur le détail des chambres du C2, la somptueuse demeure marseillaise de Leclerc et Randy. La facture qu'il avait entre les mains stipulait deux personnes pour la suite de M. Braoul. Et tout allait par paires dans le détail : les petits-déjeuners à 70 euros, les soins au spa – modelage balinais, soin douceur de peau, skin sculpt'… –, les dîners en room service, les allers et retours en hors-bord à la plage de l'hôtel située sur une île privée dans la rade… Malika avait aussi joint un billet aller et retour en première depuis Munich au nom d'un certain Philippe Valenou. Randy semblait avoir choyé un mystérieux invité aux frais de la production. Ludo, qui connaissait la sensibilité de son patron sur le sujet « Ibis et prise en charge des clients », se dit qu'il allait apprécier. Et tout était à l'avenant. Comme la copie de la facture du cachet de Brigitte Montana réglée cash : 50 000 euros. Sans parler des frais d'avocat pour la rédaction des contrats. Il y avait eu jusqu'à cinq versions pour le même artiste, ce qui démontrait une maîtrise évidente de la production en la matière. Total : 20 000 euros. Le dérapage du budget était donc inévitable. Tout comme l'explication avec Randy dès son retour.

Randy arriva chez Mystreamy, l'air radieux et détendu, impeccablement mis dans un complet en lin blanc coiffé d'un panama rose. Il avait vraiment de l'allure, se dit Ludo en descendant le chercher à l'accueil. Sept étages au-dessus, Stephen et Farid attendaient de pied ferme. Mis au courant par le directeur de création de l'explosion des coûts découverte *a posteriori* et affolé par la disparition pure et simple de tout le bénéfice du projet, Farid avait tenu à assister à l'entrevue pour entendre Randy de ses propres oreilles. Le temps que Ludo revienne avec leur invité, il y eut une petite passe d'armes entre les deux managers. Comme il s'agissait d'une réunion financière, on réglait ses comptes. Stephen reprocha vertement à son homologue de lui avoir recommandé une triple buse, sous prétexte qu'il travaillait pas cher, histoire de maximiser une marge qui n'avait jamais été aussi proche du néant. Comment allait-on expliquer ça à la finance ? Que sur plus d'un million d'euros on n'avait pas été foutu de dégager dix centimes ? C'était un accident industriel, une faute lourde même ! Après toute l'énergie dépensée, ça laissait un goût très très amer dans la bouche. Pas de *bifs*, Farid ! Pas de *Milfs* ! Le directeur commercial, d'ordinaire si prolixe, se tenait coi, livide.

— Coucouuuu ! Vous devinerez jamais ce qui m'est arrivé à Los Angeles ! lança Randy à la cantonade en rentrant dans la salle de réunion à la suite de Ludovic.

Il fit le tour de la table pour s'asseoir en face de Stephen. Le créatif lui battit froid :

— T'étais obligé de partir dix jours en Californie en laissant tout en plan ?

Randy ne s'attendait pas à cet accueil. Stéphou et lui étaient toujours à contretemps.

— Mais enfin ! Los Angeles, c'est la ville des producteurs ! Si tu crois que j'y suis allé pour me dorer la pilule… Après dix jours à Marseille, c'était superflu, je t'assure ! J'avais des choses importantes à régler avec des agents américains pour une pub Volvic, si tu veux tout savoir !

— Très bien, Randy.

— N'empêche, c'est vous qui faites des histoires ! Pourquoi est-ce que vous voulez pas payer tout, tout de suite ? Comme ça tout le monde serait débarrassé !

— Parce qu'il n'en est pas question ! Je ne vais pas payer le cachet d'une actrice fantôme par exemple !

— Mais puisque tu as accepté dans un mail pour ne pas compromettre le projet…

Voilà qu'il remettait ça avec l'histoire du soi-disant mail. Le créatif et son chargé de production étaient estomaqués du toupet dont il faisait preuve.

— Il n'y a jamais eu de mail ! Ou alors trouve-le moi !

Ludo acquiesçait gravement. Farid lança un regard interrogateur à Stephen. Il aurait réussi à faire douter Staline, le bougre. Mieux valait changer de sujet.

— On a regardé les factures de ton hôtel et…

— Tu reviens encore sur mon hôtel ? coupa sèchement Randy.

— Laisse-moi finir ! J'ai pas de problème à ce que tu fasses venir ton copain, hein, mais dans ce cas, c'est Despérados qui invite. Je te rappelle qu'une production est soumise à un équilibre financier…

— Je ne sais pas ce qui t'arrive Stéphou, mais en ce moment, tu es très mesquin. Tu n'as que les mots « équilibre financier » à la bouche, toi, un créatif ! Et mon équilibre psychique ? Tu peux pas t'en préoccuper deux secondes ? Ce projet m'a beaucoup coûté justement ; décidément, l'argent aveugle tout le monde… (Randy se mit à sangloter.) Je voudrais bien t'y voir, toi, gérer une telle production ! Tu n'as aucune compréhension, aucune…

Il y eut un blanc. Les larmes, même de crocodile, laissèrent chacun interdit, Farid et Ludo se demandant si c'était du lard ou du cochon. C'était surtout de la dinde, de la grosse dinde grillée, Stephen en était convaincu. Il reprit, indifférent.

— Bon, t'as compris, on voulait faire le point sur la facturation avec toi pour trouver un accord pour le règlement. On est tous rentrés un peu vite dans le sujet tout à l'heure, mais c'est pas grave. Voilà ce qu'on te propose.

Il chercha le regard de Farid pour s'assurer de son soutien. Le commercial fit un petit hochement de tête.

— On va payer les devis de départ et prendre à notre charge 15 % sur toutes les dépenses non prévues liées au tournage lui-même. Ce qui, au vu du préjudice subi avec toutes les galères rencontrées depuis le début, est très généreux et compréhensif justement.

Ludovic acquiesçait silencieusement aux paroles de son patron.

— Préjudice ! Préjudice ! C'est quand même grave, ça ! Et pourquoi pas enculé tant que t'y es ?

Randy se tourna vers Farid sans que personne n'ait très bien compris ce qu'il voulait dire, le suppliant du regard, cherchant plus de clémence de sa part.

— Je ne reconnais plus mon Stéphou... lui qui est si honnête et courtois en temps normal... Il a tout signé, été d'accord sur tout, on s'est fait confiance, un vrai bonheur, et maintenant, il m'insulte et se rétracte sur tout, je ne...

SLAP. La main du publicitaire partit d'un coup pour s'écraser contre la joue droite de Randy. Il ne supportait pas que sa parole fût mise en doute de cette façon devant son collègue. La stupeur envahit la salle. Ludo et Farid étaient interdits. Le producteur, coupé dans son plaidoyer d'opérette, fit l'effet d'une poule face à une voiture sur le point de lui rouler dessus : il était tétanisé. Mais Stephen, hors de lui, estimant qu'il était dans son bon droit, se leva et le menaça du poing en lui hurlant dessus. Il allait s'en reprendre une. Ludo intervint pour calmer son patron et le fit rasseoir. Farid tenta de reprendre la main. Il se lança dans une explication tout en circonlocutions, cherchant à ménager la chèvre et le chou. On savait très bien qui était la chèvre. Il redit combien il faisait confiance à Randy ; il l'avait d'ailleurs chaudement recommandé ; le projet s'était avéré extrêmement difficile ; il avait la plus grande reconnaissance et le plus grand respect pour tout le travail qu'il avait fourni. Cependant, il était d'accord avec Stephen, on ne pouvait excéder les 15 % de dépassement par rapport aux devis initiaux. On s'en tiendrait là.

Randy, un instant radouci par les paroles douces et flatteuses de Farid qui lui firent l'effet d'un baume sur son ego bien plus meurtri que sa joue, s'étrangla en arguant que c'était tout bonnement inenvisageable. Et qui allait payer le cachet de Brigitte Montana ? Qui ? Stephen, à peine calmé, décréta que dans ce cas, la réunion était terminée. Il sortit en demandant à Ludo de raccompagner le producteur. Randy quitta la salle en vociférant, espérant que Stephen entendrait ses paroles en remontant à son bureau et se sentirait mal. De toute sa carrière de producteur, on ne lui avait jamais autant manqué de respect ; il ne supportait pas qu'on mette sa bonne foi en doute ; c'était une honte ; on ne l'avait jamais traité de « préjudice », mot qu'il trouvait tout à fait abominable ; il allait répandre cette histoire qui ne faisait pas honneur à Mystreamy dans toute la profession ; personne ne voudrait plus travailler avec la plateforme vidéo. Ça serait bien mérité. Il laissa Farid dans la salle sans le saluer : il s'était révélé complice de toute cette humiliation. Le directeur commercial n'en menait pas large. Les cris du producteur disparurent dans la cage d'ascenseur. Remonté à son bureau, il croisa Stephen qui lui annonça qu'il allait directement traiter avec Paul-Robert puisque Randy était totalement buté et incapable d'aborder sereinement les problèmes. C'était sans doute la solution qui s'imposait, convint Farid qui ne savait plus à quel saint se vouer, même s'il y en avait très peu dans l'islam.

Paul-Robert se trouva fort honoré bien qu'un peu surpris de cette demande de déjeuner urgente. Cela recouvrait-il un quelconque problème dont il était utile qu'il prît connaissance ? Pourtant Randy lui avait assuré que tout était en train de rentrer dans l'ordre, que la réunion chez Mystreamy s'était délicieusement passée, ce qui l'enchantait. Sans vouloir lui gâcher sa journée, Stephen lui avoua que ça n'était pas l'exacte vérité. Hum. Dans ce cas, si cela lui convenait, on pouvait se retrouver le lendemain au Mustang, l'une de ses adresses favorites, qui plus est à mi-chemin entre les deux entreprises.

Un peu plus tard dans l'après-midi, Stephen reconnut la racine des numéros de Despérados qui s'affichait sur son téléphone. Paul-Robert allait-il lui annoncer que le Mustang était complet ? Il eut la surprise et le plaisir de reconnaître la voix de Malika. Mais sa voix lui paraissait avoir perdu toute sa chaleur et sa lumière habituelle, comme altérée par un voile épais et sombre. Plus que cela, elle était apeurée et suintait la détresse. Voilà. Elle l'appelait parce qu'elle ne savait pas qui appeler d'autre. Randy s'était rendu compte qu'elle avait communiqué des documents à Mystreamy en son absence. Ça l'avait rendu furieux. Il prétendait qu'elle avait usurpé des documents confidentiels, que ça constituait une faute lourde, qu'il allait devoir la virer. Paul-Robert le laisserait certainement faire. Elle ne comprenait pas comment il s'y était pris, mais Randy l'avait complètement maraboutė. À cause de ce projet, elle était sur le point de perdre son job alors qu'elle était dans la boîte depuis cinq ans et que tout s'était toujours très bien passé. C'était totalement absurde. Comme elle avait appris que Stephen allait bientôt déjeuner avec Paul-Robert, elle le suppliait de lui parler. Elle élevait sa fille seule, elle adorait son travail, elle voulait le garder. Stephen la rassura comme il put en lui promettant qu'il ferait son possible auprès du patron de Despérados tout en pensant qu'il avait un sujet prioritaire à régler.

On faisait centre d'appels de détresse désormais. Encore une femme qui s'en remettait à lui, songea-t-il en repensant à Odalie Summer. Un vrai aimant à désespérées. Dégageait-il à ce point une présence de Bon Samaritain ? Que d'occasions à saisir s'il avait été ne serait-ce qu'un tant soit peu malhonnête. Au lieu de ça, il s'était inscrit sur Tinder. Les ingénieurs, les « techs » de l'informatique, lui avaient chaudement recommandé l'application.

Le lendemain, comme prévu, Stephen retrouva Paul-Robert au Mustang, néo-bistrot chic et cher comme il en germait à tous les coins de rue de Paris. Après les amabilités d'usage, Stephen passa à table et Paul-Robert tomba de sa chaise. Il ne s'était pas inquiété outre mesure du coup de chaud sur le tournage. C'était classique. À la suite de cet épisode, tout était rentré dans l'ordre avec Randy ; il n'avait pas soupçonné une seconde l'ampleur des dégâts avant le coup de fil de Stephen…

Maintenant, à y repenser, il avait trouvé curieux que Disli et Mystreamy acceptent de payer Brigitte plein tarif sans tenter la moindre négociation… Il avait d'ailleurs demandé plusieurs fois à Randy s'il était sûr de ça. Au dîner à Marseille, il se souvenait très bien lui avoir fermement demandé de lui faire voir le mail. Randy, en regardant dans son téléphone, lui avait opportunément montré le message qu'il venait de recevoir pour un projet de pub Le Chat Machine. Un projet que le producteur estimait à 200 000 euros au bas mot. Et à vrai dire, cette nouvelle qui lui laissait entrevoir une fin d'année comptable comme un feu d'artifice, avait accaparé toute son attention. Ils n'avaient plus parlé que de ça avant de s'asseoir à table, oubliant le mail… Hum. Par ailleurs, sur place, il avait dû rallonger le cachet d'Odalie de façon conséquente pour qu'elle trouve la force de rester sur le tournage. Bien sûr, il n'en avait pas parlé à Stephen. Ça faisait partie du service des maisons de production solides et bien élevées. Elles assumaient leurs responsabilités avec discrétion. On cherchait à développer des relations pérennes avec des clients contents. Voilà. Le publicitaire éprouvait une sincère compassion pour Paul-Robert qui commençait seulement à se rendre compte du pétrin dans lequel il s'était mis. L'élégant chef d'entreprise, le gentleman producteur bronzé et courtois en toute circonstance, était en passe de se faire déboulonner de son socle patiemment construit et d'être ravalé au rang de vieux beau indigne au soir d'une carrière respectée. Décidément, la vie était une garce. Il était partagé entre le désir de l'aider et celui de se laver les mains d'une affaire qui l'avait emmené bien au-delà de ce qu'elle aurait dû. Pour se sortir de ces hésitations, où son esprit menaçait de s'embourber, il se raccrocha à un adage simplificateur : après tout, à chacun sa merde.

Paul-Robert estima qu'une confrontation avec Randy, documents à l'appui, était indispensable pour estimer les responsabilités de chacun afin de solder l'affaire. Stephen était sur la même longueur d'onde. Bien. Toutefois, le producteur ajouta qu'il espérait quand même un dédommagement supérieur aux 15 % annoncés par Mystreamy. Parce que s'il devait assumer seul le cachet de Brigitte Montana, la rallonge d'Odalie et tous les autres frais plus ceux qu'on découvrirait – car on n'était pas à l'abri, n'est-ce pas ? –, l'équilibre financier de son entreprise était gravement compromis. Il invoqua le principe de partenariat et un partage de l'ardoise, promettant au publicitaire des prix coûtants sur ses prochaines productions qui lui permettraient de refaire sa marge et même plus.

— On verra, dit Stephen, matois.

— Bon, bon, fit Paul-Robert.

« Un tiens vaut mieux que deux tu l'auras », pensa Stephen. On s'était tout dit. L'humeur n'était pas au dessert. On solda le déjeuner par un café en convenant d'un rendez-vous chez Mystreamy.

Sur le point de se séparer, le publicitaire se rappela *in extremis* sa commission pour Malika. Il glissa un mot à son patron : c'était une fille formidable ; énergique, intelligente et loyale. Elle ne devait pas payer à son tour pour l'inconséquence de Randy. Il avait fait assez de dégâts comme ça. Paul-Robert saisit parfaitement l'allusion. Hum. Bien sûr, bien sûr. Il allait rassurer Malika. Malgré les doutes qu'avait instillés Randy dans son esprit à son sujet, il n'était pas vraiment en situation de discuter avec son principal commanditaire. Son producteur lui avait quand même certifié qu'elle avait tenu à plusieurs reprises des propos homophobes dans le cadre de son travail. Ce qui l'avait profondément choqué. Il avait placé sa vie sous le signe d'un monde libre et sans frontières, sautant d'un pays à l'autre au gré de ses tournages, travaillant avec des talents venus de tous les horizons. Il avait mis en scène les cultures des peuples dans ce qu'elles avaient de plus ouvert et généreux (il se rappelait ses films de pub pour le Maroc, le Club Med ou United Colors of Benetton), il avait cru à une intégration heureuse et festive. Dans ses différentes boîtes, il avait aussi bien accueilli des noirs, des beurs que des homos. Et voilà que des gens qui auraient dû se comprendre et s'entendre se tiraient dans les pattes ? Qu'est-ce que c'était que ce monde-là ? Où chaque minorité essayait d'attirer toute l'attention sur sa cause au détriment de celles des autres ? On marchait sur la tête. Ça ne l'intéressait plus. Peu lui importait d'être ringard dans un monde pourri. Si Malika avait vraiment fait ce dont l'accusait Randy alors qu'il lui avait accordé sa confiance, qu'il l'avait fait monter en compétences, prendre des responsabilités, il ne lui adresserait plus jamais la parole. Il lui tournerait le dos, infiniment déçu.

Les pensées de Paul-Robert étaient sombres en retournant au bureau. Il revint au dossier Mystreamy. S'ils ne l'aidaient pas, ça risquait de devenir très compliqué. En franchissant le seuil de l'hôtel particulier, il songea qu'il devrait peut-être le vendre. Cela lui serra le cœur. Cette fière maison bourgeoise avait été le symbole de sa réussite. Il n'aurait pas pu se souvenir de tous les films de pub géniaux qui s'y étaient montés. Ni de toutes les fêtes qui y avaient été organisées. Ni de tous les réalisateurs, comédiens et gens de talent qui avaient franchi ses lourdes portes en fer forgé. Seul rayon de lumière dans ce marasme financier, le projet Le Chat Machine. En serrant au maximum les coûts, il tirerait peut-être de quoi éponger les pertes de *Braises de stars*. Corinne, son fidèle bras droit, l'interpella alors qu'elle sortait pour un rendez-vous :

— Tu sais pas où est Randy ?

— Ben non, je ne l'ai pas vu ce matin… répondit Paul-Robert, songeur.

Le cercle de petits points rouges qu'égrenait l'horloge de studio accrochée au mur faisant face au bureau de Paul-Robert disparut. Vingt-deux heures s'affichèrent en gros chiffres au centre du cadran. Le producteur faisait des heures supplémentaires en sirotant un verre de whisky. Non pas qu'il y ait eu beaucoup de travail à abattre. À part l'expiration de ses bouffées de cigarillo et le passage d'un véhicule de temps à autre dans la rue, rien ne troublait le calme de la grande demeure désertée depuis dix-neuf heures. Lui qui avait cru au réveil de son entreprise constatait amèrement que cela n'avait été qu'une parenthèse exaltante. Il fallait pourtant trouver une solution. Il avait beau faire et refaire l'inventaire des projets en stock, il n'y avait pas grand-chose à se mettre sous la dent… Sans nouvelles de Randy depuis le matin, Paul-Robert commençait à devenir fébrile. Bon d'accord, il avait sans doute fait quelques conneries à Marseille, mais ça n'était pas une raison pour s'évanouir dans la nature… Après tout, il ne pouvait pas porter le fardeau seul. Ce serait injuste. On l'avait laissé se débrouiller sur le plus gros projet de la boîte. Paul-Robert s'en voulait. Il aurait dû l'accompagner. Lui montrer le métier. Nan mais quel idiot. Parce que sans Randy, son allant, son esprit d'entreprise, sa boîte était condamnée au ralenti, sans aucune espérance de nouveau projet important. La sonnerie de son téléphone portable le tira de ses réflexions sans issue. C'était Randy !

— Ah, Randy ! Qu'est-ce qui t'arrive ? Je commençais à m'inquiéter, moi !

— Je peux pas te dire où je suis ! (Sa voix trahissait sa nervosité.) Je te préviens, je t'ai mis sur haut-parleur. Je suis avec des amis et mon avocat…

— Hein ? Mais qu'est-ce que tu fabriques !

— Tu te fais influencer par Mystreamy ! Je sais que tu as déjeuné avec eux ! Ils sont en train de te retourner la tête et tu vas me faire porter le chapeau parce que je suis gay !

— Mais qu'est-ce que tu racontes !

— Tu sais, être homophobe, dans le milieu de la production, ça peut griller une boîte ! Est-ce que tu te rends compte de ce que ça peut entraîner si les agences de pub ou les clients l'apprennent ?

Sans comprendre exactement où son employé voulait en venir, ses menaces à peine voilées piquèrent Paul-Robert au vif. Il retrouva la fougue de ses débuts quand il négociait lui-même les impayés.

— Mais qu'est-ce que c'est que ces méthodes ? Tu délires complètement ! Tu peux dire à ton gros con d'avocat d'aller se faire voir et à tes amis que ce sont des lâches. Ils devraient avoir honte ! Et toi, tu vas rappliquer *illico*. On a une grosse réunion d'explication avec Stephen et Farid à préparer si on veut se faire payer !

— Farid ? Farid est dans la réunion ? Mais on s'en fout de Farid ! Il va quitter Mystreamy, il est en train de se faire virer ! On va quand même pas rendre des comptes à ce type ! Vous voulez tous me faire porter le chapeau et vous débarrasser de moi, c'est ça ? Tout ça parce que je suis gay et que les gays s'écrasent ? Eh ben c'est pas joli ! Vous voyez ce qu'ils essaient de faire ? dit-il en parlant à son mystérieux entourage. Vous voyez ? Mais je vais pas me laisser faire ! J'ai une réputation dans ce métier ! Aux prud'hommes, un truc comme ça, c'est circonstances aggravantes ! Hein Paul-Robert ! Je t'assure, si tu veux qu'on se revoie, oublie cette réunion, ça vaudra mieux pour tout le monde.

— Désolé, Randy, mais c'est hors de question. On n'a que deux jours pour tout mettre au clair. On t'attend demain matin avec Corinne.

Paul-Robert entendit le son de la tonalité. Randy avait raccroché. Il était abasourdi par ce qu'il venait d'entendre. Farid viré ? Stephen lui aurait dit quand même… Et qu'est-ce que c'était que cette histoire de supposée homophobie servant de prétexte à son licenciement imminent ? La soudaine défiance qu'avait montrée son employé – devenu pour lui comme un proche – vis-à-vis de ses valeurs aurait pu le vexer, lui qui avait toujours mis un point d'honneur à construire des relations basées sur la confiance et la réciprocité. Mais visiblement, le garçon n'était pas dans son assiette. Cet accès de paranoïa tombait au plus mauvais moment. Il allait falloir le rassurer. Il se resservit un verre de whisky pour reprendre des couleurs. Ça l'avait secoué.

XXI

Stephen relisait la première livraison des épisodes d'une nouvelle websérie pour le compte du ministère du Tourisme des Seychelles. L'archipel souhaitait diversifier sa clientèle largement constituée de retraités en s'adressant aux jeunes actifs urbains. Le créatif avait pensé à une parodie d'émission de téléréalité de survie, genre qui jouait à armes égales avec les émissions de cuisine. On ne changeait pas une recette qui gagnait. Surtout en période de préoccupation maximale et d'inspiration au plus bas. Après tout, ça n'était pas le concept qui était responsable du fiasco *Braises de stars*, mais le producteur à qui on avait confié sa mise en œuvre. On ne referait pas deux fois la même erreur. Le téléphone interrompit Stephen dans sa lecture. C'était Paul-Robert. Il voulait savoir si Mystreamy avait des nouvelles de Randy. Le publicitaire fit part de sa cordiale surprise au patron de Despérados : qu'il le sache, à ce jour, Randy Braoul ne faisait pas partie des effectifs de Mystreamy, Dieu le préserve.

— Bien sûr, hum, concéda le producteur. Je demandais ça à tout hasard.

Il paraissait très ennuyé.

On va certainement devoir reporter la réunion d'explication.

— Comment ça ? s'étonna Stephen qui espérait solder l'affaire comme prévu le lendemain.

— Hum. On est sans nouvelles de Randy depuis deux jours. Là-dessus, la production s'est fait cambrioler… Oui, vous avez bien entendu, cambrioler… On est sens dessus dessous… La porte d'entrée a été fracturée et les quatre ordinateurs de la production au dernier étage ont disparu. Tous les documents, tous les justificatifs, notamment les mails, étaient dessus…

— Aïe, fit Stephen.

— Tout à fait incompréhensible. Les malfaiteurs ont soigneusement évité l'escalier principal truffé d'alarmes pour emprunter l'escalier en colimaçon, celui de la tour, qui mène directement au bureau des producteurs. Il y a bien une alarme qui a sonné au dernier étage, mais elle s'est tue rapidement. Comme si les intrus connaissaient le code… D'ailleurs, pourquoi sont-ils allés chercher les ordinateurs portables au dernier étage quand il y a tous les Macs pro, les disques durs et les écrans étalonnés de la postproduction au premier étage, ou encore les micros à 5 000 euros du studio son au sous-sol ?

— C'est très curieux, admit Stephen.

— Ça ressemble à une attaque ciblée, comme si les gangsters cherchaient à faire disparaître des preuves, continua Paul-Robert songeur. Mais pourquoi ?

Il fallait croire que Despérados était tombé sur des bandits plus roublards qu'eux, se dit Stephen.

— Sans vouloir en déduire quoi que ce soit, car je ne suis pas commissaire de police, il y a quand même un joli faisceau d'indices, pointa le créatif.

— Vous croyez? demanda Paul-Robert que le doute commençait à travailler.

Les disparus avaient toujours tort. Hum.

XXII

Précisément à l'heure où la réunion d'explication aurait dû se tenir, Paul-Robert recevait le commissaire divisionnaire Dupinelle dans son bureau. L'officier, un homme sans âge, aux yeux bleus et cheveux ras poivre et sel, était, pour reprendre ses mots, venu faire part des progrès de l'enquête à son « client ». Mais depuis le constat de l'effraction par ses hommes suivi du dépôt de plainte, on n'avait pas beaucoup avancé, annonça-t-il en faisant tourner l'excellent whisky japonais que Paul-Robert lui avait aimablement proposé dans un épais gobelet de cristal. Les empreintes n'avaient rien donné. L'enquête de voisinage non plus. Il posa son verre sur un guéridon à portée de main, se cala bien au fond du fauteuil club dans lequel il était assis et croisa les mains sur son ventre en agitant les doigts.

— Bien que les présomptions soient très fortes, on ne peut rien faire, malheureusement… Et rien ne dit que les machines réapparaîtront à un moment ou à un autre… Ça aurait été pour le fric, ça aurait été différent. On les aurait retrouvées sur Internet, dans une brocante… Mais, là elles doivent déjà être détruites.

Il se tut quelques instants, leva la tête vers le plafond comme s'il cherchait l'inspiration, puis revint vers Paul-Robert dont la figure cachait mal un profond dépit.

— Vous savez, c'est très classique, votre affaire, reprit le commissaire. Ces types-là, tant qu'on ne les coince pas pour de bon, ils continuent leurs petites affaires. Et chaque fois qu'ils réussissent un coup, ils gagnent en confiance et prennent encore plus de risques… Le drame, c'est que ce sont des manipulateurs hors pair doués de capacités de séduction hors du commun, sinon, les gens ne tomberaient pas dans le panneau… dit-il avec l'assurance d'un homme qui avait sondé plusieurs fois les tréfonds de l'âme humaine.

Paul-Robert, qui ne perdait pas un seul mot de ce que disait l'officier de police, dut bien en convenir : Randy était extrêmement séduisant. À tous points de vue. Il avait un charisme qui vous portait, vous faisait croire que tout était possible.

XXIII

Paul-Robert avait retrouvé machinalement sa place habituelle, assis derrière son grand bureau. Il remontait du rez-de-chaussée où il avait raccompagné Me Tétard, son notaire, avec qui il était resté deux bonnes heures. Au menu de leurs discussions, un tour d'horizon patrimonial comme ils avaient coutume de le faire une fois l'an, quoiqu'un peu plus tard dans l'année en général. Bilan auquel on avait ajouté, à la demande expresse du patron de Despérados, une évaluation de l'hôtel particulier dans l'hypothèse d'une revente. Hum. Fallait-il par la même occasion envisager une cession de l'activité et la recherche d'un repreneur ? avait interrogé le zélé officier ministériel. C'était encore trop tôt pour le dire, avait répondu Paul-Robert. Mais il savait que ça serait soit l'un soit l'autre, car la revente de l'hôtel particulier, n'advenant que pour éponger des pertes trop lourdes, entérinerait la faillite de l'activité. À l'inverse, si on réussissait à sauvegarder l'activité, on pourrait la revendre indépendamment de cette maison qu'il mettrait en location par exemple. Il avait longtemps compté sur cette rente dans l'optique d'une retraite anticipée et confortable. Malika frappa à la porte. Elle avait reçu un recommandé pour Paul-Robert.

Elle avait parfaitement ressenti le calage brusque de la maison tout entière depuis la disparition de Randy. Elle était reconnaissante à son patron de lui avoir gardé sa confiance. Courageuse, elle était allée au-devant de lui pour dissiper le malaise qui s'était installé entre eux à la suite du tournage de *Braises de stars*. Elle savait ce dont on l'accusait et trouvait cela terriblement injuste. D'ailleurs elle n'aurait jamais osé. Elle avait un jeune frère, Kamel, qui était homosexuel. Elle avait dit tout cela en quelques phrases ramassées. Elle avait baissé les yeux, pudique. Elle ne parlait jamais d'elle. Mais là, elle avait dû. Depuis, elle s'efforçait de rayonner, souriant constamment et parlant de façon enjouée et positive, redoublant d'efforts pour dissiper la morosité qui avait gagné le numéro 34 de la rue.

Elle s'approcha du bureau et tendit l'enveloppe à son patron. Il se redressa dans son fauteuil, saisit son coupe-papier en argent et l'ouvrit prestement. Il s'agissait d'une note d'honoraires de l'avocat attitré de Despérados. Paul-Robert devint pâle à la lecture du document. Il y en avait pour 10 000 euros. Elle accompagnait une liasse de contrats ; chacun réglait les engagements entre Despérados d'une part et des artistes d'autre part, pour la production d'un programme audiovisuel destiné à une diffusion sur Internet intitulé *Braises de stars, la revanche*. On retrouvait document après document les noms d'Odalie Summer, Tama Tonnerre, Armelle Joubert-Bréjac, Will Ahmed et Vince Leclerc. Était stipulé que le programme serait tourné en Argentine. « Logique, c'est un pays de viande », pensa Paul-Robert. Cet élément pourtant très rationnel ne suffisait pas à asseoir la crédibilité du projet dans son esprit.

— Tu as entendu parler d'une saison 2 pour le barbecue ? dit-il en levant les yeux vers Malika.

— J'ai plusieurs fois entendu Randy parler d'une suite, disant que le client était ravi et qu'il fallait l'anticiper.

Hum. Paul-Robert se leva de son fauteuil et fit quelques pas pour se planter devant la fenêtre qui donnait sur la rue. Il tournait le dos à sa collaboratrice, le regard perdu dans le vague. Fallait-il croire à cette nouvelle possibilité ? Hum. Et quand bien même il y aurait une deuxième saison, rien n'indiquait que Despérados la produirait après tout ce qu'il s'était passé. C'était Mystreamy qui avait le client, pas lui.

— Ça a bougé côté Mystreamy ? demanda Paul-Robert sans trop y croire.

Il avait saisi une pipe dans une vitrine et l'examinait de près. Depuis le règlement de l'affaire, il n'avait pas eu de nouvelles de la plateforme vidéo. Quel gâchis ! C'était un client dans l'air du temps qu'il aurait pu fidéliser. Faute de justificatifs, ils s'en étaient tenus à payer ce qu'ils avaient dit qu'ils paieraient. Il n'avait pas discuté. Il avait l'impression d'avoir consenti un énorme geste commercial, plus que ça, un sacrifice commercial, sans que ses clients n'en mesurent ni l'importance ni les conséquences. Un échec complet. Malika répondit que non, ça n'avait pas bougé. Juste un coup de fil de Ludo pour récupérer les images du making-of tournées en magasin. Ça n'allait pas améliorer les choses, pensa le producteur. Avec ces contrats, Randy semblait avoir été prévoyant pour une fois. Il avait verrouillé le casting très en amont d'une nouvelle saison. Ça n'était pas mieux, tant les faits semblaient l'hypothéquer. Mais il fallait se rendre à l'évidence, la réalité n'intéressait pas Randy. Avait-il voulu gagner trois mois de plus en lui faisant miroiter une nouvelle affaire juteuse ? Paul-Robert se perdait en conjectures.

— Merci, Malika, fit-il en reposant la pipe dans sa vitrine.

Ça faisait 10 000 euros de plus. Hum.

XXIV

L'air qui fouettait le visage de Stephen filant sur son scooter était étonnamment tiède pour une mi-septembre. L'été indien semblait retenir Paris dans ses filets languides et chatoyants. Un esprit de procrastination flottait sur la ville. Même si chacun avait regagné son poste, la rentrée attendrait encore un peu. Jusqu'aux premières pluies d'octobre. D'ici là, supérieurs comme subordonnés, chacun s'était tacitement mis d'accord pour profiter des dernières belles soirées de la saison. Le créatif était donc parti à dix-huit heures. L'horizon qui barrait la perspective du boulevard des Italiens avait la couleur rose du Palais des Vents de Jaïpur. Paris s'était mis au diapason de la rentrée de l'Opéra Comique qui présentait *Lakmé* dans une nouvelle production. Finalement, Stephen avait laissé tomber l'humidité glacée de la Cornouaille pour les douceurs de l'Asie. Cela correspondait davantage à ses goûts et à son humeur. La menace de la catastrophe longtemps redoutée s'était évanouie, il se remettait tout juste d'une déception amoureuse puissante. On n'allait pas remuer tout ça à coups d'accords wagnériens soulignant la fatalité et le déchirement. Non. La convalescence passait par la tiédeur lyrique d'une romance sous les palmiers. Le sublime duo des fleurs. Il n'aurait loupé ça pour rien au monde. « Viens Mallika » justement, s'amusa-t-il en sifflotant l'air célèbre. Ti ta di da. Ti ta di da. Ti da di da di da di da di da da. La chanteuse qui incarnerait la douce servante aurait-elle des traits aussi jolis que ceux de la belle assistante de production avec qui les choses, de fil en aiguille, s'étaient plutôt bien engagées, depuis le premier café qu'ils avaient pris à son invitation ? Il avait tenu à faire un bilan de l'épopée *Braises de stars* maintenant que tout était terminé. Après tout, après Randy, elle avait été la deuxième personne la plus proche de la production. C'était aussi un prétexte pour s'assurer que tout se passait bien pour elle, sans plus de menaces ni de pressions perverses. Ils étaient convenus de se revoir. Jolie Malika. Il pourrait scruter les moindres détails du visage de l'interprète, car il serait assis au troisième rang, à l'orchestre, une fois n'est pas coutume. Les primes étaient tombées et la sienne était conséquente. Mais « il ne l'avait pas volée », selon les mots de Giorgio De Campara, tracés de sa grande écriture déliée sur la carte de remerciements qu'il lui avait adressée personnellement. Même avec les 15 % de supplément, la marge demeurait excellente, exceptionnelle même pour une seule opération. Que n'étaient-elles toutes comme celle-là ! Autant dire que le publicitaire se sentait le cœur léger, prêt à voleter sur les mélodies charmantes et aériennes qu'il se préparait à entendre. Il allait pouvoir faire face à ses obligations familiales aisément, pour mieux tourner la page. Comme un solde de tout compte, sans impayés et relances continuelles. Il avait même visité un joli trois-pièces vers Blanche, dans le 9e arrondissement. Il s'y projetait déjà. L'endroit, sans être très grand, était charmant. Il avait tout de suite trouvé sa chambre. Celle qui avait une petite niche dans l'encoignure. Il s'était dit qu'un objet d'art serait d'un très bel effet. Un bouddha par exemple. Il connaissait un super marchand d'antiquités asiatiques aux Puces de Saint-Ouen. L'autre chambre, plus grande, conviendrait très bien pour les enfants. Il les aurait un week-end sur deux. Il était sûr de ne pas obtenir la garde. Mais on n'allait pas se laisser abattre. Et voir le verre à moitié plein. Bref, après la vie d'étudiant, la vie de jeune homme !

Un homme déjà mûr, que l'accumulation des soucis et des déconvenues vieillissait prématurément, déprimait sagement dans son bureau qu'il ne quittait plus. Un glaçon achevait sa dilution dans un fond de whisky japonais. L'affaire *Braises de stars* était soldée, le sort de l'hôtel particulier, scellé. Avec cette histoire, Paul-Robert avait perdu la bagatelle de 80 000 euros. Si le contrat Le Chat Machine avait tenu ses promesses, on aurait peut-être pu éviter la vente. Mais voilà, il ne s'était pas révélé aussi fructueux qu'escompté, c'était le moins qu'on pouvait dire. Une catastrophe en fait. Au moment de la signature, Randy lui avait certifié qu'il avait vendu la conception et l'écriture des spots 20 000 euros. Ce qu'il avait trouvé très cher, mais après tout, Randy était un fieffé vendeur et sur un budget de 200 000 euros, ça pouvait passer. Seulement quand Corinne avait demandé un acompte pour lancer la production après l'encaissement des 20 000 euros d'écriture, la marque commanditaire s'était étonnée. Les 20 000 euros devaient couvrir l'écriture et la production intégrale des 6 mini-films. Ça avait été le coup de grâce. Que n'avait-il écouté Corinne qui se proposait de regarder les devis de Randy pour s'assurer qu'ils étaient conformes. Quoi, on ne lui faisait pas confiance ? À lui ? Un producteur de renom ? Paul-Robert n'avait pas insisté.

« 6 films pour 20 000 euros ? Mais de qui se moque-t-on ? On va y laisser notre peau Corinne ! », s'était exclamé le producteur avant de sombrer dans une profonde aphasie. Palliant la défaillance patronale, Corinne et Malika avaient déployé de trésors de ruse pour serrer les coûts du projet, allant jusqu'à rendre les vêtements ayant servi à habiller les comédiens chez H & M après les avoir ré-étiquetés, et de conviction pour faire travailler la majorité des techniciens habituels gratuitement. Pour sauver la boîte. On s'en souviendrait. On les rappellerait en priorité. Retour à la case départ quand Corinne et Paul-Robert montaient des projets étudiants pour se faire la main. On s'en était tiré avec une ardoise de 7 465 euros. Un exploit. Paul-Robert avait décoché un léger sourire à Corinne à l'annonce du résultat. Dans ses yeux, on pouvait lire toute l'affection pour cette fidèle collaboratrice qui n'avait jamais démérité et le regret abyssal de l'avoir trahie pour plus jeune et plus glamour. Il était temps de revendre la boîte. Vu avec l'expert-comptable, on ne mettrait pas Despérados en faillite. On laisserait juste ce qu'il fallait de cash sur les comptes, grâce au produit de la vente de l'hôtel particulier. Le reste partirait en primes pour les collaborateurs et en dividendes exceptionnels pour l'actionnaire principal. Il restait un petit carnet de commandes plus quelques contrats en bonne voie. Ça intéresserait une boîte de production un peu plus grosse cherchant à gagner en volume d'affaires. Elle s'offrirait par la même occasion un joli coup de com' sur sa croissance à très bon compte. La peau de Despérados ne valait plus très cher. Mais c'était encore ça de pris.

Il quitterait le métier sur la pointe des pieds, dans la dignité, c'était déjà ça, se dit le producteur. Tout le monde n'était pas Eddie Barclay. Il lui avait quand même emprunté ses cigarillos. Ce Randy, qu'il appelait il y a peu « son Randy », lui devait la bagatelle de 25 000 euros de bonus versés en avance de bénéfices et qui dès lors, étaient indus après constatation de déficits. La Rolex, le voyage en Californie, la valise de liquide… Demain, il avait rendez-vous avec Me Têtard et ses banquiers pour étaler les créances, évaluer la boîte, organiser la vente de l'hôtel particulier. Il fallait bien survivre. Avec une femme qui n'envisageait pas de quitter Le Vésinet. Et deux filles en école privée. Le comble de la déprime. Il se resservit un verre de son excellent whisky. Le téléphone sonna. Qui pouvait bien le déranger un vendredi soir ? C'était Leclerc. On allait s'éviter les salamalecs habituels. Quel bon vent l'amenait ? Il avait bien reçu le solde de son cachet ? Très bien.

Où en était le projet de spot Mercedes à Dubaï ? Mercedes ? Dubaï ? De quoi parlait-il au juste ? Leclerc semblait nerveux. Randy avait été formel : en échange de s'afficher dans la saucisse partie, on lui réservait le rôle d'un James Bond des sables qui parcourait le désert à bord de la nouvelle Mercedes. Paul-Robert éloigna le combiné de son oreille pour perdre son regard dans les reflets dansants d'une vitrine.

La « nouvelle Mercedes »… Hum… La marque allemande sortait cinq nouveaux modèles par an… On avait connu brief plus précis…

— Allo ? Paul-Robert ? Tu m'entends ? Allo ?

À ce jour, Randy court toujours.

Remerciements

Je souhaite remercier mes lecteurs de la première heure :

Pierre Lévêque, Grégoire Hababou et Matthieu Garrigou-Lagrange.

Christine Kerdellant-Desportes pour sa lecture avisée et ses remarques essentielles.

Noël Herpe pour sa bienveillance et ses conseils.

Julie Daniel et les Éditions du Rocher pour leur accompagnement et leur confiance.

Nicolas Pouxe, Tristan de Francqueville et Anas Nadifi pour les moments surréalistes traversés ensemble.

Achevé d'imprimer par Edica Sp. z o.o.,
ul. Forteczna 3
61-362 Poznań
en février 2020

Dépôt légal : avril 2020

Imprimé en Pologne

JOB MATTERS

FRISEURE UND KOSMETIK

von
Roland Reiter

unter Mitarbeit der Verlagsredaktion

Cornelsen

How to use the book

Job Matters Friseure und Kosmetik ist ein modernes Lehrwerk für den Englischunterricht.

So finden Sie sich im Buch zurecht:

Am Beginn jeder der 24 Units finden Sie eine Übersicht über die Themen, Fertigkeiten und Grammatikbereiche, mit denen Sie sich anschließend eingehend beschäftigen werden.

IT'S YOUR TURN

Die *It's your turn*-Aufgaben am Ende jeder Unit stellen ein Angebot für diejenigen dar, die gezielt an weiterführenden sprachlichen Fertigkeiten arbeiten wollen und/oder fassen die Inhalte der Unit zusammen.
Die geben die Möglichkeit, die eigene Erfahrung der Schüler/innen einzubringen.

▸▸▸ ICH KANN

	Seite/Übung
☐ Ich kann eine Rolle in einem Dialog oder einer Simulation übernehmen (z. B. in Alltags- oder Berufssituationen.)	9/2

Am Ende jeder 4. Unit gibt es ***Extra practice*** zu den Themen der vorherigen Units. Außerdem zeigen Ihnen ***Can-do-Statements***, welche Fertigkeiten aus dem Gemeinsamen Europäischen Referenzrahmen für Sprachen bzw. aus dem Europäischen Sprachenportfolio Sie in den Units erworben oder gefestigt haben.

Für heterogene Klassen werden innerhalb der Unit differenzierte Aufgaben angeboten und durch Sterne gekennzeichnet (★ = leicht, ★★ = mittel, ★★★ = schwer).

I would like to work in a/an …	because it is a creative environment. because I like music / films / fashion shows. because I would like to work with celebrities.
I would not like to work in …	because …

Redewendungen und Phrasen für den täglichen Gebrauch finden Sie in den grünen Boxen.

Weitere wichtige Symbole:

2 = kennzeichnet Höraufgaben und gibt die entsprechende Tonspur an. Die Hörbeispiele sind separat als Download (ISBN 9783064513174) erhältlich unter www.cornelsen.de.

⚠ = kennzeichnet Tipps und wichtige Hinweise

Viel Spaß beim Lernen und gutes Gelingen wünschen Ihnen Autor und Verlag!

Contents

1 Your career

This unit is about:
- career opportunities
- hairstylist's tasks

Competences:
- listening to a radio interview
- writing about your future career aims
- discussing career options
- defining a hairstylist's tasks

2

1 Becoming a successful hairdresser

a) Jim Danton is a famous hairstylist from London. In a radio interview he talks about becoming a successful hairdresser. Listen to the recording and then complete the text.

Shutterstock / Tyler Olson

I believe that becoming a hairstylist is an ideal career opportunity for c___________[1] young people. G_________[2] hairstylists provide a wide range of beauty services, such as shampooing, cutting, styling and colouring hair. Additional services include highlights and perming. A t___________[3] hairstylist has e___________[4] communicative skills and helps customers to feel good about themselves. You need to be familiar with the l_________[5] style trends and come up with n_______[6] ideas. There is much more to being a hairstylist than just cutting hair. If you are an a___________[7] person, this will be your dream job.

b) What does a successful hairstylist do? Work with a partner to make a list of useful vocabulary and present it in class. The text above will help you.

Example: I would like to finish my apprenticeship and work in a local salon.

2 Career aims

★ a) What are your personal career aims? Use the phrases in the box or your own ideas to write a few sentences.

set new trends • own my own beauty salon • finish my apprenticeship • work at a famous salon

___

___

___

★★ b) Discuss the following questions in groups of four and make a list.

1 Why do you and your colleagues want to become hairstylists?
2 What are your career aims?

★★★ c) Now write some sentences about your colleagues' future plans.

Tip

hairdresser's = *Friseur (Salon)*
hairdresser/hairstylist = *Friseur/in*
barber = *Herrenfriseur*
barber's = *Herrenfriseur (Salon)*

3 Career options

★ a) Hairstylists and beauticians work in a wide range of professional environments. Look at the words in the box and match them with the pictures. There is sometimes more than one possible answer.

fashion show • film studio • hair salon • magazines • musicals • opera • theatre

1

Shutterstock / Kokulina

____

2

Shutterstock / Africa Studio

____

3

Shutterstock / martinkay

____

4

Shutterstock / Niloo

____

5
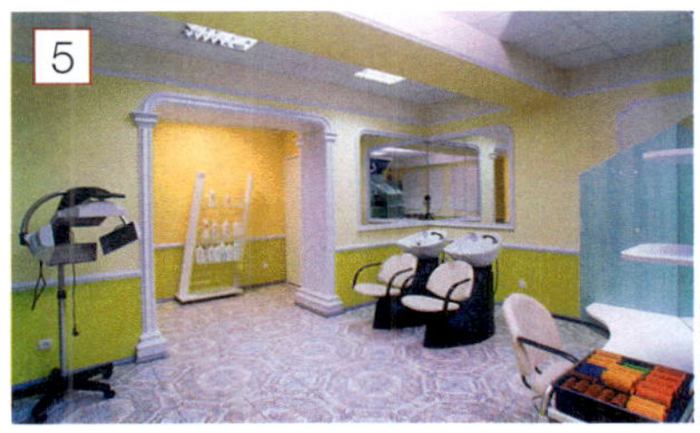
Fotolia / Nadejda Degtyareva

____

6

Shutterstock / Jack.Q

____

★★ b) Discuss which of the areas above you would like to work in with a partner. Can you think of any others? Use the phrases in the box.

I would like to work in a/an …	because it is a creative environment. because I like music / films / fashion shows. because I would like to work with celebrities.
I would not like to work in …	because …

★★★ c) Now write some sentences explaining which of these areas you would prefer and why.

4 A hairstylist's tasks

Look at the list of tasks below and tick the tasks hairstylists usually do.

- ☐ make appointments
- ☐ keep an appointment diary
- ☐ write newsletters
- ☐ discuss hairstyle options with customers
- ☐ sell hair care products and cosmetics
- ☐ write emails
- ☐ wash and condition hair
- ☐ bleach or dye hair
- ☐ tidy the office
- ☐ cut or trim, dry and style hair
- ☐ photocopy documents
- ☐ develop new styles and techniques
- ☐ plan meetings
- ☐ use the cash register
- ☐ clean tools such as scissors and combs

IT'S YOUR TURN

Think about your everyday experiences and tasks at the salon. Make a mind map about your daily routine as a hairstylist.

2 Hairstylist's tools

This unit is about:
- salons
- hair tools

Competences:
- matching words to pictures
- talking about tools
- describing pictures
- describing your workplace

1 Hair tools

It is important to know what your tools and equipment are for and how to use them.

★ a) Look at this list of important tools and translate them into German. Then match the words with the pictures below.

Tip

BE: hair dryer
AE: blow dryer

1 hood/bonnet dryer ____________
2 razor blade ____________
3 razor ____________
4 brush ____________
5 comb ____________
6 tail comb ____________
7 cutting scissors ____________
8 styling brush ____________
9 hair dryer ____________
10 cape ____________
11 rollers ____________
12 towels ____________
13 sectioning clips ____________

★★ b) Work with a partner to say what each of the tools above are called and what they are used for? Which of these objects have you already used? Which ones are new to you?

This tool is a/an …
This tool is called a/an "…"
You use it/them for …
It is / They are used for …
I know this tool.
I have used this tool.
I don't know this tool.
I haven't used this tool.

2 In the workplace

★ a) Write sentences to describe the picture below. The tip box and the phrases below will help you.

Fotolia / Dmitry Kalinin

Tip

on
at
next to
underneath
below
in front of
beside
behind
opposite

There are There is	hair care products a chair	next to the trolley. in front of the mirror.

★★ b) Work with a partner to describe what your salon looks like. The phrases below will help you. Take notes and then draw your salon on the plan below.

When you enter the salon, there is …
On the left-hand side there is / there are …
On the right-hand side there is / there are …
Next to the waiting area there is / there are …

IT'S YOUR TURN

It is very important to know where your tools are and to keep them clean and tidy. Describe where your tools are and then draw them on the plan above.
Examples: I keep the hairdryer in … / The scissors are …

3 Different services

This unit is about
- salons
- services and prices

Competences:
- asking for the price
- saying how much something costs
- role-playing a dialogue
- conducting a survey

1 Services

Look at the services listed below.

a) Work with a partner to find out what these services are called in German. You can use a dictionary or an online dictionary.

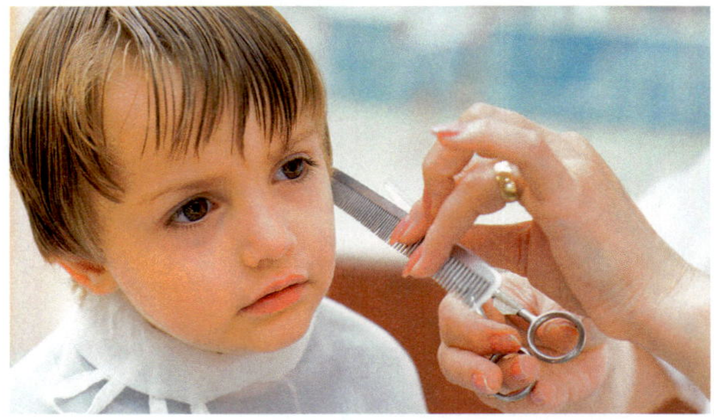

Fotolia / onebink1

Men

Wash, cut and blow dry	£14.00–£17.00
Dry cut	£9.50
Wet cut	£12.00–£14.00
Boy's dry cut	£9.00

Colour and highlights

Highlights:	
Full head	£55.00–£69.00
Half head	£44.00
Colour (Full head)	£36.00
Colour (Retouch)	£28.00

Ladies

Wash, cut and blow dry	£22.00–£30.00
Wash and blow dry	£14.00–£20.00
Wash, blow dry and straighten	£16.00
Wet cut	£14.00–£18.00
Dry cut	£9.50–£14.00
Shampoo and set	£12.50
Cut, shampoo and set	£20.00
Intensive conditioning treatment (incl. head massage)	£10.00
Perm	£56.00

★ b) Write a list of services that you offer at your salon.

★★ c) Compare your list of services with your colleagues' lists and discuss the following questions.

1 Which of these services do you offer at your salon?
2 What other services are offered at your salon?

★★★ d) Which tools do you need for each of the services? Write down five examples.

service	tool

2 Role-play

Carry out the role-play below with a partner. One of you is a customer and phones the hairdresser's to find out how much different services cost.

Danton's Hair & Beauty Salon	Customer
Hello, Danton's Hair & Beauty Salon. … speaking.	Hello, my name is …
How can I help you?	I would like to know if you offer … Do you offer …?
Yes, we offer that service.	How much does it cost?
It costs …	Do you also offer blow drying / straightening / …?
Yes, we do.	Does it cost more? / Do you charge extra for that?
No, that's included in our services.	Well, that sounds great. How much does it cost altogether?
It costs …	Thank you for your help.
You're welcome.	Bye.
Bye.	

3 Internet research

Go on the Internet to find three English beauty salons and compare the services and prices.

Salon 1: ______________________

Salon 2: ______________________

Salon 3: ______________________

1 Which one is the most expensive beauty salon?

____

2 Which one is the cheapest?

____

3 What are the differences between the salons?

____

4 What are the similarities between the salons?

____

5 What are the most common services?

____

IT'S YOUR TURN

A reporter asks you questions about your salon. Act out a role-play with a partner or write a dialogue.

1 What tools do you use?
2 What services do you offer at your salon?
3 How much are they?

4 Dealing with customers and colleagues

This unit is about:
- talking to colleagues and customers
- professional behaviour

Competences:
- dealing with customers
- talking to colleagues
- writing about professional behaviour

1 How to deal with customers

Customers expect polite and professional communication. The list below gives advice about how to deal with customers.

★ a) Read through the list and then answer the questions below.

- ✓ Greet the customer by name.
- ✓ Always be polite and make the customers feel welcome.
- ✓ Never argue with other members of staff while working in the salon and never argue with the customer.
- ✓ Do not talk to other members of staff while dealing with the customer.
- ✓ Always discuss the customer's requirements. You need to know what the customer wants before you start. It also helps to build a strong customer/stylist relationship.
- ✓ Make sure that the customers are comfortable; particularly if they have to wait for their appointment.
- ✓ Never eat, smoke or drink in the salon.
- ✓ Remember that your customers are paying for a service. You should be polite and respectful and give them the best service you can.

1 How should you greet the customer?

____

2 How should you make the customer feel at the salon?

____

3 What shouldn't you do with other members of staff?

____

4 What should you do with the customer before you start?

____

5 Why should you be polite to customers?

____

★★ b) Work with a partner and discuss each other's experiences with customers using the phrases from the box below. How do you talk to customers at your salon? Do you have rules in your workplace?

In my workplace, we greet the customers by their name.	
At our salon, we always discuss the customer's requirements.	I always try to be polite.
I never argue with my colleagues when a customer is in the room.	We never eat or smoke in the salon.

2 Talking to colleagues

Team work is very important. If you work well with your colleagues, the salon will be more successful. Decide which colleague from the box would like you to do the things below.

Fotolia / contrastwerkstatt

Shutterstock / Africa Studio

1 Who would like you to listen to their advice?
2 Who likes to chat about personal things?
3 Who would like to be treated with respect because of his/her role at work?
4 Who would like you to listen and offer professional advice to customers?
5 Who would like you to follow his/her instructions?

boss • experienced colleagues • salon manager • tutor • workmates

3 Professional behaviour

The statements in the box are taken from conversations with customers.

a) Compare the statements with the phrases from the box. Mark polite statements with a "P" and impolite statements with an "I".

polite phrases	impolite phrases
Could you wait for a minute, please? Could you keep your head straight for a moment, please? I'm afraid we are quite busy now. Would it be possible to come back in an hour? Would you mind waiting? Here you are. – You're welcome.	Be quiet. Hold your head straight. Come back later. Don't tilt your head. Wait here.

☐ 1 Be quiet while I'm blow drying.
☐ 2 Would you like something to drink?
☐ 3 I hope you are happy with the result.
☐ 4 You are late. Go away.
☐ 5 Don't tilt your head.
☐ 6 I'm afraid it is a bit busy right now. Would you mind waiting for ten minutes?

b) Now write polite versions of the three impolite sentences above.

____

____

____

IT'S YOUR TURN

Imagine you own a beauty salon. What advice would you give your colleagues about dealing with customers and colleagues? Write five rules for professional behaviour for your salon.

Extra practice: Units 1–4

1 Helping an American colleague

A young American hairdresser is coming to work at your salon for two weeks as part of his internship. Your boss asks you to translate these tasks for him.

Photolia / Tyler Olson

Fotolia / kalou1927

Fotolia / He2

Fotolia / WavebreakMediaMicro

Photolia / Tyler Olson

Fotolia / Andres Rodriguez

1 einen Termin vereinbaren ______________________

2 die Kasse bedienen ______________________

3 Haare waschen ______________________

4 Haare schamponieren ______________________

5 Haare schneiden ______________________

6 Haarpflegeprodukte verkaufen ______________________

7 Haare trocknen ______________________

8 Werkzeug reinigen ______________________

9 den Kunden / die Kundin mit dem Namen grüßen ______________________

10 höflich sein ______________________

11 Services anbieten ______________________

12 über die Kundenbedürfnisse sprechen ______________________

2 Role-play

Work with a partner. Act out two everyday situations using the information on the role cards below.

Situation 1 — A — Customer

You are invited to your best friend's wedding and need a haircut. You call Danton's Hair & Beauty Salon to find out what services they offer and how much they cost. You have £90 to spend on the haircut. Find out what services are available for that amount of money.

Situation 1 — B — Hairstylist

A customer calls you at the salon to find out what services you offer and how much they cost. Use the information on page 8 to explain what your salon offers. Give the customer some advice about the services he/she would like. Find out why he/she needs a new hairstyle.

Situation 2 — A — Hairstylist

A customer calls you at the salon to find out what services you offer and how much they cost. Use the information on page 8 to explain what is offered at your salon. Provide some advice about the services he/she would like. Find out why he/she needs a new haircut.

Situation 2 — B — Customer

You are going to a musical performance and need a new hairstyle. You go to Danton's Hair & Beauty Salon to find out what services they offer and how much they cost. You only have £45 left. Find out what services are available for that amount of money.

▶▶▶ ICH KANN

		Seite/Übung
☐	Ich kann eine Rolle in einem Dialog oder einer Simulation übernehmen (z. B. in Alltags- oder Berufssituationen.)	9/2
☐	Ich kann meine Meinungen, Pläne, Absichten und Ziele darlegen und einfach begründen.	4/2b; 5/3
☐	Ich kann mir vertraute Orte (z. B. meinen Arbeitsbereich) in einer Reihe von einfachen Sätzen beschreiben.	7/2
☐	Ich kann auf einfache Art Gegenstände, Geräte und deren Funktion beschreiben.	6/1
☐	Ich kann Sachtexte verstehen, die einfach und für ein breites Publikum geschrieben sind und in denen es um Themen geht, die mit meinen Interessen oder meinem Fachgebiet in Zusammenhang stehen.	10/1
☐	Ich kann ganz einfache Arbeitsanleitungen in meiner Ausbildung oder in meinem Berufsfeld verstehen.	5/4; 11/3
☐	Ich kann kurzen und deutlich gesprochenen Texten auf Tonträgern die wesentlichen Informationen entnehmen, wenn es um vorhersehbare alltägliche oder berufsspezifisch vertraute Dinge geht.	4/1a
☐	Ich kann einen kurzen, einfachen Text über ein persönliches Erlebnis oder eine Erfahrung (z. B. in der Ausbildung und im Beruf) schreiben.	5/3c
☐	Ich kann über meine Familie, mein Umfeld, meine Ausbildung und meine gegenwärtige Tätigkeit schreiben.	4/2b, c
☐	Ich kann die wichtigsten Inhalte eines Textes zusammenfassen, wenn es sich um Informationen zu einem Thema handelt, das mir vertraut ist, und wenn der Ausgangstext klar strukturiert und nicht zu komplex ist. Dabei kann der Ausgangstext in meiner Muttersprache oder in der Zielsprache verfasst sein.	4/1b

5 Making appointments

This unit is about:
- making appointments
- days of the week
- dates and times

Competences:
- telling the time and saying the date
- making an appointment
- writing a message

1 Days of the week

★ a) Look at the salon's appointment diary below and then answer the questions.

	Monday	Tuesday	Wednesday	Thursday	Friday	Saturday	Sunday
09.00	*Staff meeting*	*Jane Breen: Highlights*				*Ms Griffin: Cut, shampoo*	
10.00							
11.00	*Salon opens*		*Jack Ryder: Wash, cut, blow dry*			*Olivia Jones: Colour (retouch)*	
12.00							
13.00	*Mr Jones: dry cut*				*Rachel Zoe: Wash, blow dry and straighten*		
14.00		*Mrs Smith: Perm*					

1 On what day does a customer want a perm? ____________

2 On what day does the salon open late? ____________

3 On what day does a customer want her colour retouching? ____________

4 On what day does the salon not have any appointments yet? ____________

★★ b) What do you do every day? Make a plan of your weekly duties and activities. Compare your plan with a partner. Find someone who gets up at the same time, etc.

2 Telling the time and saying the date

Times and dates are important for a well-organized appointment diary. Work with a partner and look at the dates and times below. Tell your partner what time and date it is.

Dates	Time
BE: day – month – year the first of May twenty fourteen = 1/5/2014 *AE:* month – day – year May first twenty fourteen = 5/1/2014	7.00 Uhr = It's 7 o'clock. 7.15 = It's quarter past 7. / It's seven fifteen. 7.30 a.m. = It's half past 7 in the morning. 7.45 p.m. = It's quarter to eight in the evening. 7.01 = It's one minute past 7.

1 Mon 06/02 *It's Monday, the 6th of February.*

2 Fri 23/04 ____________

3 Sat 03/04 ____________

4 Tue 12/05 ____________

5 Thu 22/07 ____________

6 6.45 a.m. ____________

7 8.23 a.m. ____________

8 9.15 a.m. ____________

9 2.38 p.m. ____________

10 9.17 p.m. ____________

3 Making an appointment

One of a hairstylist's tasks is arranging appointments and looking after the appointment diary.

an appointment • anything else • a wet or dry cut • busy • customer • Goodbye • How can I help you • See you • What's your name • When

Complete the dialogue with words and phrases from the box.

Apprentice: Hello, Danton's Hair & Beauty Salon. Ricky speaking. ______________________ [1]?

Customer: Hi. I would like to make ______________________ [2] to get my hair cut, please.

Apprentice: Of course. ______________________ [3], please?

Customer: Peter Gordon.

Fotolia / Les Cunliffe

Apprentice: Have you been to Danton's Hair & Beauty Salon before?

Customer: Yes, I have. I'm a regular ______________________ [4].

Apprentice: Who usually does your hair?

Customer: Either Susan or Marc.

Apprentice: I see. ______________________ [5] would you like to come?

Customer: On Thursday afternoon, if possible.

Apprentice: I'm afraid that Thursday is already quite ______________________ [6]. Would Friday morning be convenient for you? Susan would be available on 2nd March at 10 o'clock.

Customer: Sure, that would be fine.

Apprentice: Great! Would you like ______________________ [7]?

Customer: A wet cut, please.

Apprentice: All right, Mr Gordon. Let me confirm your date and time: Friday, 2nd March, at 10 o'clock – and you would like a wet cut. Is there ______________________ [8] we can do for you?

Customer: No, thank you. Oh, I have one more question. How much will it be?

Apprentice: That will be £14.

Customer: That's fine, thank you. ______________________ [9].

Apprentice: Thank you, Mr Gordon. ______________________ [10] on Friday.

3

4 Writing in the appointment diary

Imagine you are an apprentice at Danton's Hair & Beauty Salon. Listen to another customer calling to make an appointment and complete the diary entry below.

Date:

Time:

Customer's Name:

Hairdresser's Name:

Service:

IT'S YOUR TURN

Work with a partner to write and act out a similar telephone call.

6 The customer and you

This unit is about:
- meeting the customer
- washing the customer's hair
- different kinds of hair

Competences:
- talking with the customer
- serving the customer
- talking about different kinds of hair

4 1 Meeting the customer

Peter Gordon has made an appointment at Danton's Hair & Beauty Salon. On Friday, he goes to the salon to get his hair cut. He enters the salon and is greeted by an apprentice called Ricky.

★ a) Listen to the recording and then complete the dialogue using the phrases in the box.

Would you like something to drink? Would you like something to read? Would you like your coffee with milk and sugar? Please take a seat. Good morning, sir. How can I help you? I will be back in a minute.

Shutterstock / Diego Cervo

Peter: Good morning.

Ricky: ______________________________ 1

Peter: My name is Peter Gordon. I have an appointment with Susan at 10 o'clock.

Ricky: Susan will be with you in a minute. ______________________________ 2

Peter: Thank you very much.

Ricky: ______________________________ 3

Peter: Yes, please. Would it be possible to have a coffee?

Ricky: Of course. ______________________________ 4

Peter: Only milk, please.

Ricky: ______________________________ 5 We have fashion magazines, lifestyle magazines and hairstyle books.

Peter: A fashion magazine, please.

Ricky: ______________________________ 6

★★ b) In pairs, act out similar situations using phrases from the box above.

5 2 Washing the customer's hair

★ a) Ricky takes Peter to the basin to wash his hair. Before listening to the dialogue, translate the most important phrases into German.

1 Please follow me to the basin.

____

2 Are you sitting comfortably?

____

3 Is the water temperature all right for you?

____

★★ b) Listen to the dialogue and then answer the questions below.

1 When will Susan be available?

____

2 Where does Ricky take Mr Gordon?

____

3 What two questions does Ricky ask Mr Gordon?

____

____

____

____

3 Different kinds of hair

★ a) Match the pictures to the correct German expressions.

curly hair

split ends

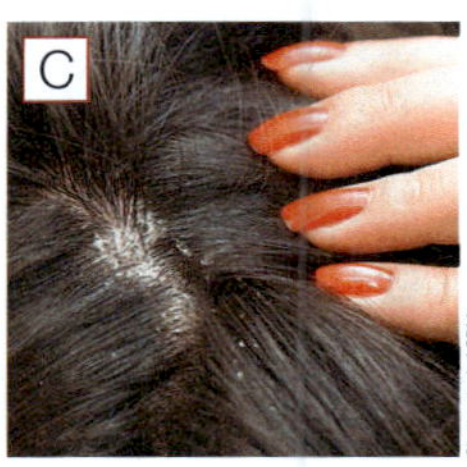

dandruff

parting

dry ends

fringe

wavy hair

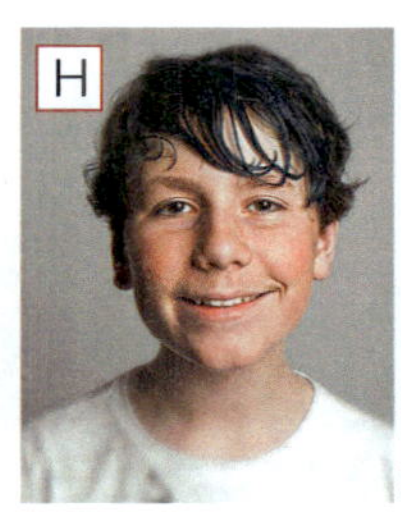

greasy hair

straight hair

1 glattes Haar ______________________________
2 welliges Haar ______________________________
3 fettiges Haar ______________________________
4 gelocktes Haar ______________________________
5 trockene Spitzen ______________________________
6 Schuppen ______________________________
7 Pony ______________________________
8 Scheitel ______________________________
9 Spliss ______________________________

★★ b) Talk to a partner. Describe your own hair and three of your colleagues' hair.

Example: I have got medium-length, wavy hair.
My colleague has got a fringe.

Tip

BE: fringe; *AE:* bangs
hair = uncountable noun + singular verb
Her/His hair is short.

IT'S YOUR TURN

As a hairstylist, you will meet new customers every day and there are certain things you have to remember when dealing with them.
Make a checklist of what you should do when meeting the customer and washing the customer's hair.

7 Hairstyles

This unit is about:
- hairstyles
- hair colours
- helping customers

Competences:
- talking about haircuts and styles
- talking about hair colours
- role-playing a dialogue

1 Hairstyles

Hairstylists advise the customer about different kinds of hair, hairstyles and styling options. Look at the pictures and describe the different hairstyles to a partner.

Example: She has a classic bob with a fringe. Her hair is dark.

1 classic bob • fringe • dark

2 blonde • short back and sides

3 chignon • brunette

4 pixie cut • ginger • short

5 long • layers • fair

6 medium-length • wavy • grey

7 crew cut / buzz cut

8 undercut/sidecut • long • ginger

9 plait • long • brown

10 curly • auburn • shoulder-length

11 extensions • straight • dark

12 quiff • black

2 Talking about haircuts and styles

Talk with a partner about different haircuts and answer the following questions. Which haircuts do you like? Which do you not like? Which haircut do you have? Which would you like to have? The phrases in the box will help you.

I like	this haircut	because …
I don't like	the … cut	
I have got	a …	
I would like to have		

3 Hair colours

Put the English equivalents of the different hair colours in the crossword puzzle. Use a dictionary if you need help.

1	dunkel
2	hell
3 across	schwarz
3 down	blond
4	braun
5	kastanienbraun/ rotbraun
6	brünett
7	grau
8	rötlich-braun

4 How can I help you?

Peter Gordon has taken a seat in front of the mirror. The hairstylist, Susan, is now talking to Peter to find out about his requirements.

Read the dialogue and answer the questions below.

Susan: Hello Peter. It's nice to see you again. How can I help you?

Peter: It's nice to see you, too, Susan. I would like a different hairstyle. Maybe we could even change my hair colour. What would you recommend?

Susan: You've got long and thick hair so I think we could change your look by shortening it. I would also recommend highlights. You would look smart and fashionable.

Peter: That sounds good. But I don't want my hair too short.

Susan: OK, I will just cut the dry ends then.

1 What kind of hair does Peter have?

____

____

2 What kind of colour does Susan recommend?

____

3 What kind of haircut will Peter get?

____

IT'S YOUR TURN

Write a short dialogue. You are talking to a customer about his/her kind of hair and his/her hairstyle. Recommend a new kind of hairstyle and colour. Use phrases from this unit.

8 Making conversation

This unit is about:
- small talk
- small-talk topics

Competences:
- making small talk
- collecting information / ideas
- discussing personal experiences

1 Small talk with the customer

It is important that the customer feels comfortable at the salon. Small talk often helps to build a customer/hairstylist relationship. In general, small-talk topics should not be too personal. Try to talk about general topics such as the weather, holidays, haircuts, television, etc.

Fotolia / Gpoint Studio

★ a) **Look at the small-talk questions below and think of possible answers.**

1 When did you last have your hair cut?

2 Where did you last have your hair cut?

3 Are you going out tonight?

4 Do you have any plans for the weekend?

5 Have you been on holiday?

6 Are you going anywhere on holiday?

7 Did you see *[the TV show / …]* last night?

★★ b) **Think of further small-talk topics. Make a list and present it in class.**

★★★ c) **Use the topics from above to start a conversation with a partner. Try to keep the small talk going for at least five minutes.**

6 ## 2 Making conversation

While Susan is cutting Peter's hair, they start a conversation.

★ a) Listen to the dialogue and then complete the text below.

Fotolia / Kadmi

Susan: Hi, Peter. It's been a while since I last saw you.

Peter: I think I was here six weeks ago.

Susan: Oh, yeah, I remember. You said that you were going on holiday.

Peter: Yes, that's right. I was in Paris for a weekend.

Susan: Did you enjoy it?

Peter: It was really ____________[1]. I went sightseeing with my wife. And in the evenings we went to a very ____________[2] bistro.

Susan: That sounds ____________[3]. What was the weather like?

Peter: It was ____________[4] at first, but on the second day the sun came out.

Susan: I'm ____________[5] you had a good time. I'd like to go to Paris one day.

Peter: I can really recommend it. There are so many things to see.

Susan: On Saturday I watched a ____________[6] movie called "A Day in Paris" on TV. Did you watch it?

Peter: No, I didn't. Was it good?

Susan: Yes, it was. It was ____________[7].

Tip

It's been a while = It has been …
I'd like to … = I would like to …

★★ b) Group discussion. Talk about your experiences with small talk at the salon and answer the following questions. Take notes.

1 Is small talk easy for you? Why / Why not?

____

2 Do all your customers like small talk? Why / Why not?

____

3 What do you usually talk about?

____

★★★ c) Evaluate what was said in the group discussion and present the results in class.

1 How many of you like making small talk?
2 What are the most common topics?

IT'S YOUR TURN

Choose one of the topics below and write a dialogue between a hairstylist and a customer using vocabulary from the unit.

1 The customer's last holiday
2 The weather last week

Extra practice: Units 5–8

1 At the salon

A customer comes to your salon and asks if he/she can get his/her hair cut. Work with a partner and practise the following dialogue. Use the phrases you learned in units 5 and 6.

Hairstylist	Customer
Begrüßen Sie die Kundin / den Kunden und fragen Sie, wie Sie helfen können.	
	Would it be possible to get a haircut?
Fragen Sie, welchen Termin die Kundin / der Kunde gerne hätte.	
	As soon as possible. Is there a hairstylist available now?
Fragen Sie, welche Services die Kundin / der Kunde in Anspruch nehmen möchte.	
	I'd like a wash, cut and blow dry, please.
Versichern Sie der Kundin / dem Kunden, dass Sie gleich nachsehen werden, ob eine Kollegin / ein Kollege verfügbar ist. Dann bestätigen Sie, dass es in etwa zehn Minuten möglich ist.	
	That sounds fine. Thank you.
Bitten Sie die Kundschaft, im Wartebereich Platz zu nehmen und fragen Sie, ob sie etwas zu trinken möchte.	
	Coffee, please.
Fragen Sie, ob die Kundin / der Kunde Milch oder Zucker möchte.	
	Only sugar, please.
Fragen Sie die Kundschaft, ob sie etwas zu lesen möchte.	
	Yes, please. Do you have a fashion magazine?
Bestätigen Sie, dass Sie der Kundschaft die Modezeitschrift in einer Minute bringen werden.	

2 Blog entry about small talk

You are asked to write a blog entry for a fashion magazine's online edition. Your topic is "small talk". Write about the importance of small talk at your salon, about customer reactions and about different small-talk topics. Explain whether it is easy or hard for you to engage in small talk.

▶▶▶ ICH KANN

	Seite/Übung
☐ Ich kann mit Zahlen umgehen, z. B. nach Telefonnummer / Uhrzeit / Preis fragen und auf diese Fragen antworten.	14/2
☐ Ich kann eine Rolle in einem Dialog oder einer Simulation übernehmen (z. B. in Alltags- oder Berufssituationen).	15/ It's your turn
☐ Ich kann ein Gespräch über mir vertraute Themen beginnen, in Gang halten und beenden.	20/1c
☐ Ich kann meine Ausbildung bzw. meine gegenwärtige oder letzte berufliche Tätigkeit in einfachen Sätzen beschreiben.	18/2
☐ Ich kann ganz einfache Arbeitsanleitungen in meiner Ausbildung oder in meinem Berufsfeld verstehen.	16/2
☐ Wenn ich mit dem Thema vertraut bin, kann ich einfache Geschichten, Gedichte und Dialoge im Wesentlichen verstehen, auch wenn ich nicht alle Wörter kenne.	19/4
☐ Ich kann kurzen und deutlich gesprochenen Texten auf Tonträgern, die wesentlichen Informationen entnehmen, wenn es um vorhersehbare alltägliche oder berufsspezifisch vertraute Dinge geht.	15/4; 21/2a
☐ Ich kann einfachen Beschreibungen von Vorgängen und Arbeitsabläufen im Wesentlichen folgen (z. B. Beschreibung von Haartypen).	15/4
☐ Ich kann Interviews, Berichten und Vorträgen in den wesentlichen Punkten folgen.	16/1
☐ Ich kann über meine Familie, mein Umfeld, meine Ausbildung und meine gegenwärtige Tätigkeit schreiben.	20/1a
☐ Ich kann Listen schreiben (z. B. Produktlisten) und einfache Formulare ausfüllen (z. B. Bestellungen).	20/1b

9 Cutting the customer's hair

This unit is about:
- cutting the customer's hair
- useful phrases

Competences:
- listening to someone talking about cutting hair
- talking about haircuts
- acting out a dialogue

1 Talking about what the customer wants

7

It is important to find out what haircut the customer would like.

★ a) Work with a partner to match the English words with the German equivalents. You can use a dictionary if you need to.

1	to trim	☐	a	ein wenig oben und an den Seiten schneiden
2	to take a few centimetres off	☐	b	ein bisschen über den Ohren wegnehmen
3	to take plenty off	☐	c	kürzen, stutzen
4	to cut a little above the ears	☐	d	ein paar Zentimeter kürzen
5	to take a little off the top and sides	☐	e	das Haar ein wenig ausdünnen
6	to thin the hair out a little bit	☐	f	eine Menge abschneiden

★★ b) Listen to Peter and complete the text.

Peter: I have got an appointment at the hairdresser's tomorrow. I'm not sure what to tell her to do. Should she just ___________[1] my hair? I could ask her to ________________________[2] a little bit. My hair is quite long now, so maybe it would be better to ask her to ______________________________[3]. Oh, now I know what I'll do. I'll tell her to ____________________________________[4] and to ____[5]. I'm sure this will be the right kind of haircut for me.

Now listen again and check your answers.

Fotolia / wideonet

2 Before and after cutting the customer's hair

★ a) Look at the phrases below and decide whether a customer or the hairdresser said them. Put an "H" for hairstylist or a "C" for customer in the box. Then discuss in class what the phrases mean.

Before cutting the hair

Scene 1

1 Just a trim, please. ☐
2 Just a few centimetres off, please. ☐
3 I'd like plenty taken off, please. ☐
4 How would you like your hair? ☐
5 What would you recommend? ☐
6 What do you suggest? ☐
7 What would you advise me to do? ☐

Scene 2

8 How would you like it at the front? ☐
9 Quite short at the front, please. ☐
10 How would you like it at the back? ☐
11 Short back and sides, please. ☐
12 I'd like it squared off at the back, please. ☐
13 Could you make the sideburns a bit shorter? ☐
14 How would you like it at the sides? ☐
15 Can you put a bit of colour in the top, please? ☐

After cutting the hair

16 Do you like it? ☐

17 It looks great. ☐

18 It's just right, thanks. ☐

19 It's perfect, thank you. ☐

20 Could you please change/cut/colour/... ? ☐

★★ b) Take turns with a partner to be the hairstylist and the customer. Read the role cards below and act out a dialogue using the phrases from above.

Situation 1 — A — Hairstylist

Ask the customer how he/she would like his/her hair. Then find out how the customer wants the hair at the front / at the sides / at the back.

Situation 1 — B — Customer

The hairstylist asks you what kind of hairstyle you would like and what it should look like. Try to give detailed answers to the hairstylist's questions.

Situation 2 — A — Customer

The hairstylist asks you whether you are happy with the new haircut. You are not completely happy. Tell the hairstylist to cut it shorter at the back and sides. When the hairstylist has made the changes and asks you again, tell him/her that you like it.

Situation 2 — B — Hairstylist

You have finished the customer's new haircut. Ask him/her whether he/she is happy about the result. If he/she is not, try to find out what needs to be changed. After the changes ask again if the customer likes the result.

Example:

Hairstylist: How would you like your hair?

Customer: Just a trim, please.

Hairstylist: Okay. How would you like it at the back?

Customer: I'd like it squared off at the back, please.

Hairstylist: No problem ... Right, we're finished now. Do you like it?

Customer: Could you cut a few centimetres more, please?

Hairstylist: Of course. How is it now?

Customer: It's perfect, thank you.

IT'S YOUR TURN

Make a mind map which shows the different ways you can cut a customer's hair. Use vocabulary from this unit. Present the mind map to a partner.

10 Recommending products

This unit is about:
- recommending products
- customer reactions

Competences:
- recommending products
- talking about personal experiences
- making short dialogues

8 1 Recommending products

In general, hair salons offer a wide range of hair care products. Before a customer pays, the hairstylist often asks whether the customer would like to buy a product.

★ a) Susan takes Peter to the cash desk. Listen to the dialogue and then complete the text.

Shutterstock / Monkey Business Images

Susan: ____________________[1] your new haircut?
Peter: Yes, thank you. ____________________[2].
Susan: Good. ____________________[3] to the cash desk.
Peter: Sure.
Susan: Your highlights look really great now. ____________________[4] that will make your colour last longer.
Peter: Oh, I have got a good shampoo at home.
Susan: I see. Anyway, ____________________[5] a special hair conditioner for your hair. ____________________[6]?
Peter: Yes, please.
Susan: ____________________[7]. You can try it at home and if you like it, you can buy a bottle next time.
Peter: Great. Thank you.

★★ b) Discuss your own experiences in groups. Answer the following questions and take notes.

1 What do you usually say to customers when you offer them products at your salon?

____

2 How do customers usually react when you offer them products?

____

3 Do customers often buy hair care products at your salon?

____

4 What are the most popular products at your salon?

____

5 What are the differences between products offered at a salon and products offered in shops?

____

2 Customer reactions

★ a) How might customers react to these offers? Write answers to the questions below with a partner.

1 Hairdresser: Would you like to buy a new shampoo?
Customer: ______________________________

> **Tip**
> I've got shampoo = I have got …
> I'll need one … = I will need one …

2 Hairdresser: Can I recommend a hair spray that will protect your hair against UV rays?
Customer: ______________________________
____

Fotolia / L. Shat; Fotolia / Coprid; Shutterstock / 3DMAVR

3 Hairdresser: Here's a sample to take with you.
Customer: ______________________________

4 Hairdresser: We have a great shampoo that will make your colour last longer.
Customer: ______________________________
____

5 Hairdresser: We have special hair treatments for coloured hair. Would you like to try one?
Customer: ______________________________

★★ b) Carry out a role play. Student A is the hairstylist and Student B is the customer.

Hairstylist	Customer
Ask the customer if he/she is happy with his/her haircut.	
	Say that you are very pleased with it.
Say the new hair colour suits the customer and recommend a shampoo which helps to make colour last longer.	
	Politely say no because you already have a shampoo for coloured hair.
Say that you have some new conditioners for coloured hair as well and recommend them to the customer.	
	Say that you have problems with split ends so you would like to try a conditioner.
Give the customer a sample and say he/she can buy it next time if he/she likes it.	
	Thank the hairstylist.

IT'S YOUR TURN
Make a list of useful words from exercises 1 and 2. Write down the German expressions. Add an example of how to use the words at the salon. Practise the phrases by acting out a dialogue similar to the one above.

11 Payment

This unit is about:	Competences:
• forms of payment • payment • salon receipts	• asking for the price • writing a receipt • listening to information about methods of payment

1 How much is it?

Read the dialogue at the cash desk and then answer the questions below.

Peter: The new hairstyle looks great, Susan, thank you. How much does it cost?

Susan: Well, the cut is £24 and the highlights are £49. That makes £73 all together, please. Would you like to pay in cash or by card?

Peter: I'll pay in cash, thanks. Here's £75. You can keep the change.

Susan: Great. Thank you for the tip. I look forward to seeing you next time.

Peter: Thank you, see you soon.

Fotolia / kkolosov

1 How much are Peter's highlights? ______________________

2 Does Peter pay in cash or by credit card? ______________________

3 Why is Susan happy? ______________________

2 Receipts

A receipt contains a lot of important information, for example the hairstylist's name, date, services, individual amounts and the total amount.

★ a) Look at the receipt below and fill in the information provided in exercise 1. What information is missing?

SALON RECEIPT

Name

Hairstylist | Date

	Service		Amount
1	☐ Haircut	☐ Style	
2	☐ Shampoo	☐ Set	
3	☐ Hair colouring	☐ Rinse	
4	☐ Highlights		
5	☐ Conditioner		
6	☐ Other		
7	☐ Manicure	☐ Pedicure	
8	☐ Filing/Shaping		
9	☐ Other		
10	☐ Facial	☐ Make-up	
11	☐ Waxing		
12	☐ Other		
Danton's Hair & Beauty Salon		Tax/Total	

★★ b) Discuss what the receipt at your salon looks like in class. Compare different kinds of receipts. What kind of information is on all receipts? What is missing?

9 3 Methods of payment

Jim Danton is talking about common methods of payment at hair and beauty salons.

★ a) Jim Danton talks about three methods of payment. Match the words from the box with the pictures.

credit card • gift card • cash payment

1

Fotolia / StefanieB.

____

2

Shutterstock / Pixel Embargo

____

3

Shutterstock / Fulop Zsolt

____

★★ b) Listen to the text and answer the questions below.

1 What is the most common method of payment for a hairdressing service?

____

2 Why do hair and beauty salons have to make sure that there is money in the cash register?

____

3 What is shown on a receipt?

____

4 What does the customer have to do when he or she would like to pay by credit card?

____

5 When do customers use gift cards as a method of payment?

____

4 Troubleshooting

What would you do in these situations? Look at the potential problems with payments and match them with the correct solutions.

	Problem		Solution
1	The customer would like to pay by credit card but the card doesn't work.	a	Ask your boss whether he/she can give you more money for the cash register.
2	The customer would like to pay in cash but there is not enough change in the cash register.	b	Ask your boss if you can accept the gift card. If you can't, the customer will have to pay in cash or by credit card.
3	The customer would like to pay with a gift card but the gift card has expired.	c	Tell the customer where he/she can find a cash machine or ATM.

IT'S YOUR TURN

Recommending products and paying are common situations at the salon. You have to deal with them every day. To practise, make up a dialogue with five exchanges and include the following points: recommending a product (see Unit 10), paying and saying goodbye to the customer.

12 Salon maths

This unit is about:	Competences:
• equipment costs • everyday maths	• dealing with numbers • calculating costs

1 Maths

Calculating costs and services is part of your daily routine as a hairstylist. Write down the numbers in words and then read the calculations out loud. Work with a partner and add examples yourself.

15	+	23	=	________
________	plus	________	equals	________
67	–	12	=	________
________	minus	________	equals	________
7	×	8	=	________
________	times	________	equals	________
24	÷	6	=	________
________	divided by	________	equals	________

2 Equipment costs

You are starting out as a hairstylist at Jim Danton's Hair & Beauty Salon and need to buy all your equipment.

★ a) Look at the tools in unit 2 and choose the ten most important tools. Write them down in the left-hand column of the table below.

tool	costs
	£
	£
	£
	£
	£
	£
	£
	£
	£
	£
	£

★★ b) You have got £250 to buy the basic equipment you need for your job.

1 Look online to find out how much these tools cost and add the prices to the right-hand column of the table above. How much do the tools cost altogether? Add up all the prices and put the total in the table above.

2 Is £250 enough for the tools you want? Do you need more money or will you have some money left over? How much?

★★★ c) Discuss the following questions in class.

1 Who has got the cheapest tools?

____

2 Who has got the most expensive tools?

____

3 Who will have money left over?

____

4 Where did you and your colleagues find the tools? Write down the names of the shops.

____

3 Everyday maths

The following examples are taken from everyday situations at the salon. Solve each of the tasks.

Fotolia / Jürgen Fälchle

1 Highlights take two hours to complete. The first step is the foils. You need 32 minutes to do the foils. How many minutes do you have left to complete the highlights?

____

2 Your salon uses 26 bottles of shampoo a week. Each bottle contains 1.5 litres. How many litres are used in a week?

____

3 There is a hair exhibition in London. You and six of your colleagues want to go there. One ticket for the exhibition costs £54. How much do you pay altogether?

____

4 One box contains 500 gloves. 290 have been used. How many are still in the box?

____

5 Last month 537 customers came to your salon for a haircut. 219 were male. How many female customers were there?

____

IT'S YOUR TURN

Look up prices for salon equipment on the Internet. Make a list of equipment like chairs, mirrors, basins, etc.

Add up all the prices. How much would it cost to furnish your own salon? Compare the prices in class.

Extra practice: Units 9–12

1 Helping an American colleague

A young American apprentice is going to work at your salon for two weeks. Your boss asks you to help your colleague to find the English equivalents of the phrases below.

1 das Haar ein wenig ausdünnen ______
2 ein wenig oben und an den Seiten schneiden ______
3 Was würden Sie empfehlen? ______
4 Wie möchten Sie es hinten haben? ______
5 Nehmen Sie diese Probe mit. ______
6 Möchten Sie eins probieren? ______
7 Möchten Sie bar oder mit Karte zahlen? ______
8 Sind Sie mit dem Schnitt zufrieden? ______
9 Könnten Sie bitte die Farbe ändern? ______
10 Könnten Sie bitte die Kotletten etwas kürzer machen? ______

2 Salon maths

Your salon has received a delivery of hair care products. Check the information in pairs and find out:

A what has been delivered.
B what is missing.
C how much you have to pay if you pay in 30 days.

Item	Description	Ordered	Delivered
3 × 1 litre	Peroxide	3	3
10 × 1 litre	Shampoo for dry hair	10	10
10 × 1 litre	Shampoo for combination hair	10	5
5 × 1 litre	Shampoo for greasy hair	5	5
5 × 50ml tubes	Permanent 9.3 light golden blond	5	5
8 boxes	Temporary colours	8	8
15 boxes	Semi-permanent colours 5 boxes light golden brown (4 bottles per box) 5 boxes black (4 bottles per box) 5 boxes copper gold (4 bottles per box)	15	10
5 boxes	Bleach	5	5
Total		61	51
Total cost (excl VAT)	Trade discount if paid in 30 days: 10%		226.50

3 Recommending products / payment / saying goodbye

Look at the role cards and act out a dialogue. Then swap roles.

A — Hairstylist

Ask the customer whether he/she was happy with the service today.
Recommend some new products to your customer: shampoo, hair spray, treatment. Try to convince the customer that these products will help his/her hair.
The customer has to pay €126 for the services and the product. Ask how the customer wants to pay. Act out the payment process. Say goodbye to the customer.

B — Customer

You are very happy with the service today.
The hairstylist recommends some products to you.
You only buy the hair spray.
You prefer paying in cash.
Give the hairstylist a tip.
Say goodbye and tell the hairstylist that you will be back soon.

▶▶▶ ICH KANN

	Seite/Übung
☐ Ich kann in Gesprächen, Diskussionen und Besprechungen zu vertrauten Themen meine Meinung einbringen und begründen. Weiters kann ich zustimmen oder höflich widersprechen und andere Vorschläge machen.	26/1b; 3[illegible]/2c
☐ Ich kann eine Rolle einer simulierten Alltags- oder Berufssituation übernehmen und dabei auch improvisieren.	25/2b
☐ Ich kann einfache Berechnungen (z. B. 3,5 mal 2 ist 7) wiedergeben und einfache Formen schreiben.	30/1
☐ Ich kann Sachverhalte (Arbeit) und Abläufe mir vertrauter Situationen (berufliche Tätigkeiten) beschreiben.	29/2b
☐ Ich kann Sachtexte verstehen, die einfach und für ein breites Publikum geschrieben sind und in denen es um Themen geht, die mit meinen Interessen oder meinem Fachgebiet in Zusammenhang stehen.	28/2a
☐ Ich kann Informationen in verschiedenen längeren Texten oder Textteilen finden, die ich brauche, um eine bestimmte Aufgabe zu lösen.	24/2; 28/1
☐ Ich kann kurzen und deutlich gesprochenen Texten auf Tonträgern die wesentlichen Informationen entnehmen, wenn es um vorhersehbare alltägliche oder berufsspezifisch vertraute Dinge geht.	29/3
☐ Ich kann Interviews, Berichten und Vorträgen in den wesentlichen Punkten folgen.	24/1b
☐ Ich verstehe das Wichtigste von Radiosendungen und Tonaufnahmen, wenn sie aktuelle Ereignisse oder meine Interessen betreffen.	24/1a
☐ Ich kann über meine Familie, mein Umfeld, meine Ausbildung und meine gegenwärtige Tätigkeit schreiben.	27/2a
☐ Ich kann bei einer Internet-Recherche einfache Suchbegriffe formulieren.	30/2b
☐ Ich kann Listen schreiben (z. B. Produktlisten) und einfache Formulare ausfüllen (z. B. Bestellungen).	30/2a
☐ Ich kann einfache Geschichten, Aufsätze und kreative Texte verfassen.	27/ It's your turn

13 Saying goodbye to the customer

This unit is about:
- saying goodbye to the customer
- different ways of saying goodbye
- everyday situations

Competences:
- matching phrases
- making compliments
- saying goodbye

1 Saying goodbye to the customer

It is polite to ask whether the customer was happy with the service and to give a compliment when you say goodbye. Put the phrases in the box in the right place in the table below.

Were you happy with the service today?	See you next time.
The new hair colour suits you.	Is there anything else I can do for you?
Have a nice day. Goodbye.	Your hair looks great.
You look five years younger.	The new style looks really good.

Questions	__________ __________ __________ __________
Compliments	__________ __________ __________ __________
Goodbyes	__________ __________ __________ __________

10

2 See you next time

Peter has paid and is ready to go home.

★ a) Listen to the dialogue and complete the text.

Susan: I hope you were happy ________________ [1] today.

Peter: Yes, I certainly was.

Susan: The new haircut ________________ [2]. It makes you look ________________ [3].

Peter: Thank you. I'm curious what my wife will think about it.

Susan: I'm sure she ________________ [4] it.

Peter: I really hope so. I'll ________________ [5].

Susan: Thank you, Peter. ________________ [6] !

Now listen again and check your answers.

★★ b) Discuss in groups. How do hairstylists say goodbye to the customers at your salon? What do they do? What do they say? Make a list of phrases and then find the English equivalents. Use the phrases by acting out different situations.

3 What would I say?

★ a) Write down what you would say in each of the following situations.

1 You have finished cutting the customer's hair and want to give her a compliment.

____

____

2 You have just styled the customer's hair and would like some feedback.

____

____

Fotolia / diego cervo

3 You are at the cash register and the customer would like to pay.

____

4 The customer has paid and is ready to leave.

____

★★ b) Work with a partner. Compare your answers above and say how you behave in these situations. Which of your answers do you prefer – your partner's or your own? Why?

I prefer ______________________________

____

____

IT'S YOUR TURN

It is important to be polite to the customer and make them happy. You can do this by asking if they are happy with their new hairstyle, giving them a compliment when they leave the salon and saying goodbye politely. With a partner, collect language from the unit which you can use to do this and then add to it using your own ideas so you always know what to say to a customer. Then use the language in a role play with your partner.

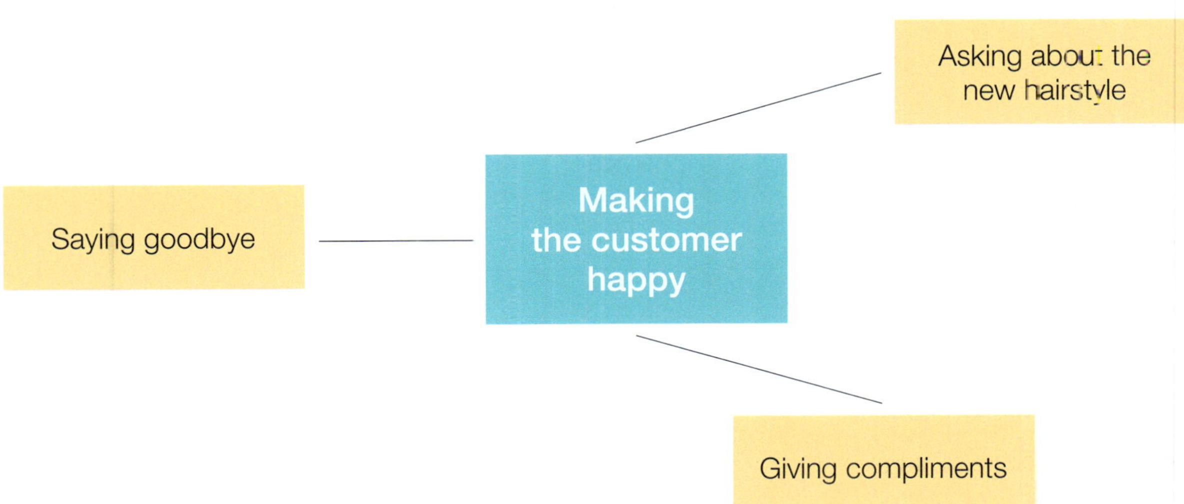

14 Dealing with regular customers

This unit is about:
- appointment cards
- customer record forms

Competences:
- writing/talking about appointment cards
- asking for information
- completing customer records

1 Appointment cards

Regular customers often make their next appointment directly at the salon. Appointment cards remind your customers of the date and time of their next visit.

★★ a) Tick the information which should be included on appointment cards. Then write down why you think the information is necessary or not necessary for the customer.

☐ name	☐ time
☐ customer's address	☐ treatment
☐ salon's telephone number	☐ signature
☐ hairstylist	☐ date
☐ date of birth	☐ service

____

____

____

★★★ b) Discuss the following questions in class.

1 Do you have appointment cards at your salon?
2 Who hands them out to the customers?
3 What do the cards at your salon look like? What information is on the cards?

2 Customer records

Most beauty salons keep a database with information about their regular customers. This database is important for the financial success of a salon. It gives an overview of how many regular customers you have got and about their services and treatments. It also helps you to stay in touch with your customers, e.g. to send them birthday greetings, vouchers and regular updates about your salon.

Look at the role cards and act out a dialogue. Then swap roles.

A – Hairstylist

Tell the customer that you need some information for your customer records. Ask questions to get the information you need.
Answer the customer's question. You need this information to stay in touch with him/her. Ask the customer what kind of service he/she would like today.
Write down what the customer would like and fill in the date.

B – New customer

Answer the hairstylist's question about your personal information. Ask why the hairstylist needs this information.
Tell the hairstylist that you would like a haircut with a wash.

CUSTOMER RECORDS

Danton's Hair & Beauty Salon

Name: ______________________

Address: ______________________

Email: ______________________

Date of Birth: ______________________

Postcode: ______________________

Allergies:

Date: | Signed:

Date	Treatment & Comments

IT'S YOUR TURN

Imagine you have just opened your own beauty salon. With a partner, design your own appointment card for your salon and decide which customer details you would record in your customer database. Present the results in class.

15 Staying in touch

This unit is about:
- using the customer database
- gift cards
- customer referral cards

Competences:
- listening to a recording
- analysing gift cards
- listening to a dialogue

11 1 Using the customer database

Salons stay in touch with customers in different ways. Susan talks about how they use the customer database at Danton's Hair & Beauty Salon. Listen to the recording and answer the questions below.

1 Which data is collected in the database?

____

2 What kind of mail do customers receive?

____

3 What does a customer receive on their birthday?

____

4 What have customers said about this present?

____

Now listen again and check your answers.

2 Gift cards

Tip

AE: gift card/certificate
BE: voucher

There are many different kinds of gift cards.

★ a) Work with a partner and compare the gift cards below. Answer the following questions on a sheet of paper and then present your results in class.

1 What information is provided on the gift cards?
2 What do they have in common?
3 What are the differences?

Gift Voucher
Jim Danton | Hair & Beauty Salon | 456 Walton Square | London

This certificate entitles ______________________

To a cut and a style with ______________________

Given by ______________________

Gift Certificate

TO: ______________________

THIS CERTIFICATE ENTITLES YOU TO A CUT AND STYLE WITH 50% OFF THE REGULAR PRICE!

Referred by: ______________________

This offer is only available for new customers.

The Hair Studio by Clark
456 Hollywood Boulvard, CA
456–963 www.hairstudio.com

★★ b) Talk to colleagues at your salon and answer the following questions. Present your results in class.

1 Can customers get gift cards at your salon? Do many customers pay with gift cards?
2 What information is included on the gift cards at your salon?
3 Do regular customers get gift cards for their birthdays or on other occasions?

12

3 Customer referral cards

When customers are satisfied with the service at a salon, they often recommend the salon or a specific hairstylist to their friends. To encourage this, salons may give customer referral cards to regular customers.

★ a) **Susan, a hairstylist at Danton's Hair & Beauty Salon, is talking to her customer, Peter, about customer referral cards. Listen to the dialogue and then complete the text with words from the box.**

referral card • gift card • regular customers • appointment • special gift • hair care product

Susan: Peter, we have got a special offer for ______________________________[1].

Peter: Oh, that sounds interesting. What is it?

Susan: Whenever you refer a new customer to us, you'll get a ______________________________[2] at the salon.

Peter: Great. What do I have to do?

Susan: If you are happy with the service at the salon, you can tell your friends about it and recommend our salon to them. Then you just fill in the ______________________________[3] and hand it to them.

Peter: OK. What information is on the referral card?

Susan: It includes your and your friend's names, addresses, telephone numbers, email addresses as well as the stylist's name.

Peter: All right. What happens next?

Susan: When your friend comes to our salon with this card, you'll receive a special gift at your next ______________________________[4].

Peter: That sounds good. What kind of gift is it?

Susan: You can choose between a new ______________________________[5], a price reduction off your next visit or a gift card. What would you like?

Peter: I'll take the ______________________________[6], please.

★★ b) **Work with a partner. Read the dialogue and then act out similar situations.**

★★★ c) **Answer the following questions with a partner.**

1 What will Peter get if he refers a new customer to the salon?

____

2 What does Peter's friend have to do?

____

3 When will Peter get the gift?

____

IT'S YOUR TURN

Brainstorm different ways of keeping in touch with regular customers and make a mind map. Then discuss the different possibilities in class. Answer the following questions.

1 Who has already got experience with customer databases, gift cards and customer referral cards?
2 How do customers react to these offers? What offers are popular with customers?

16 Your salon website

This unit is about:
- salon websites
- online reservations
- online shops

Competences:
- finding information in a text
- dealing with online reservations

1 Salon websites

Jim Danton has sent you an email with advice for your salon website.

Read the text and answer the questions below. You can use an online dictionary if you want.

Dear colleagues,

A dynamic and informative website is very important for a successful business. It is a central point of information where your customers can find everything they need to know about your business, e.g.

- ✓ salon location and opening hours
- ✓ photos of your salon and staff
- ✓ information about your stylists and a list of their specialities (short hair, curly hair, blondes, etc.)
- ✓ "before" and "after" pictures
- ✓ information about promotions and specials
- ✓ customer comments
- ✓ online shop

There are many online tools which can help you get your salon website online quickly. Many of them are free. You can also hire freelance developers and designers.

Also, don't forget about social network platforms like Facebook and Twitter! These platforms help you keep in touch with your customers. For example, you can build a fan page on Facebook or you can offer specials on Twitter. If you don't have time to design a salon website, then this is a great first step to take.

All the best,
Jim Danton

1 Why is a website important for your business?

____

2 What can be included on a salon website?

____

____

3 What other online options are there apart from a website?

____

2 Online reservations

A customer has made an appointment on your salon website. Check the diary below and write a reply to the customer to confirm the date. If the appointment is not possible, suggest an alternative date. The language in the box will help you.

BOOKING FORM

Danton's Hair & Beauty Salon

Complete the form below to book an appointment online – please fill in the date, time and treatment you would like to have. We will contact you as soon as possible to confirm your appointment at Danton's Hair & Beauty Salon. We are very busy so we may have to offer you an alternative time for your treatment.

Name	Teresa Johnson
Email address	teresa.johnson@mail.com
Telephone number	01948 456789
Treatment	wash, cut, colour, highlights, styling
Date and time	Tuesday 1st March, 9 o'clock
Where did you hear about us?	customer referral from Peter

Thank you for your online reservation for (*service*) on (*time and date*).
We are pleased to confirm the appointment.
I'm afraid we are very busy at the moment and that the appointment is not possible/available.
Would you be able to come on (*time and date*) instead?
Would (*time and date*) be okay with you?
Thank you and we look forward to seeing you in the salon.

February/March	28	1	2	3	4	5
	Monday	Tuesday	Wednesday	Thursday	Friday	Saturday
08.00–09.00	Mr Clarks wash, cut and dry Susan	Ms Fredrickson wash and colour Ricky			Mr Hubert cut Susan	
09.00–10.00			Ms Green wash, cut, colour, dry Jim Danton			
10.00–11.00		Ms Merryweather and her 3 children wash, cut and dry Susan (Ricky)	Peter wash, highlights, cut and dry Susan			
11.00–12.00						

IT'S YOUR TURN

Look at different salon websites on the Internet. Compare German websites to English and American websites and answer the following questions.

1 What do the websites have in common? What are the differences?
2 Do the websites have an online reservation system? How does it work? Is it easy to use?
3 Do they have an online shop? What products and services are offered?

Extra practice: Units 13–16

1 Talking to a customer

Work with a partner. Act out a dialogue where student A is the hairstylist and student B is the customer. The customer asks the hairstylist how the customer referral system works at the salon. The hairstylist explains it to the customer. The information given on the customer referral card below will help you.

Fotolia / Tyler Olson

SPREAD THE NEWS, TELL A FRIEND ...

There's a voucher in it for you :-)

If you are a customer at Danton's Hair & Beauty Salon, why not recommend us to a friend?
Friends get a **25% voucher** as a welcome present, and you get **25% off your next treatment!***

How it works:

- The existing customer tells his/her friend about us.
- The new customer fills in the form with their friend's name.
- The new customer brings the form in with him/her for his/her first treatment and gets 25% off.
- We send the existing customer a voucher.

*** Terms**

- Your friend has to be a new customer at the salon.
- You have to be an existing customer.
- The discount cannot be used with other offers or discounts.

Danton's Hair & Beauty Salon

2 Saying goodbye to the customer

Use the role cards below to act out role plays.

Situation 1 — A — Hairstylist
Ask the customer if they are happy with his/her haircut. Give the customer a compliment about the new style and say you look forward to seeing him/her next time.

Situation 1 — B — Customer
Say you think the new hairstyle is perfect. Thank the hairstylist for the compliment and say goodbye.

Situation 2 — A — Hairstylist
Say you think the new hairstyle really suits the customer and ask if he/she also likes it. Tell the customer that his/her friends will love it because it makes the customer look younger. Say goodbye.

Situation 2 — B — Customer
Say that the new hairstyle is a big change but you think it is a good one. Say you are curious what your friends will think about it. Say you'll see the hairstylist next time.

3 A thank you note

Your customer Jane is extremely happy with her new haircut and has posted a thank you note on the guestbook of your salon's website. Answer her post and include the aspects below.

Dear ______________________________

My friends and family have given me so many compliments since my last visit to Danton's Hair & Beauty Salon, so I would like to thank you. I am really happy with my new look. The new colour is bright and shiny and my hair looks absolutely fantastic. I'm so grateful for your help and your advice. You're really a star and I'll definitely recommend you to my friends.

Thanks for your perfect service!
A very happy Jane

1 Thank her for writing to you.
2 Say that you are happy that she likes her new haircut.
3 Say that you look forward to seeing her again soon.
4 Add that you look forward to meeting her friends.

▶▶▶ ICH KANN

	Seite/Übung
☐ Ich kann in Gesprächen, Diskussionen und Besprechungen zu vertrauten Themen meine Meinung einbringen und begründen. Weiters kann ich zustimmen oder höflich widersprechen und andere Vorschläge machen.	34/2b
☐ Ich kann eine Rolle einer simulierten Alltags- oder Berufssituation übernehmen und dabei auch improvisieren.	37/2; 39/3b
☐ Ich kann Sachverhalte (Arbeit) und Abläufe mir vertrauter Situationen (berufliche Tätigkeiten) beschreiben.	36/1b
☐ Ich kann eine eingeübte, kurze, einfache Präsentation zu einem Thema vortragen, das mir vertraut ist. Ich kann dabei einfache Nachfragen beantworten, wenn ich um Wiederholung bitten kann.	38/2b
☐ Ich kann Sachtexte verstehen, die einfach und für ein breites Publikum geschrieben sind und in denen es um Themen geht, die mit meinen Interessen oder meinem Fachgebiet in Zusammenhang stehen.	40/1
☐ Ich kann einfache Meldungen und Texte im Internet, in Computerprogrammen und Computerspielen verstehen.	41/2
☐ Ich kann Informationen in verschiedenen längeren Texten oder Textteilen finden, die ich brauche, um eine bestimmte Aufgabe zu lösen.	34/1
☐ Ich kann kurze einfachen Alltagstexten, die sich auf vertraute Situationen beziehen, die wichtigsten Informationen entnehmen (Gutscheinen).	36/1a; 33/2a
☐ Ich kann kurzen und deutlich gesprochenen Texten auf Tonträgern die wesentlichen Informationen entnehmen, wenn es um vorhersehbare alltägliche oder berufsspezifisch vertraute Dinge geht.	34/2a
☐ Ich kann Interviews, Berichten und Vorträgen in den wesentlichen Punkten folgen.	38/1; 39/3a, c

17 Health and safety in the workplace

This unit is about:
- hazards and risks
- control measures
- avoiding infections

Competences:
- discussing hazards and risks
- making a list
- discussing safety measures

1 Hazards and risks

Health and safety is very important at work. You should take control measures to stay safe and avoid hazards and risks.

Hazard

A hazard is something that can cause harm, for example, a material or chemical, a tool, a work procedure or a customer's illness/allergy.

Risk

This is the chance or probability that a hazard will cause harm. The risk depends on a number of factors and ranges from "certain" to "never".

Control measures

This is what people do to try to remove a risk. If the risk cannot be removed, you must take measures to reduce it.

Read the definitions of hazards, risks and control measures above. Discuss in groups and answer the following questions.

1 What have you already heard about hazards and risks in the workplace? Give a few examples of risks and hazards you have talked about.
2 What instructions did you get about how to deal with these hazards and risks?
3 Who is responsible for taking control measures at your salon?

2 Control measures

You need to recognize hazards and risks to stay safe in the workplace.

★ a) Work in groups of four. Look at the pictures below and make a list of potential hazards at your salon.

★★ b) Look at the possible hazards and risks below and write down what measures you can take to control them. The ideas in the box may help you.

wear gloves • check wires and cables • check sockets are safe • close tubes properly • keep tools clean • wash hands regularly • check chairs and tools • keep floor clean and dry

1 tools, equipment and electricity

____

____

2 chemical hazards, e.g. cleaning materials, disinfectants and colouring agents

____

3 biological hazards, e.g. infections

____

4 accidental spillages or breakages

____

13

3 Avoiding infections

★ a) Jim Danton is giving a lecture at your school about health and safety in the salon. Listen to Jim and then complete the text below.

It is extremely important to consider health and safety at the salon. Please follow these ______________ [1] every time you cut somebody's hair. They will help prevent the risk of cross-infection.

✓ First, always cover your ______________ [2] with protective clothing, such as a gown, cape or cutting collar.

✓ All the time you are cutting, keep their ______________ [3] free from hair clippings.

✓ Store and handle your ______________ [4] correctly.

✓ If you drop a ______________ [5] or a pair of scissors on the floor, clean them or replace them before you continue cutting.

✓ Make sure all the ______________ [6] is swept up immediately after you have finished cutting and, preferably, before you start blow drying.

✓ Always wear disposable ______________ [7] when you use chemicals or hair colourants.

Now listen again and check your answers.

Fotolia / Tyler Olson

★★ b) Discuss in class. Do you and your colleagues have similar rules at your salon? Discuss your rules and say whether you and your collegues stick to them.

IT'S YOUR TURN

Make a checklist of the rules you have found most useful in this unit.

18 Faces and haircuts

This unit is about:
- different face shapes
- different haircuts for different face shapes

Competences:
- making a list
- comparing/analysing results
- role-playing a dialogue
- describing haircuts

1 Different face shapes

You should consider the shape of your customer's face when you recommend a hairstyle. If you think about the shape of your customer's face, it should be easy to give advice.

★ a) Use the words in the box to describe the shape of each face below.

round • ~~oval~~ • square • triangular • ~~rectangular~~

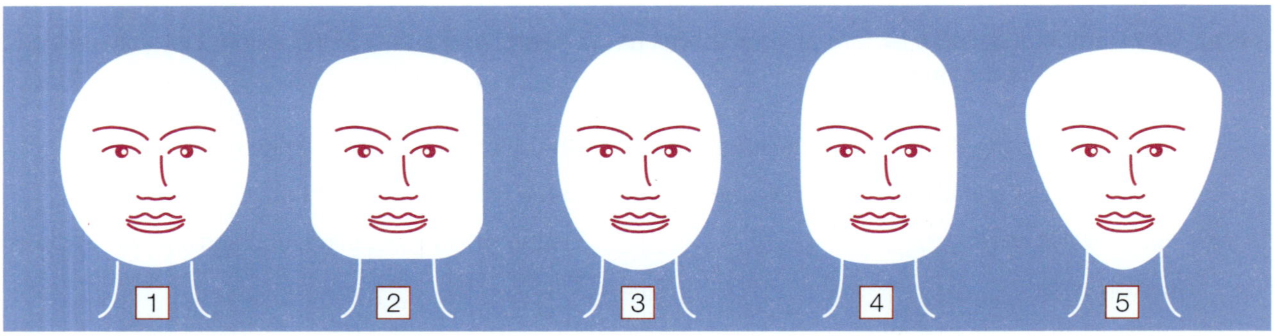

1. ______ 2. ______ 3. *oval* 4. *rectangular* 5. ______

★★ b) Look at your classmates' faces and make a list of how many classmates have a certain face shape. Write down your results in full sentences and then compare your results with your classmates.

He	has got	a/an	oval	face.
She			round	faces.
I	have got		square	
They			rectangular	

Three classmates have got a round face.
I have got a ...

2 Different haircuts for different face shapes

★ a) Read through the different descriptions and decide which face shape each description refers to.

	Description and advice	Face shape
1	Men and women often have this kind of face shape. Nearly every hairstyle suits this face shape, for example, a short crop looks good on this face. It is the ideal face shape for hairstylists.	
2	It is a sharp face shape with a chiselled chin. A short bob is ideal for this face shape.	
3	Try to avoid a short style because it can look plain. A short bob with soft edges is good for this face shape because it adds length to the face.	
4	This face shape is longer than the square face shape. A fringe is good because it shortens the face. A short to mid-length blunt haircut is perfect for this face shape.	
5	This face shape either has straight edges or it has a soft, less chiselled shape. Good hairstyles for this face shape are straight or mid-length styles with layers.	

★★ b) Act out a role-play where the customer asks the hairstylist for advice with his/her face shape (round, square, oval, etc.). Look for useful words in the descriptions above and take turns to recommend a hairstyle.

You have a … face so I would recommend …
I think … would look good.
A … would suit you because …
What would you recommend?
How do you think I should have my hair cut?

3 Describing haircuts

Fotolia / Viorel Sima

Shutterstock / Smirnof

Shutterstock / InnervisionArt

Discuss the following things in class.

1 Describe the face shapes in the pictures above and say if the hairstylists took the advice in exercise 2.
2 Discuss whether you think the hairstyles suit the face shapes. Say what other hairstyles you think would suit the people in the photos.

IT'S YOUR TURN

Look for more face shapes, hairstyles and English words describing them online. Prepare a vocabulary file and present the most important words in class.

19 Make-up

This unit is about:
- make-up and what it is used for

Competences:
- matching pictures to words
- comparing make-up
- giving make-up tips

1 Make-up

If you work in a beauty salon, one of your main tasks is applying make-up.

★ a) Look at the make-up below and match the words in the box to the pictures. There are more words than you need.

> eyeliner • lip gloss • mascara • lipstick / lip gloss • foundation • blusher/rouge • eye shadow • nail varnish / nail polish • lip liner • face powder

1
Fotolia / GoodMoodPhoto

____

2
Fotolia / imagehub

____

3
Fotolia / Nik Merkulov
Fotolia / Nikita Buida

____

4
Fotolia / picsfive
Fotolia / PhotoSG

____

5
Fotolia / blackday

____

6
Fotolia / Nik_Merkulov

____

★★ b) Work with a partner and compare the pictures with the make-up you use at your salon. Answer the following questions.

1 Which of the make-up items in the pictures do you use?

2 What other make-up do you use?

Tip

to put on your make-up
a make-up artist
nail polish, also
BE: nail varnish

2 Beauty tips for different faces

★ a) Work with a partner and decide which make-up item is used on which part of the face. Some items can be used more than once.

blusher / rouge • foundation • eyeliner • eye shadow • mascara • eyebrow pencil • lipstick • lip gloss • lip balm • lip liner • face powder • sponge

Fotolia / Syda Productions

____

____

____

★★ b) In groups, talk about how you use different kinds of make-up. The phrases in the box below will help you.

I use brown eyeliner to outline the top eyelid.	I use a sponge to apply foundation.
I use a lipliner to outline the lips.	I use eye shadow to apply green colour to my eyelids.
I use an eyebrow pencil to shade the eyebrows.	I highlight cheekbones with blusher/rouge.

3 Skin types

Before you apply make-up, you should find out what type of skin your customer has. Complete the sentences with words from the box.

combination skin • oily skin • normal skin • sensitive skin • dry skin

✓ ____________________ [1] is clear with a fine texture. It feels soft and smooth and can become drier with age.

✓ ____________________ [2] has a fine texture and often feels tight in the morning. It is sensitive to the sun and often gets lines and wrinkles.

✓ ____________________ [3] has a more coarse texture with open pores that you can see. It looks shiny in the morning.

✓ ____________________ [4] is oily at the forehead, nose and chin, and dry at the cheeks.

✓ ____________________ [5] has a fine texture and is dry with broken veins. It is very sensitive to the cold and warmth as well as harsh products.

IT'S YOUR TURN

Apart from the skin types above, there is also "perfectly moisturized skin". Find a definition for this skin type. Use the Internet for information.

20 Beauty tips

This unit is about:
- beauty tips for the skin
- how to apply make-up

Competences:
- giving beauty tips
- discussing treatments for different skin types

1 Beauty tips for the skin

Different skin types need different kinds of treatment.

★ a) Complete the text with words from the box.

skin • moisturizer • moist • products • soap

✓ **Normal skin:** a cream cleanser, a gentle toner and a ____________[1] should be used every day.

✓ **Dry skin:** in addition to normal skin care, use a moisturizing night cream to keep skin ____________[2] overnight.

✓ **Oily skin:** cleanse well with a facial ____________[3] to prevent spots.

✓ **Combination skin:** each skin problem should be treated separately to normalize the ____________[4].

✓ **Sensitive skin:** use gentle moisturizing ____________[5] to calm the skin.

★★ b) How do you treat different skin types at your salon? Answer the questions below in groups.

1 Which care products do you have at your salon for different skin types? Give examples.

____

2 What is your own skin type? What products do you use?

____

3 Do you have any other recommendations? What would you recommend?

____

14 🎧

2 How to apply make-up – part 1: how to start

Clara is a make-up artist who works at Jim Danton's Hair & Beauty Salon. She explains to Ricky how to start a make-up treatment.

★ a) Listen to the dialogue and answer the questions below.

1 How do you start a make-up treatment?

____

2 What is important when applying the moisturizer?

____

3 What are the advantages of using a foundation primer?

____

____

★★ b) Have you applied make-up for a customer yet? What was the experience like? Did you start the way Clara described? What tips did you get from your tutor? Discuss in class.

3 How to apply make-up – part 2: foundation

After explaining to Ricky how to start a make-up treatment, Clara shows him how to apply make-up for a customer.

Read the text and find the words listed below. Write down what the words mean in German.

Shutterstock / Syda Productions

Clara: Use a make-up sponge or wedge, starting around the hairline and working your way down. If you use the wedge, you can be more precise about where the make-up goes. You can also use a foundation brush. Remember to apply the make-up all the way down to your customer's throat area and keep blending so that you can't see where the make-up ends otherwise it will look as though your customer has a mask on her face.

Use very light strokes around the eye area moving towards the inner corner of the eye. Don't apply make-up to the upper eyelid. Professional make-up artists say not to apply foundation to this area. This is why you need a foundation that matches your customer's skin. If you want foundation to darken the skin, try putting it above the eyes. Be gentle because the skin is very delicate and sensitive here.

1	make-up sponge →	________	6	strokes →	________
2	make-up wedge →	________	7	to blend →	________
3	foundation brush →	________	8	to darken the skin →	________
4	upper eyelid →	________	9	sensitive →	________
5	mask →	________			

4 How to apply make-up – part 3: concealer, powder, blush

The instructions below about applying make-up are mixed up. Work with a partner to put the paragraphs in the correct order.

- [ ] a When you smile, you can see the apple of your cheek (the highest part of the cheek). Start applying a small amount of blusher here and then move the brush outwards following your cheekbone.
- [ ] b Blend everything together with a powder brush. Make sure there is no excess powder and that you can't see any lines.
- [ ] c Once you have applied moisturizer and foundation, put concealer on any red spots, for example, around the nose and under the eyes. Blend the concealer into the foundation using a wedge.
- [ ] d Pat a powder brush into loose powder and then tap it to remove excess powder. Lightly brush across the whole face and then apply a bronzer to the cheeks and chin.

IT'S YOUR TURN

Make a list of useful words from units 19 and 20. Go on the Internet and look for additional make-up vocabulary. Prepare a vocabulary file and present the most important words in class.

Extra practice: Units 17–20

1 How to apply lipstick

a) The statements below explain how to apply lipstick. Put the statements in the correct order.

____

☐ 1 Line your lips with a liner that matches your lip colour. Make sure your lip liner pencil is sharp. Line around the natural line of your lips.

Shutterstock / Serghei Starus

____

☐ 2 Apply lipstick or lip gloss with a brush so that it spreads evenly. It's a good idea to brush your lip brush in your lipstick, then add some of your lip gloss for a nice light shine. Blot your freshly painted lips lightly with a tissue. This will make it last longer.

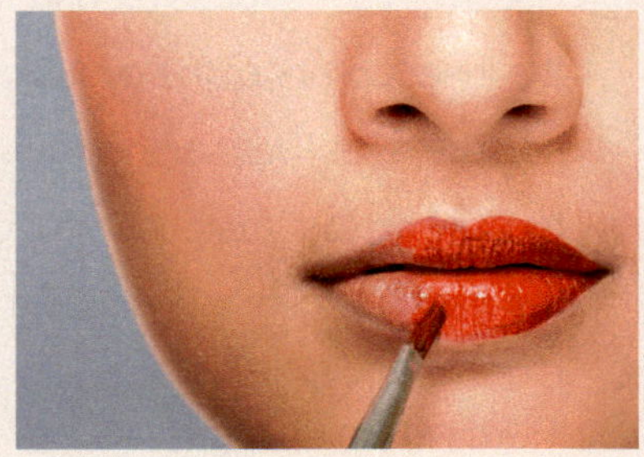

Shutterstock / Odua Images

____

☐ 3 After applying the lip pencil, rub your lips together so the lip pencil colour spreads inside your lips.

Fotolia / fotorince

____

☐ 4 Apply lip balm, primer or sealer. This will help make the lip products last longer and look much more vibrant.

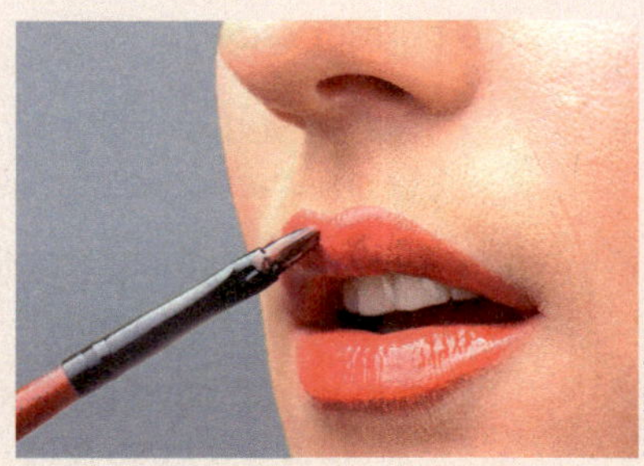

Fotolia / Africa Studio

b) Now add the correct heading to each statement.

finishing the lips • preparing the lips • spreading the colour • lining your lips with a liner

Tip

blot = abtupfen
primer/sealer = Grundierung

2 A make-up manual

Collect make-up advertisements from newspapers, flyers, magazines, etc. Select five products, cut them out and write a short manual describing how to use each product. Present your manual in class.

Fotolia / Gennadiy Poznyakov

▶▶▶ ICH KANN

	Seite/Übung
☐ Ich kann in Gesprächen, Diskussionen und Besprechungen zu vertrauten Themen meine Meinung einbringen und begründen. Weiters kann ich zustimmen oder höflich widersprechen und andere Vorschläge machen.	45/3b; 47/3; 50/2b
☐ Ich kann eine Rolle einer simulierten Alltags- oder Berufssituation übernehmen und dabei auch improvisieren.	47/2
☐ Ich kann Sachverhalte (z. B. Arbeit) und Abläufe mir vertrauter Situationen (z. B. berufliche Tätigkeiten) beschreiben.	48/1b
☐ Ich kann Sachtexte verstehen, die einfach und für ein breites Publikum geschrieben sind und in denen es um Themen geht, die mit meinen Interessen oder meinem Fachgebiet in Zusammenhang stehen.	47/2a; 49/3; 50/1a
☐ Ich kann Informationen in verschiedenen längeren Texten oder Textteilen finden, die ich brauche, um eine bestimmte Aufgabe zu lösen.	44/1; 51/3
☐ Ich kann verständlich geschriebene, klar strukturierte Gebrauchsanweisungen verstehen.	51/4
☐ Ich kann Interviews, Berichten und Vorträgen in den wesentlichen Punkten folgen.	45/3a
☐ Ich verstehe das Wichtigste von Radiosendungen und Tonaufnahmen, wenn sie aktuelle Ereignisse oder meine Interessen betreffen.	50/2a
☐ Ich kann einen kurzen, einfachen Text über ein persönliches Erlebnis oder eine Erfahrung (z. B. in der Ausbildung und im Beruf) schreiben.	46/1b
☐ Ich kann über meine Familie, mein Umfeld, meine Ausbildung und meine gegenwärtige Tätigkeit schreiben.	45/2b
☐ Ich kann Listen schreiben (z. B. Produktlisten) und einfache Formulare ausfüllen (z. B. Bestellungen).	44/2a

21 Nails

This unit is about:
- how to do the perfect manicure or pedicure
- French manicures

Competences:
- explaining how to do a manicure
- writing a blog entry
- answering questions
- acting out a role-play

1 How to do the perfect manicure or pedicure

Clara, the make-up artist at Jim Danton's Hair & Beauty Salon, has written a manual about "How to do the perfect manicure or pedicure" on her blog.

★ a) Complete the text with words from the box. You can use an online dictionary if you need help.

water • nail polish • minutes • nails • hands • file • lotion

New message (HTML)

Message Insert Options Format Text

The perfect manicure

1 Remove all of the old ________________ [1]. Put nail polish remover on some cotton wool and rub the old polish off your customer's nails.

2 File your customer's ________________ [2] to the right length and ________________ [3] them into shape – rounded or square.

3 For a squared look, file the nails flat across the top. Soften the edges slightly to make sure they aren't too sharp. To create a rounded look, file the tips of the nails into a soft curve. Only file in one direction. Start at one edge and work your way to the other.

4 Soak your customer's hands or feet in a bowl with warm soapy ________________ [4] for about five ________________ [5].

5 After soaking your customer's feet, gently rub the feet with a file or cutter to remove dead skin.

6 After soaking your customer's ________________ [6] and rubbing your customer's feet, dry them.

7 Use a cuticle stick to push back the cuticles.

8 Apply ________________ [7] to your customer's hands and feet and let it soak in. Now you can paint the nails.

Tip
cuticle – Nagelhaut
soak – einweichen

★★ b) Take turns to explain to a partner how to do a perfect manicure in your own words.

★★★ c) Together with a partner, write a blog entry about a manicure or a pedicure. Write down each step in your own words and illustrate it with pictures from the Internet. Present your blog entry in class.

Fotolia / Africa Studio

2 French manicures

You can paint nails in many ways. The French manicure combines two different colours. A new trend is the "two tone French manicure".

★ a) Read Clara's description and answer the questions below.

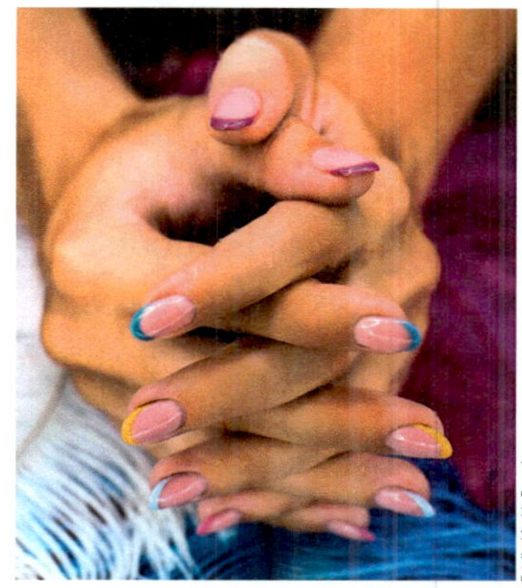

The French manicure is very popular and there is now a new way to make this style more daring. The nails normally have white tips but how about using different brighter colours? You can have two contrasting colours on your nails, for example, red nails but with blue tips. It is easy to do: just paint the customer's nails as normal. Once they are dry, use a contrasting nail polish for the French tip.

1 What is special about the two tone French manicure? ______________________

2 Write down the steps required to do this kind of manicure. ______________________

____

★★ b) Discuss which colours you would combine for a two tone French manicure in class and explain why.

15 🎧 ## 3 A manicure at the salon

Teresa Johnson has a beauty treatment at Danton's Hair & Beauty Salon.

★ a) Listen to the dialogue and complete the text. The box below will help you.

> cut your nails • What can I do for you? • I see • That sounds nice • soak in warm water • Nice to see you again • Welcome back • remove the old polish

Ricky: ______________________[1] to Danton's Hair & Beauty Salon, Ms Johnson.

Teresa: Hello, Ricky. ______________________[2].

Ricky: ______________________[3]

Teresa: I'd like a manicure today.

Ricky: ______________________[4]. Would you like the standard manicure or our deluxe manicure?

Teresa: What's the difference?

Ricky: The deluxe manicure includes fancier artwork and small applications on your nails.

Teresa: ______________________[5]. But I don't think I need that. So I'd like the standard manicure, please.

Ricky: Good. First, I'll ______________________[6] from your nails. Afterwards your hands will ______________________[7] for five minutes. Then I'll remove the dead skin and put lotion on your skin. Finally, I'll ______________________[8].

Teresa: Fine, I'm ready.

> **Tip**
> to file / cut your nails

★★ b) First, read the dialogue in pairs and then act out similar situations using your own words.

IT'S YOUR TURN

Write a dialogue using vocabulary from this unit.
Student A is the customer. You want to make an appointment for a manicure at the beauty salon.
Call the salon and explain what kind of treatment you would like.
Student B is the manicurist. You ask the customer what he/she wants. Give advice.
The language in Unit 5 may also help you.

22 Working at a spa 1

This unit is about:
- working at a spa
- types of spas

Competences:
- writing about spa professions
- discussing different types of spas

1 Working at a spa

Spas offer fitness and massage services as well as beauty and hairdressing services.

★ a) Look at the list below and cross out the professions that do not work in a spa.

carpenter	chauffeur	beauty consultant
manicurist	receptionist	cook
bus driver	massage therapist	farmer
car mechanic	software engineer	spa therapist
waitress	office manager	dentist
hairstylist	marketing manager	fitness instructor
English teacher	yoga instructor	doctor
make-up artist	journalist	plumber

★★ b) Now write sentences describing the main tasks of the people who work at a spa. The ideas in the box will help you.

washes, cuts and styles hair • assists with fitness programmes • takes care of hands and nails • welcomes customers, takes calls • helps with massages • applies make-up • brings food and drink • teaches yoga • provides beauty tips • offers different kinds of therapies

★★★ c) Discuss the following questions in groups.

1 Have you ever been to a spa? What was it like?
2 What professions did they have there?
3 Could you imagine working there? Why?/Why not?

2 Types of spas

Knowing more about the industry will help you to find the right career for you. The following text describes the types of spas available today.

★ a) Read the text and then answer the questions below.

Day spa
This is the most typical type of spa and it is so popular that you can find them all over the country. A day spa combines many different facilities and treatments and sometimes even offers hairdressing services.

Club spa
These spas are becoming more and more popular. They are often found in big cities and offer a spa and gym in one building. Customers can work out in the gym and then relax with spa treatments afterwards.

Hotel spa
These spas are also called 'resorts' because they combine a holiday in a hotel with a variety of spa treatments. These treatments are often offered in a spa facility and in the customer's hotel rooms.

Destination spa
These spas offer a real break because they are found in places that are far away from the customer, for example at mountain resorts or in the countryside. They really help customers relax with typical spa treatments, fitness programmes and many different classes and activities.

1 Name the different kinds of spas. ______________________

2 What is the most typical type of spa? ______________________

3 What is special about club spas? ______________________

4 What is another term for hotel spa? ______________________

5 Where can you find destination spas? ______________________

★★ b) Compare your answers with a partner. Add missing information and help your partner with his/her answers.

★★★ c) Discuss in groups whether you would like to work in a spa. Explain why / why not and say which type of spa you think would be most interesting.

IT'S YOUR TURN

Create an advertisement for a spa in groups.

1 Provide information about the services and treatments offered at your spa.

2 Use pictures from the Internet to illustrate your advertisement.

Present your advertisement in class.

Compare the different advertisements. Who has got the most informative one? Which one is the most creative?

23 Working at a spa 2

This unit is about:
- making a reservation at a spa
- your Body Mass Index (BMI)

Competences:
- making a reservation at a spa
- discussing reservations
- talking about fitness and lifestyle

16 ## 1 Making a reservation at a spa

Paul Darcy owns a successful spa in California. He is visiting your school to talk about how to deal with reservations at a spa.

a) Listen to his talk and then complete the text below with words from the box.

staff • reception • treatments • spa • member of staff • well-being

Shutterstock / Tyler Olson

When a customer calls your ________________[1], make sure that the member of staff there greets the person in a professional and friendly way. If necessary, they should let your customer know about the ________________[2] options and suggest the best ________________[3] available at your spa. If the customer wants to know more about a particular treatment, then ensure that the ________________[4] at reception has experience of spa treatments him- or herself. In this way, the reception and reservations ________________[5] will be able to suggest some popular treatments for your customers. This area is really responsible for the ________________[6] of your customers.

★ b) Answer the following questions in your own words.

1 What is the first thing a member of staff should do when a customer calls?

2 What information should you provide the customer with?

3 What kind of experience should the member of staff have?

★★ c) Discuss the following questions in groups and take notes.

1 What experience do you have handling reservations?
2 What is important when dealing with customers?
3 How do you handle similar situations?

★★★ d) Use the results from the group discussion to make a checklist of tips about how to deal with reservations. Present the checklist in class.

2 Your Body Mass Index (BMI)

Fitness is an important aspect at spas. Many people go there to work out and to lose weight. How can you help people find out their ideal weight? One easy way is to use the "Body Mass Index (BMI)".

★ a) Read the text about the BMI and answer the question below.

Body Mass Index (BMI) is a simple way to see if adults are underweight, overweight or obese. You calculate it by taking your weight in kilograms and dividing it by the square of your height in metres (kg/m^2).
For example, an adult who weighs 70kg and whose height is 1.75m will have a BMI of 22 9.

$BMI = 70\ kg\ /\ (1.75\ m^2) = 70/3.06 = 22.9$

$BMI = \frac{weight\ (kg)}{height^2\ (m)^2} =$ ______________

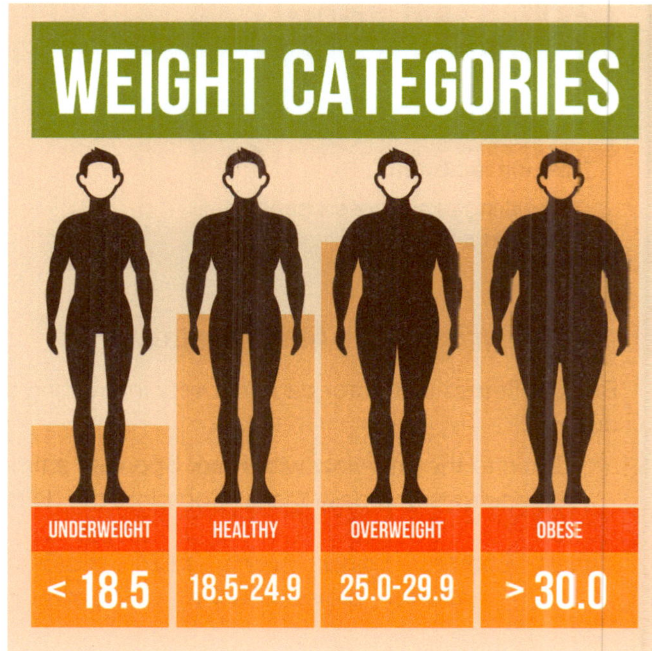

Use the formula to calculate your own BMI.

Your BMI: ______________

	Men over 18	Women over 18
Underweight	Less than 20	Less than 19
Ideal weight	21 – 25	20 – 25
Overweight	26 – 30	26 – 30
Obese	31 – 40	31 – 40
Extremely obese	More than 40	More than 40

★★ b) Answer the following questions in groups and make a poster displaying your suggestions.

1 How can people improve their lifestyles?

diet	sport	healthy lifestyle

2 How can a fitness instructor help them?

IT'S YOUR TURN

Make notes about your eating habits for one week. Note down what you eat and when and then analyse your eating habits. Which foods are healthy/unhealthy? Which foods have a positive/negative influence on your BMI?
Go on the Internet and find out how to improve your eating habits and your BMI. Make a checklist.

24 Fitness

This unit is about:
- working as a fitness instructor
- workout moves

Competences:
- describing a fitness instructor's tasks
- talking about workout moves

17 1 Working as a fitness instructor

Being a fitness instructor can be a very interesting and rewarding job with a lot of different tasks and duties.

★ a) **Listen to the interview with Mark Spencer, a fitness instructor from Great Britain. He talks about his experiences and daily tasks. Complete the dialogue with words from the box.**

goals • courses • trainer • sports • radio • customers • programme • studio • professional life • education • people

Interviewer: In today's ____________________[1] show, *Professional Life,* we are talking to Mark Spencer, a fitness instructor from Brighton. Hello Mark, welcome to our show.

Mark Spencer: Hello. It's a pleasure to be here.

Interviewer: Mark, why did you decide to become a fitness instructor in the first place?

Mark: Well, I like working with ____________________[2] and I like ____________________[3] of all kinds. So it was a logical step to combine these interests in my ____________________[4].

Interviewer: What kind of ____________________[5] have you got as a fitness instructor?

Mark: After school, I took part in ____________________[6] on didactics and all the sports I need to do with customers. But also former sports professionals or people with a degree in Physical Education become instructors. Sometimes studios also offer apprenticeships.

Interviewer: Can you explain to our listeners what "didactics" means?

Mark: Sure. In short, didactics tells you how to be a ____________________[7] or coach.

Interviewer: What do your ____________________[8] usually expect from you?

Mark: Most of the customers come to our ____________________[9] to improve their shape, muscles or to lose some weight.

Interviewer: How do you help them achieve these ____________________[10]?

Mark: Motivation and a positive attitude are important. You need to find the right fitness ____________________[11] for each customer. So you need to find out about their aims and then figure out a way to get there. And you need to be fit yourself.

Interviewer: Thank you very much for talking to us, Mark.

★★ b) **Read the interview again and answer the following questions.**

1 What kind of education do you need as a fitness instructor?

____

2 What do customers usually expect?

____

3 What are a fitness instructor's tasks?

____

2 Workout moves

Mark Spencer has written a manual which shows some important exercises you should know as a fitness instructor.

★ a) Collect useful words and phrases from the manual below. Put them into categories: "nouns", "verbs", "adjectives", "phrases" and translate them into German.

★★ b) Look at the descriptions and select two exercises. Take turns to explain them to a partner.

1 Squats

Body target: legs, back, core, arms

- Stand with your feet apart, holding a dumbbell in one hand next to your hip.
- Squat down and, as you come back up, lift the dumbbell to your chin.
- Swap arms after 30 seconds. Rest and repeat.

2 Knees to chest

Body target: abs

- Lie on your back with your legs straight and your feet raised off the floor.
- Move your knees towards your chin.
- Move your knees back and then repeat.

3 Ball twists

Body target: core

- Sit with your knees bent and feet on the floor. Hold a ball in both hands. Lean as far back as you can while keeping your balance.
- Move from side to side and try to touch the floor.

4 Flutter flicks

Body target: core

- Lie with your legs straight and your feet off the floor.
- As fast as you can, kick your feet up and down without touching the floor.

★★★ c) Do you know any other useful workout moves? Work in groups to collect at least three workout moves. Describe how to do each move and use pictures from the Internet to illustrate them.

IT'S YOUR TURN

What do the terms "heart rate" and "pulse" mean? Find definitions for each of these terms. Compare your results in class and discuss why this information is important in the fitness sector

Extra practice: Units 21–24

1 Doing a pedicure

Put the following steps for a pedicure in the right order.

a File the customer's nails into a rounded shape. ☐
b Push back the cuticles with a cuticle stick. ☐
c Dry the customer's feet. ☐
d Soak the customer's feet in warm water. ☐
e Remove any old nail polish. ☐
f Remove dead skin using a file or cutter. ☐
g Paint the customer's nails. ☐
h Apply lotion to the customer's feet. ☐

2 Spa vocabulary

Find 8 words to do with a spa in the word search and then translate them into German.

M	A	S	S	A	G	E	T	H	E	R	A	P	I	S	T
D	R	E	S	W	Z	S	P	A	P	S	P	O	E	P	R
F	E	B	M	E	P	R	E	S	O	R	T	J	D	A	E
G	L	N	N	V	S	F	O	D	O	A	R	M	P	T	D
T	A	H	E	B	D	N	L	E	M	B	E	X	U	H	T
R	X	D	D	U	L	M	T	R	D	U	S	Y	L	E	R
A	Y	O	G	A	I	N	S	T	R	U	C	T	O	R	E
N	W	M	P	K	J	L	F	M	F	J	I	A	J	A	A
K	S	K	O	L	M	I	H	Z	H	M	L	Q	M	P	T
I	A	R	M	O	T	Z	N	T	N	S	M	U	R	I	M
O	R	E	C	E	P	T	I	O	N	I	S	T	E	S	E
L	T	A	Q	D	R	S	D	E	W	R	H	N	S	T	N
D	R	S	T	S	X	A	C	T	S	T	N	D	E	G	T
S	W	F	G	E	C	O	N	S	U	L	T	A	N	T	F
X	S	A	S	D	K	L	M	N	T	E	S	B	E	F	S
V	F	G	I	M	L	O	D	A	S	E	F	T	H	D	E

1 ______________________ ______________________
2 ______________________ ______________________
3 ______________________ ______________________
4 ______________________ ______________________
5 ______________________ ______________________
6 ______________________ ______________________
7 ______________________ ______________________
8 ______________________ ______________________

3 Making a reservation

You work as a receptionist at Sweet Dreams Spa. A customer calls you to find out more about the spa. Write a dialogue where the customer asks about opening hours, fees, the pool, age requirements and gift cards (minimum of 8 exchanges). The information provided in the advertisement will help you.

- **Opening hours.** Sweet Dreams Spa, the fitness centre and aquatic centre at the Baytree resort hotel are open daily from 6 a.m. to 10 p.m. Spa appointments are available from 8 a.m. to 8 p.m.
- **Fees.** Entry costs $69 for hotel guests without a treatment or late spa access (after 4 p.m.) is available for $49.
  Fitness centre costs $16 per day or $32 per stay.
  Aquatic centre is free for all guests of the hotel. Our outdoor pool uses a salt water system so has softer water and causes less eye irritation.
- **Age requirements.** Minimum age of 18 for the spa and 16 for the fitness centre.
- **Reservations.** We recommend that you make your appointments before you arrive. Please call 1-404-1772 or email spa reservations.
- **Gift cards.** Call our experience coordinators at 1-404-1772 today to purchase a gift card that doesn't expire.

▶▶▶ ICH KANN

	Seite/Übung
☐ Ich kann in Gesprächen, Diskussionen und Besprechungen zu vertrauten Themen meine Meinung einbringen und begründen. Weiters kann ich zustimmen oder höflich widersprechen und andere Vorschläge machen.	55/2b; 56/1c; 57/2c; 58/1c
☐ Ich kann ohne Vorbereitung zu vertrauten Themen Fragen stellen und beantworten.	59/2b
☐ Ich kann Sachverhalte (z. B. Arbeit) und Abläufe mir vertrauter Situationen (z. B. berufliche Tätigkeiten) beschreiben.	54/1b; 61/2b
☐ Ich kann Sachtexte verstehen, die einfach und für ein breites Publikum geschrieben sind und in denen es um Themen geht, die mit meinen Interessen oder meinem Fachgebiet in Zusammenhang stehen.	54/1a; 55/3; 57/2a
☐ Ich kann Informationen in verschiedenen längeren Texten oder Textteilen finden, die ich brauche, um eine bestimmte Aufgabe zu lösen.	59/2a
☐ Ich verstehe umfassendere Anweisungen, Fragen, Auskünfte in Alltags-, Ausbildungs- und Berufssituationen sowie auf Reisen.	58/1
☐ Ich verstehe das Wichtigste von Radiosendungen und Tonaufnahmen, wenn sie aktuelle Ereignisse oder meine Interessen betreffen.	55/3a; 60/1
☐ Ich kann die neuen Medien zur persönlichen Kommunikation (z. B. Teilnahme an Chats) und als Basis für schriftliche Arbeiten (z. B. Erstellung von Kurzfassungen sach- und berufsbezogener Texte einer Website) nutzen.	54/1c; 61/2c
☐ Ich kann einen kurzen, einfachen Text über ein persönliches Erlebnis oder eine Erfahrung (z. B. in der Ausbildung und im Beruf) schreiben.	56/1b
☐ Ich kann Listen schreiben (z. B. Produktlisten) und einfache Formulare ausfüllen.	58/1d

Wordlist

A

to achieve — *erreichen*
advertisement — *Werbung, Anzeige*
allergic — *allergisch*
amount — *Menge*
apart — *auseinander*
apple of cheek — *höchste Stelle der Wange*
to apply — *auftragen*
appointment — *Termin*
apprenticeship — *Lehrstelle, Ausbildung*
aquatic — *Wasser-, aquatisch*
artistic — *künstlerisch, gestalterisch*
to assist — *helfen*
as soon as possible (asap) — *so schnell wie möglich*
attitude — *Einstellung*
auburn — *goldbraun, rotbraun*
available — *verfügbar*

B

back — *Rücken*
beauty consultant — *Schönheitsberater/in*
behaviour — *Verhalten*
to bleach — *bleichen*
bleached hair — *blondiertes Haar*
to blend — *vermischen*
to blow dry — *(mit Föhn) trocknen*
blow dryer — *Föhn*
blunt — *stumpf*
blusher, rouge — *Puderrouge, Rouge*
bonnet dryer — *Trockenhaube*
bowl — *Schüssel, Becher*
bright — *leuchtend (Farbe)*
brittle hair — *brüchiges Haar*
bronzer — *Selbstbräuner*
brush — *Bürste*
to build a relationship — *eine Beziehung aufbauen*

C

to calculate — *berechnen*
to calm — *beruhigen*
cape — *Vorstreckmantel, Frisierumhang*
to carry out — *durchführen*
cash desk — *Kasse*
cash register — *Kasse (Gerät)*
to cause harm — *Schaden verursachen*
changing room — *Umkleideraum*
cheek — *Wange*
cheekbone — *Wangenknochen*
chignon — *Nackenknoten, Dutt*
chin — *Kinn*
chin length hair — *kinnlanges Haar*
chiselled — *ausgeprägt, wohlgeformt*
to clean tools — *Werkzeug reinigen*
cleanser — *Reinigungsmittel*
clippers — *Haarschneidemaschine*
coarse — *grob*
comb — *Kamm*
to combine — *kombinieren*
combination skin — *Mischhaut*
comfortable — *bequem, angenehm*
common — *üblich, alltäglich*
concealer — *Concealer*
to conduct — *leiten, durchführen*
to confirm — *bestätigen*
condition — *Zustand*
conditioner — *Pflegespülung*
convenient — *passend, angenehm*
conversation — *Unterhaltung, Gespräch*
cotton wool — *Watte*
course — *Stunde, Kurs*
to create — *kreieren, etw schaffen*
crown — *Scheitel*
to curl — *einrollen*
curly hair — *gelocktes Haar*
curly hairstyle — *lockige Frisur*
customer — *Kunde/Kundin*
cut — *Schnitt*
to cut — *schneiden*
cuticle — *Nagelhaut*
cuticle scissors — *Nagelhautschere*
cutting scissors — *Schere*
customer requirements — *Kundenwünsche, Kundenanforderungen*

D

dandruff — *Schuppen*
to darken the skin — *die Haut dunkler machen*
degree — *Abschluss*
to determine — *bestimmen*
to drop — *fallenlassen*
dry cut — *schneiden im trockenen Zustand*
dry ends — *trockene Spitzen*
to dry hair — *Haare trocknen*
dumbbell — *Hantel*
duty — *Pflichten*
dyed hair — *gefärbtes Haar*

E

ear — *Ohr*
education — *Ausbildung*
edge — *Ecke, Kante*
employee — *Angestellte/r*
to ensure — *sicherstellen, gewährleisten*
environment — *Umgebung*
equipment — *Geräte, Ausstattung*
excellent — *großartig, ausgezeichnet*
experience — *Erfahrung*
excess — *überschüssig*
to expire — *ablaufen*
eyebrow — *Augenbraue*
eye irritation — *Reizung der Augen*
eyelashes — *Wimpern*
eyelid — *Augenlid*
eye shadow — *Lidschatten*

F

face powder — *Puder*
facility — *Einrichtung, Anlage*
fair — *hell*
fashion show — *Modenschau*
file — *Feile*
to file sb's nails — *Nägel feilen*
fine hair — *dünne Haare, feines Haar*
to finish an apprenticeship — *die Ausbildung beenden*
fitness instructor — *Fitnesstrainer/in*
forehead — *Stirn*
foundation — *Grundierung*
foundation brush — *Grundierungspinsel*
fringe — *Pony*
frizzy hair — *gekraustes Haar*

G

general — *allgemein*
gentle — *sanft*
gift card — *Geschenkkarte*
ginger — *rötlich-braun*
to give advice — *einen Rat geben*
glossy hair — *glänzendes Haar*
greasy hair — *fettes Haar, ungewaschenes Haar*
to greet — *grüßen*
gym — *Fitnessstudio*
gym equipment — *Fitnessstudiogeräte*
gym facilities — *Fitnessstudioausstattung*

H

hair care product — *Haarpflegeprodukt*
hair salon — *Friseursalon*
hairstylist — *Friseur/in*
hair treatments — *Haarpflegeprodukte*
hairdryer — *Haartrockner*
hairline — *Haaransatz*
hairspray — *Haarspray*
hazard — *Gefahr*
health — *Gesundheit*
highlights — *Strähnchen*
hip — *Hüfte*
hood dryer — *Trockenhaube*

J

jawline — *Kieferpartie*

K

to keep your balance — *das Gleichgewicht halten*
to kick — *kicken*